国家自然科学基金青年项目：72104081，技
研究触发—决策—行为影响机理研究；广东
2021A1515011878，基于企业创新行为链条社

政府R&D资助
对企业技术创新行为影响研究

陈朝月 ◎ 著

中国财经出版传媒集团
经济科学出版社
Economic Science Press

图书在版编目（CIP）数据

政府 R&D 资助对企业技术创新行为影响研究/陈朝月
著 . -- 北京：经济科学出版社，2022. 11
ISBN 978 - 7 - 5218 - 4218 - 0

Ⅰ. ①政… Ⅱ. ①陈… Ⅲ. ①政府投资 - 影响 - 企业
创新 - 研究 - 中国 Ⅳ. ①F279. 23

中国版本图书馆 CIP 数据核字（2022）第 209645 号

责任编辑：李一心
责任校对：郑淑艳
责任印制：范　艳

政府 R&D 资助对企业技术创新行为影响研究
ZhengFu R&D ZiZhu Dui QiYe JiShuChuangXin
XingWei YingXiang YanJiu
陈朝月　著
经济科学出版社出版、发行　新华书店经销
社址：北京市海淀区阜成路甲 28 号　邮编：100142
总编部电话：010 - 88191217　发行部电话：010 - 88191522
网址：www. esp. com. cn
电子邮箱：esp@ esp. com. cn
天猫网店：经济科学出版社旗舰店
网址：http://jjkxcbs. tmall. com
北京季蜂印刷有限公司印装
710×1000　16 开　16. 75 印张　284000 字
2023 年 2 月第 1 版　2023 年 2 月第 1 次印刷
ISBN 978 - 7 - 5218 - 4218 - 0　定价：69. 00 元
（图书出现印装问题，本社负责调换。电话：010 - 88191510）
（版权所有　侵权必究　打击盗版　举报热线：010 - 88191661
QQ：2242791300　营销中心电话：010 - 88191537
电子邮箱：dbts@ esp. com. cn）

前　言

　　企业是创新的主体，提升企业创新能力是提升国家科技水平和核心竞争力的根本途径。企业研发活动是企业提升创新能力的关键，但企业技术创新成果的准公共产品属性导致企业进行技术创新的社会报酬率高于私人报酬率，阻碍企业创新积极性，造成市场失灵状态，因此需要政府加以引导。目前直接资助和税收优惠是各个国家和地区普遍采用的激励企业创新的方式。近年来，随着我国政府 R&D 资助力度不断加强，客观、科学评估政府 R&D 资助对企业创新的影响成为政府和学者关注的焦点所在，目前主流的研究聚焦于 R&D 资助政策对企业研发投入的影响，为激励—挤出效应框架增加证据。

　　现实情境中，较多企业特别是具有创新实力的大中型企业是否真的将增加的研发经费用于前沿技术、共性技术等研发活动中，往往被政策执行者忽略。受制于信息不对称和企业的逆向选择，政府对企业研发信息的真实情况难以展开全面审查，企业为了完成政府资助目标或者获取更高的资助可能会出现研发投入操纵情况，而这些操纵的"研发支出"并未真正用于企业的研发活动，自然也无法提升企业的创新水平，因此仅从投入视角分析无法真实捕捉资助政策的效用，还需要进一步分析接受政府 R&D 资助的企业究竟做了什么，又是如何做的。因此本书基于企业微观研发创新过程的视角重构了企业的创新行为，将企业创新行为分为研发投入行为、R&D 活动风险承担行为以及外部技术获取行为，不仅关注企业研发投入的改变，还进一步关注企业"做什么"和"怎么做"的改变。本书以广东省 498 家高新技术企业连续 4 年的数据应用倾向得分匹配方法（PSM）和 Heckman 两阶段模型法克服内生性进行实证，检验政府 R&D 资助对企业研发投入行为、R&D 活动风险承担行为以及外部技术获取行为的影响。

　　实证结果显示：首先，对企业研发投入行为的影响在于，政府 R&D 资助不同方式均能有效地增加企业的私人研发支出规模；并且在动态视角下分析，政府 R&D 资助不同方式对企业研发支出规模存在持续性的诱导效应，但对企业投入强度影响较弱。其次，对于企业 R&D 活动风险承担行为，税收优惠能够显著改变企业共性技术偏好度，增加企业共性技术项目承担数量；但动态视角下，政府 R&D 资助不同方式对企业共性技术承担数量以及企业共性技术偏好度均不存在持续性影响。最后，对企业外部技术获取行为的影响在于，直接资助和政策组合的方式能够显著增加企业外部技术获取支出的规模；但动态效应下，政府 R&D 资助不同方式对企业外部技术获取行为均不存在持续性的诱导效应。本书还进一步探究政策组合与单一政策对比、企业规模以及行业属性的影响。结果显示，政策组合与单一政策的对比在不同企业创新行为的影响中存在差异性。企业规模在政府 R&D 资助效果中所起到的调节作用是复杂的。政府 R&D 资助效果在不同行业间存在显著差异。

目　　录

第1章

绪　　论

1.1　研究背景

1.1.1　现实背景

1. 企业创新能力提升是实现"创新驱动发展战略"的关键抓手

创新是一个民族进步的灵魂，是国家兴旺发达的不竭动力。当今全球的竞争力越来越体现为科技与经济的竞争，而国家的创新能力是支撑国家竞争实力的决定性因素。创新这一主题也被越来越多的国家和地区赋予更为丰富的内涵。2006年，我国提出了"创新型国家"发展战略，2012年，党的十八大提出创新驱动发展战略，2017年党的十九大进一步指出：创新是引领发展的第一动力，是建设现代化经济体系的战略支撑。实施创新驱动战略，是我国应对发展环境变化、把握发展自主权、提高核心竞争力的必然选择，是加快转变经济发展方式、引领经济发展新常态、保持我国经济持续健康发展的必由之路。

企业是建设国家创新体系的个体单元，是市场经济的主体，也是创新的主体。企业通过产品创新、流程创新以及模式创新等活动，最终实现由知识到商品的转化。在建设国家创新系统中，企业不仅扮演着核心主体的角色，更是促进创新成果市场化的主导力量，因此提升企业创新能力是提升国家科技水平和核心竞争力的根本途径。

2. 企业技术创新市场失灵迫切需要政府的引导和激励

企业创新能力提升的关键在于企业的研发活动，但企业研发活动成果具有准公共产品性质，增加了企业的研发风险，致使企业创新意愿不足。企业研发活动成果的正外部性导致其所带来的收益并非是由生产者独占，如重大产业共性技术的发现等，其他相关企业会在利润驱使下对生产者产生的新知识进行模仿甚至再创新，从而分享创新者利益，导致企业创新的社会报酬率大于私人报酬率，创新者的创新动力严重弱化。另外，技术创新活动的投入和产出并不可以预期，存在很大的不确定性，这种高风险也往往阻碍企业创新积极性。因此会产生技术创新市场失灵的情况（Arrow，1972），需要政府进行引导并激励。政府通过对企业的研发资助希望能够引导企业加大研发活动，提升企业创新能力，进而提升国家创新实力。目前，各国政府对企业创新存在不同形式的激励形式，而直接资助和税收优惠是各个国家和地区最常用的方式。

3. 政府 R&D 资助力度持续增强，但依然存在"重应用，轻基础"的倾向

实际上，随着我国综合国力以及财政实力的增加，政府 R&D 资助力度持续增强。2003～2017 年间，全国研发经费总投入从 1539.6 亿元增加至 17606.1 亿元，年平均增长率达 69.57%，研发经费投入强度从 1.31% 增加到 2.13%。税收优惠方面，根据国家税务总局的统计数据来看，2018 年前三季度中，支持高新技术企业发展和固定资产加速折旧等各项税收政策减税 3948 亿元，同比增长 27.7%。政府 R&D 资助力度不断增长的背后，基础研究费用支出依旧薄弱。2003 年全国基础研究经费为 87.7 亿元，占总研发经费比重的 5.7%，2017 年全国基础研究经费为 975.5 亿元，占比为 5.5%，虽然近十年来不同活动类型的经费支出总量都处于逐年增加的状态，但基础研究、应用研究的占比远远低于试验发展，事实上，基础研究是提升原始创新能力的关键，并且发达国家的实践经验表明当基础研究经费比重达到 30% 左右时，基础研究作为创新源头才能充分发挥作用，基础研究投入不足，无法从根本上改变企业技术依赖和受制于人的局面。依据目前我国的实际情况来看，我国关于基础研究投入依旧是短板。图 1-1 为不同经费支出对比。

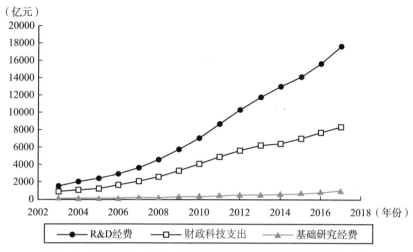

（亿元）

图 1-1　R&D 经费支出、财政科技支出以及基础研究经费对比

资料来源：根据 2003~2017 年《全国科技经费投入统计公报》整理。

4. 政府 R&D 资助效果评价方式需要重新被审视

政府 R&D 资助力度不断加大，与之相对的却是企业研发经费支出仍集中于创新性较低的应用研究以及试验发展阶段。由此引发社会各界的质疑，即政府 R&D 资助是否真正促进了企业创新，特别是现实情境中存在的一系列现象，例如企业为了完成政府的资助目标或者获取更高的资助产生迎合行为，用研发操纵的方式虚增研发投入，而操纵的"研发支出"并未真正地用于企业的研发活动（安同良等，2009），以及目前的科技经费腐败案件频发等都使得政府机构和学者不得不重新审视政府 R&D 资助的成效以及可能出现的问题。政府通过直接或者间接的方式逐年加大资助力度，那么这部分资金是否能真正引导企业加大研发投入？如果能，那么企业增加的研发投入又是否真实地用于企业的创新活动？企业又是如何进行创新活动的？这些问题的解决与否是回应政府 R&D 资助是否有效的根本所在。

1.1.2　理论背景

1. 现有研究依然关注政府 R&D 资助的"馅饼"还是"陷阱"效应，却没有系统地分析对企业创新行为的影响

目前理论界的关注焦点依然在于政府 R&D 资助产生的"馅饼"还是"陷阱"效应争论，并且该争论至今尚未达成一致性意见，且在持续发酵

（李万福等，2017；Arqué - Castells and Mohnen，2015）。对该争论持"馅饼"效应的学者认为，政府 R&D 资助能够弥补市场失灵，促进企业研发投入，进而提升企业的创新能力（白俊红，2011；Hyytinen and Toivanen，2003；Wolff and Reinthaler，2008）。对该争论持"陷阱"效应的学者认为，政府 R&D 资助会对企业研发资金产生挤出效应，不利于企业创新（郑世林、刘和旺，2013；Catozzella and Vivarelli，2014；Montmartin and Herrera，2015）。但目前大部分的研究仅停留在探究对企业研发投入行为的影响上，认为企业研发投入的增加预示着企业创新能力的提升，但企业新增的研发投入是否用于企业前沿技术和共性技术的研发中去，企业后续的项目研发类型以及技术获取方式有所改变，当前的研究并未系统地给出解答。

随着研究的不断深入，国外学者不再仅停留于对企业研发投入行为的直接影响而是开始逐步探究政府 R&D 资助对企业创新的间接式影响，例如对企业合作行为的影响（Bellucci et al.，2017；Buchmann and Kaiser，2018；Guisado - González et al.，2017）。查普曼等（Chapman et al.，2018）探究了政府 R&D 资助对企业合作宽度的影响，研究结论表示政府 R&D 资助对企业外部合作宽度具有显著的积极影响。格列科等（Greco et al.，2017）不仅探究了政府 R&D 资助对企业开放式创新的影响，还进一步分析了政府 R&D 资助对企业开放式创新效率的影响。但总体而言，目前政府 R&D 资助对企业创新行为的研究多是割裂开来进行独立分析，目前未形成系统的框架探究政府 R&D 资助对企业创新行为的影响。尤其是国内该领域的研究相对滞后，其研究更多集中在国家、区域、产业层面（童光荣、高杰，2004；许春、刘奕，2005；许治、师萍，2005），关于微观企业层面的研究相对较少，并且目前关于企业层面的研究其样本也主要源于上市公司披露、问卷调查，但这类数据非常有限（翟海燕等，2015；秦雪征等，2012；杨亭亭等，2018），因此很难全面系统地分析政府 R&D 资助对企业不同创新行为的影响，本书基于微观企业视角系统探究政府 R&D 资助对企业创新行为的影响具有重要意义。

2. 政府 R&D 资助对企业创新行为的作用机理有待于进一步揭示

现有研究为理解政府 R&D 资助对企业研发投入行为的作用机制提供了较为充足的理论基础（王晓珍等，2017；蔡栋梁等，2018；伍健等，2018），但面对企业其他创新行为，现有理论研究鲜有涉及。以要素禀赋理论、信号理论和公共政策理论为代表的挤入效应说认为，政府 R&D 资助可以作为企业有潜力、信誉好、值得投资的优质信号，传递给市场上的外部投资者，进而吸引外部资金流入，来增加企业研发投入（Kleer，2010；Meuleman and Maeseneire，2008）。以寻租理论和挤出效应理论为代表的挤出效应假说认为，由于政府掌握着资源的配置权，那么在进行资助对象选择过程中可能会出现寻租行为，影响企业研发投入（余明桂等，2010；顾元媛，2011；黄宇虹，2018）。目前鲜有文献探究政府 R&D 资助对企业战略层面创新行为的影响机制。接受政府 R&D 资助的企业不仅研发投入会产生影响，那么企业从事何种类型的项目研发以及如何进行项目研发也会发生相应的改变，也就是企业的 R&D 活动风险承担行为和外部技术获取行为。政府 R&D 资助如何影响企业 R&D 活动风险承担行为和外部技术获取行为，当前的文献中并未揭示其影响路径。因此本书在探究政府 R&D 资助对企业研发投入行为之后，进一步探究对企业 R&D 活动风险承担行为和外部技术获取行为的影响路径，有利于弥补当前基于单一视角下分析政府 R&D 资助对企业创新行为影响的不足。

3. 政府 R&D 资助效果评价更多聚焦于静态的分析框架，忽视动态影响

纵观政府 R&D 资助对企业研发投入行为的相关研究，其研究焦点多集中于分析政府 R&D 资助对企业当期研发投入的影响（吕久琴、郁丹丹，2011；David et al.，2000；Hussinger，2008；朱平芳、徐伟民，2003）。并且目前学术界始终围绕着"诱导—挤出"效应的研究范式静态分析政府 R&D 资助对企业研发投入行为的影响，忽略了动态视角下分析政府 R&D 资助是否对企业存在持续性诱导作用。于企业而言，持续性地增加创新行为是提升企业竞争力的基础（鞠晓生等，2013；Clausen et al.，2012；向刚、汪应洛，2004）。若政府 R&D 资助只能引发企业偶然式的创新行为增加，无法有效说明政府 R&D 资助能够促进企业创新能力提升，企业偶然式的创新有可能是企业为了应对政府监管，或者为获取更高的资助而产生的迎合行为，其本质并非为了创新，自然对企业创新能力提升无益。因此，基于动态视角下探究政府 R&D 资助对企业创新行为的影响，有利于准确评估政府 R&D 资助的真实效果。

4. 政府 R&D 资助对企业创新行为的权变关系模型有待进一步完善

现阶段政府 R&D 资助对企业研发投入行为的影响未达成一致见解，这也在一定程度上表明，政府 R&D 资助对企业创新行为可能存在着有效作用边界，构建政府与企业创新行为的权变关系模型则显得极为重要。当

前研究中，一方面未对政府 R&D 资助形式进行细致的分类，研究者往往将不同的资助方式进行打包作为一种资助方式进行研究。例如在研究直接资助对企业研发投入行为的影响时，并不控制税收优惠的作用，因而会造成估计结果的偏差，并且当前有些学者认为单一的政府支持手段总是会存在各种缺陷而无法获得满意的激励企业创新效果，通过政策组合的嵌套作用，才能有效地促进企业创新，因此有必要进一步对政府 R&D 资助进行分类，并考虑政策组合的效用（郑绪涛、柳剑平，2008；李蕊、周平，2012；张春辉、陈继祥，2011）。另一方面，由于企业内部异质性或者外部异质性的原因导致政府 R&D 资助效用存在边界（Blanes and Busom，2004；廖信林等，2013）。例如，目前相关的研究中，有学者认为政府 R&D 资助对大型企业的研发投入影响更为显著。大型企业往往具备更多的资源、经验和能力，在获得政府资助后更有能力开展创新活动。沃尔斯腾（Wallsten，2000）研究证实政府 R&D 资助对大企业的效果优于小企业。也有学者认为，政府 R&D 资助对中小企业的研发投入影响更为显著。由于中小企业具有较强的创新意愿，但是存在融资约束情况，政府 R&D 资助能够缓解企业的融资约束，促进企业研发投入（白俊红、李瑞茜，2013；Czarnitzki et al.，2010）。由此可见，仅对企业研发投入行为的权变关系模型目前都尚未形成定论，那么探索构建政府 R&D 资助对企业创新行为的权变关系模型是具有较高研究价值的。早期关于政府 R&D 资助对企业研发投入行为的权变关系模型可以为探究对企业创新行为的权变关系提供一些有价值的思路。综上所述，对政府 R&D 资助与企业创新行为的影响应当以一种权变的思维去展开更深层次的研究。

1.2　问题提出

从上述研究背景可知，政府为提升企业创新能力，不断加大资助力度，如何科学有效地测度资助效果就成为当前学术界和政策界关注的焦点。目前学术界聚焦于投入视角下探究政府 R&D 资助的影响效果，为主流框架"诱导—挤出"效应之争提供实证经验支撑。但单一视角无法准确评估政策资助效果，尽管目前的研究中大部分认为政府 R&D 资助增加企业研发投入，但是增加的研发投入是否用于前沿技术、共性技术的研发，企业又是采用何种方式进行项目研发的，单凭投入视角无法给出解答。并且目前的研究基于数据可获得性通常用企业研发投入行为来代替企业创新行为，但企业创新行为具有复杂性的特征，简单的替代无法诠释企业其他创新行为的改变。因此本书基于企业微观研发过程的视角将企业创新行为进行重构，分为企业研发投入行为，企业 R&D 活动风险承担行为以及企业外部技术获取行为，不仅探究企业研发投入行为是否发生了改变，还进一步分析在研发投入行为改变之后企业"做什么"和"如何做"的改变，由此可以较为全面地刻画政府 R&D 资助对企业创新的影响。总体来说，本书将围绕"政府 R&D 资助是否影响以及如何影响企业创新行为?"这一核心问题展开，分别从研发投入行为、R&D 活动风险承担行为以及外部技术获取行为三个子问题进行分析。

问题 1：政府 R&D 资助对企业研发投入行为是否产生影响以及如何产生影响?

政府 R&D 资助对企业研发投入行为的影响是衡量政府 R&D 资助效果最直接的表现，也是判断政府 R&D 资助是否完成矫正市场失灵初衷的表征，成为国内外学者关注的焦点所在。但是国内关于这个话题的研究与国外相比存在较大的差距，主要源于数据和方法层面。在数据层面，国外的研究更加注重微观企业层面的研究，而国内受制于数据可得性的原因，则更加聚焦于产业和国家层面的研究。研究方法层面，国外的研究更加注重选择偏差的控制，而国内的研究则仍然以普通的 OLS 回归为主，而关于政府 R&D 资助会因为资助对象并非随机挑选，以及 R&D 资助与创新行为之间的互为因果导致内生性问题，采用普通 OLS 回归会存在估计偏差。本书研究采用微观企业数据分析政府 R&D 资助对企业研发投入行为的影响，主要基于三个层面：第一，静态视角下，采用倾向得分匹配的方式，分析政府 R&D 资助不同方式对企业研发投入行为存在什么样的影响。第二，动态视角下，考虑时间因素，分析政府 R&D 资助不同方式对企业研发投入行为的影响是否存在持续性的诱导效应。第三，权变关系视角下，政府 R&D 资助对企业研发投入行为的影响是否因不同资助方式、企业规模、行业属性不同而呈现差异化影响。

问题 2：政府 R&D 资助对企业 R&D 活动风险承担行为是否产生影响以及如何产生影响?

在探究政府 R&D 资助对企业研发投入行为之后，需要进一步分析企业增加的研发投入是否用于对前沿技术、共性技术的研发。也就是关注企业"做什么"的改变。即企业 R&D 活动风险承担行为，这也是矫正市场失灵的关键所在。目前政府 R&D 资助对企业 R&D 活动风险承担行为的影响研究较少，并且关于企业风险承担的测度更多是从企业财务层面进行分析，而企业 R&D 活动风险承担行为的本质在于风险性项目的承担情况，根据现有研究，可以将企业承担的项目分为共性技术项目和专有技术项目（李纪珍，2006；Tassey，2004），其中共性技术项目周期长、风险高，能够显著提升企业竞争力（谢阳春，2008），专有技术项目周期短、风险较小，对企业创新能力的提升影响较弱。因此本书研究主要围绕政府 R&D 资助是否影响企业的共性技术项目承担展开。具体来说，分别从静态视角、动态视角以及权变关系视角进行研究。第一，静态视角下，基于倾向得分匹配分析，政府 R&D 资助对企业 R&D 活动风险承担行为具有什么样的影响？第二，动态视角下，政府 R&D 资助对企业 R&D 活动风险承担行为的影响是否存在持续性？第三，权变关系视角下，政府 R&D 资助对企业 R&D 活动风险承担行为的影响是否因不同资助方式、企业规模、行业属性呈现差异化影响？

问题 3：政府 R&D 资助对企业外部技术获取行为是否产生影响以及如何产生影响？

在探究企业选择何种类型的项目研发之后需要进一步考虑企业采用何种方式来进行项目研发，即关注企业"如何做"的改变。随着技术复杂性的日益提高，创新资源配置格局发生深刻的改变，企业面临的竞争日益激烈，尤其是对于高新技术企业来说，需要加快技术创新，构筑技术壁垒，形成自身的竞争优势，而当前形势下，技术创新具有复杂性和跨学科性的特点，往往需要多种技术集合，其创新资源分布更为分散，企业很难仅仅依靠内部研发获得成功，因而外部技术获取成为企业获取技术的战略选择（郭尉，2016；李显君等，2018；石丽静、洪俊杰，2017）。政府也逐步关注企业合作对企业创新的重要影响，政府通过资助政策鼓励企业合作，提高企业的网络倾向，解决企业技术获取问题（黄贤凤等，2014；陈朝月、许治，2018）。因此这一部分聚焦于政府 R&D 资助是否能够影响企业的外部技术获取行为？具体来说分别从三方面进行分析：第一，静态视角下，基于倾向得分匹配方式分析政府 R&D 资助是否对企业外部技术获取行为产生影响？第二，动态视角下，政府 R&D 资助对企业外部技术获取行为的影响是否存在持续性？第三，权变关系视角下，政府 R&D 资助对企业外部技术获取的影响是否随着不同资助方式、企业规模、行业属性而变化？具体分析如图 1－2 所示。

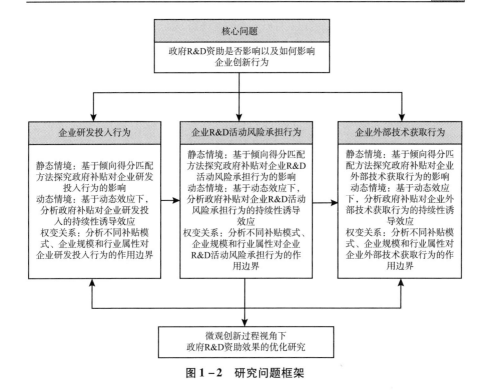

图 1-2 研究问题框架

1.3 相关概念与研究对象界定

1.3.1 政府 R&D 资助

政府 R&D 资助顾名思义为政府为激励企业进行研发活动而赋予企业的货币或者非货币的支持。最早研究政府 R&D 资助问题的是英国福利经济学家庇古 (Pigou，1943)，他认为政府 R&D 资助是庇古税的一种表现形式，其目的在于矫正由于企业在创新过程中的正外部性产生的市场失灵，企业创新产品具有 "准公共产品" 的性质，使得企业私人收益小于社会收益，继而引发企业减少研发创新倾向，造成社会总体福利的降低，政府通过一系列的干预手段给予企业支持，激励企业从事边际社会收益大于边际私人收益的项目，完成矫正市场失灵的初衷 (Arrow，1972)。国内的相关研究中，孔东民等 (2013) 将政府 R&D 资助定义为政府根据某一时期特定的政治、经济以及社会发展等多种目标，通过直接或者间接的方式向微观经济主体或者个人提供的一种无偿的转移支付。本书在综合上述庇古和孔东民关于政府 R&D 资助概念的研究，将政府 R&D 资助定义为政府为矫正企业创新活动中产生的市场失灵，所采取的直接资助以及间接的税收优惠等各种手段的集合。

目前关于政府 R&D 资助方式的分类主要包括供给层面和需求层面（Guerzoni and Raiteri，2015）。供给层面包括常用的财税政策，也是目前的主流研究方向，需求层面包括政府采购等方式。本书根据目前主流的研究以及数据获得等方面的限制，主要分析政府财税资助方式。直接资助和税收优惠又可以根据实施环节等差异性分为不同种类。其中柳光强（2016）在其研究中认为，直接资助的种类和环节比较多，根据不同标准可以分为不同类别，例如以经济性质为标准，可以分为价格资助、财政贴息以及企业亏损资助等，若以生产环节为标准进行分类，可以从生产、流通以及消费等环节进行资助。我国税收优惠政策减税、免税、延期纳税、退税、加计扣除、加速折旧、减计收入、投资抵免、起征点和免征额等 14 种形式。在本书的分析中，主要涉及企业研发创新环节的政府 R&D 资助，因此进一步将政府 R&D 资助进行定义。其中直接资助是指政府部门用于支持企业研发活动的政府经费（包括各类科技项目、技术改造资金等）。税收优惠包括高新技术企业所得税减免、研发费用加计扣除所得税减免、技术转让所得税减免等（周海涛，2016）。

1.3.2　企业创新行为

行为，即举止行动，个体层面而言，是指受到思想支配的表现反应，其中既包括外显的行为，也包括内隐的行为。组织层面而言，是指组织的个体、群体或者组织本身从组织的角度出发，对内源性或者外源性的刺激做出的反应。本书的研究对象为企业，因此主要从企业角度进行解读。企业创新行为是企业行为的一个重要部分，与企业的制造行为、营销行为、文化行为、资源配置行为以及交换行为等一起构成了企业的整体行为。近年来学者们关于企业创新行为的研究主要基于过程观视角、网络观视角和系统观视角进行分析。其中基于过程观视角的定义中，认为企业创新行为是一个包含多阶段的流程，这是对创新过程的一种简化。傅家骥（1992；1998）突出强调企业作为技术创新主体地位，认为企业技术创新行为是企业为抓住市场潜在的盈利机会，获得商业利益而进行的生产条件和要素重组，进而不断推出新产品、新工艺、开辟新市场等一系列活动的综合过程。网络观视角下认为企业创新行为诸多因素交互作用形成的复杂网络，核心观点是强调企业由内部扩展到外部与不同创新机构，包括企业、政府、大学、研究机构等组成的交互式网络。系统观视角下认为企业创新行为并不简单地关注创新的某一方面如发明、创新和扩散，而是从系统的视角来解释创新并分析影响创新的各种因素（王伟光和唐晓华，2003）。陈功玉等（2006）认为企业技术创新行为由企业内在本质所控制，支配企业不同技术创新活动，同时又受到外部环境的刺激，以此表现出来的各项反应，是一个动态非线性的系统。

尽管基于不同视角下的学者均对企业创新行为进行了清楚界定，但对企业创新行为的组成维度仍存有争议。综合不同学者的观点可知，企业创新行为具有复杂性，不单单表现为企业的研发投入行为，而是体现在不同的维度上，因此需要对企业创新行为进行进一步的划分，从而能够更加深入细致地分析政府 R&D 资助可能对企业创新存在的影响。基于企业微观研发创新过程来看，企业创新行为包含投多少、做什么以及如何做，"投多少"即企业研发投入行为是企业进行研发创新首要考虑的问题，也是政府 R&D 资助对企业创新影响最直接的表现。然后是企业"做什么"，是指企业 R&D 活动风险承担行为，若政府 R&D 资助能够促进企业增加研发投入，企业增加的研发投入是否用于对前沿技术、共性技术的研发，就是需要进一步分析的问题。最后是"怎么做"，在探究企业选择何种类型的项目研发之后需要进一步考虑企业采用何种方式来进行项目研发。因此将企业创新行为分为企业研发投入行为、R&D 活动风险承担行为以及外部技术获取行为。

1.3.3 企业研发投入行为

企业研发投入行为是指企业开发新技术和新产品产生的资源投入，通常包括研发资金投入和研发人员投入。现有关于探究企业研发投入行为的文献中主要指企业研发资金投入（Czarnitzki and Hussinger，2018；尚洪涛、黄晓硕，2018；武咸云等，2016）。企业研发资金投入是指与企业研发活动相关的各种直接费用和间接费用的总和。主要包含以下六个方面：（1）研发人员费用。包含了相关研发人员的工资、奖金、福利等费用支出。（2）材料交易协作费用。企业进行研发活动需要从外界获取材料、技术文献等相关资料，以及在资料获取过程中与外界联系发生的搜寻、交易以及协作等费用支出。（3）折旧费用。企业研发活动关于厂房、设备等固定资产的折旧费用支出。（4）无形资产摊销费用。企业在研发过程中从外部购买技术的摊销费用。（5）管理费用。研发过程中管理部门的差旅费、办公费以及管理人员的工资、奖金和福利等费用。（6）其他费用。除以上费用之外的水电费、保险费用支出等。本书的研究主要针对企业研发资金的投入行为。

1.3.4　企业 R&D 活动风险承担行为

企业 R&D 活动风险承担行为是指企业在投资决策过程中对项目类型的决策。其中企业可以偏向高风险的项目决策，高风险也意味着高收益、高支出。现有文献中对企业 R&D 活动风险承担行为的测度方式主要基于业绩表现、政策行为、态度指标。其中学者较多地采用业绩波动程度衡量企业风险承担水平（Wright et al.，1996；Faccio et al.，2014；余明桂等，2013；毛其淋、许家云，2016），其理由是选择高风险性的投资项目必然导致企业盈余或者股票收益的较大波动性，常用指标为企业盈利波动性、股票回报波动性、盈利最大值和最小值之差等（Coles et al.，2005；Boubakri et al.，2011）。而企业 R&D 活动风险承担行为的本质在于风险性项目的承担情况，根据现有研究，可以将企业承担的项目分为共性技术项目和专有技术项目（刘伟、邓鳞波，2011）。其中专有技术项目研发通常基础性较低，无法为后续技术开发提供技术支持，外部性较弱，研发成果归企业所有，而不产生较强的外溢性，关联性强度不足，即通常只能应用在某一产品，而与其他相关知识或者技术无密切关联（于斌斌、陆立军，2012）。在这类项目研发中，企业面临的风险性较低，其研发成果不构成企业的核心竞争力，因而对企业创新实力提升效果不高。共性技术项目研发具有基础性和超前性。共性技术未来可能会在多领域应用（Youtie et al.，2008；Maine and Garnsey，2006），其研发成果会对整个产业或者多个产业产生深度影响，并且企业都要在共性技术这一"平台"上进行后续的技术创新（Vona and Consoli，2012）。由于共性技术具有"非竞争性"和"非排他性"，共性技术研发成果很容易被其他企业模仿，出现"搭便车"的状况，因此企业进行共性技术研发投资的私人收益要小于社会收益，并且共性技术研发周期长，收益不确定，因此其风险与成本都要大于专有技术项目研发，但企业从事这类技术研发能够提高企业核心竞争力与持续性发展能力，是企业实现自主创新能力的重要表现，也是政府 R&D 资助的目标所在，因此本书采用不同类型项目来刻画企业 R&D 活动的风险承担行为。

1.3.5 企业外部技术获取行为

界定企业外部技术获取行为，需要先界定企业技术获取行为。企业技术获取行为是指企业技术的来源方式，主要包含两种渠道，一是内部研发，二是外部技术获取（Hagedoorn and Wang，2012；Berchicci，2013；Caloghirou et al.，2004；樊路青、刘雯雯，2014）。随着创新环境的日益复杂，企业仅仅依赖内部资源进行研发很难满足资金和技术的需求，企业开始不断开放其研发边界，采用外部技术获取的方式，外部技术获取已成为企业技术战略的重要组成部分（Zahra，1996；Tsai and Wang，2009；Tsai and Wang，2007）。外部技术获取模式是指获得外部技术的方式，以往的学者中按照不同的分类标准为外部技术获取模式分类。其中尼克尔斯和胡（Nixon and Woo，2003）将外部技术获取联盟分为研发合同、技术许可、合资公司、小产权投资和并购五种。蔡和王（Tsai and Wang，2008）按照企业在外部技术获取中是否直接获得技术这一标准进行划分，包含外部技术获取行为和类似外部技术获取行为，其中外部技术获取行为包括向内技术许可和专利购买，类似外部技术获取行为包括合资公司、研发协议以及技术分享计划等。蔡和王（2009）在研究外部技术获取与企业创新绩效的关系中按照技术是否由市场获得分为市场采购和合作两类。我国学者的研究中，赵文红、梁巧转（2010）认为企业外部技术获取包含收购、合资、技术许可、外包研发和设备购买五类。李艳华（2014）认为外部技术获取分为技术引进、技术许可、与大学合作和与企业合作四种模式。借鉴前人的研究，本书认为企业外部技术获取是指采用外部知识源的方式来获取技术，并将外部技术获取分为合作研发和引进购买两种模式。合作研发是指企业与两个或者两个以上的合作伙伴分别贡献不同的资源，协作分工，共同达成相关目标的研发活动；引进购买是指企业通过市场上技术许可、研发合同以及专利买卖等形式获取相关技术或者知识的活动。

1.3.6　研究对象界定

高新技术企业在我国是一个特定的称谓，2008 年国家科技部等部门联合发布的《高新技术企业认定管理办法》中对高新技术企业做了最新的较为细致的规定。本书以《高新技术企业认定管理办法》要求且经过认定的中国高新技术企业为研究对象。通常高新技术企业具有高智力性、高投入性、高渗透性、高竞争性、高收益性、高风险性等特征，是企业创新的主力军。

高新技术企业具有较强的创新意愿，且创新实力强，是我国创新最为活跃的企业群体。图 1-3 显示 2007～2016 年高新技术企业数量以及工业总产值的发展趋势，可以看到总体趋势中，无论是高新技术企业数量还是工业总产值均呈现上升的态势，高新技术企业逐渐成长为我国企业群体中的骨干力量。高新技术企业在我国地理位置的分布中还呈现出发展不平衡的特点，图 1-4 表示全国高新技术企业科技活动人员以及科技活动经费内部支出的区域分布情况，可以看到，其中东部地区的科技活动人员以及科技活动经费内部支出最为丰富，东北地区最为贫乏。其中广东省在东部地区占据重要席位，本书选择广东省高新技术企业作为研究样本，具有较好的代表性。

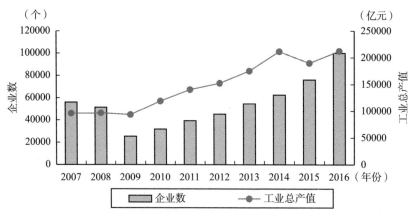

图 1-3　2007～2016 年高新技术企业数量及工业总产值

资料来源：中国火炬统计年鉴。

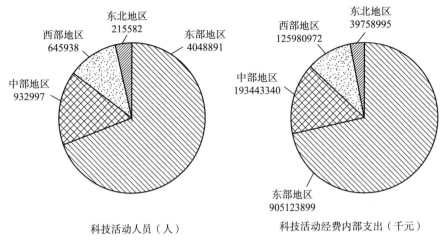

科技活动人员（人）　　　　　科技活动经费内部支出（千元）

图 1 − 4　科技活动人员与科技活动经费内部支出

资料来源：全国科技经费投入统计公报。

1.4　研究设计、研究方法及技术路线

1.4.1　研究设计

本书紧紧围绕"政府 R&D 资助是否影响以及如何影响企业创新行为"这一基本问题，从相关理论基础和实证研究出发，具体分析政府 R&D 资助不同方式对企业研发投入行为、R&D 活动风险承担行为、外部技术获取行为的影响，具体的章节安排如图 1 − 5 所示。

第 1 章（绪论部分）。从实践界和理论界对于"政府 R&D 资助是否影响以及如何影响企业创新行为"这个现实核心问题着手，论证本书研究的重要性和现实紧迫性。并阐述本书所用研究方法、技术路线以及可能的创新之处。

第 2 章（文献综述部分）。本章分别从企业创新行为相关综述、文本计量分析政府 R&D 资助相关综述，以及系统综述政府 R&D 资助对企业创新行为影响三方面进行分析，其中对企业创新行为的影响分别从企业创新行为缘起以及主流分类方式进行分析。文本计量的方式针对 Web of Science 数据库中以政府 R&D 资助与创新为主题的文献进行分析，有助于全

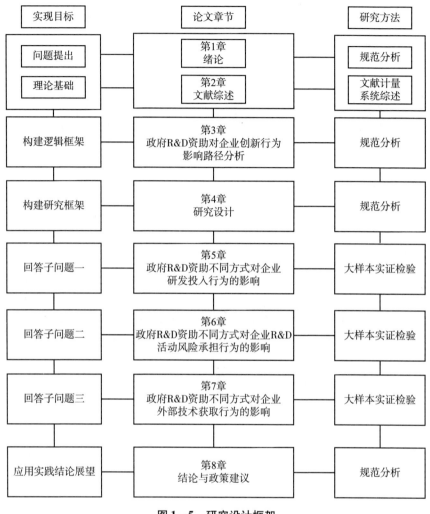

图 1-5   研究设计框架

面了解政府 R&D 资助文献的研究进展和研究趋势。政府 R&D 资助对企业
创新行为的实证分析分别从理论视角、不同资助方式、影响结果以及影响
情境四个方面进行综述。最后通过文献述评部分来阐述目前这一主题下研
究的贡献与不足。

第3章（理论推理部分）。在文献回顾的基础之上，聚焦本书的研究
问题，构建研究的总体理论模型以及分别构建三个子研究的理论模型，并
提出相关假设。

第 4 章（研究设计部分）。详细阐述研究所用的研究方法，主要变量测量以及整体样本的描述性统计。

第 5 章（子问题 1——实证部分）。首先基于倾向得分匹配以及动态效应下构建政府 R&D 资助不同方式对企业研发投入行为的影响模型；其次对数据进行相关检验并进行描述性统计分析；最后分别从基于静态视角、动态视角以及权变关系视角下实证分析政府 R&D 资助不同方式对企业研发投入行为的影响。

第 6 章（子问题 2——实证部分）。首先基于倾向得分匹配以及动态效应下构建政府 R&D 资助不同方式对企业 R&D 活动风险承担行为的影响模型；其次对数据进行相关检验并进行描述性统计分析；最后分别从基于静态视角、动态视角以及权变关系视角下实证分析政府 R&D 资助不同方式对企业 R&D 活动风险承担行为的影响。

第 7 章（子问题 3——实证部分）。首先基于倾向得分匹配以及动态效应下构建政府 R&D 资助不同方式对企业外部技术获取行为的影响模型；其次对数据进行相关检验并进行描述性统计分析；最后分别从基于静态视角、动态视角以及权变关系视角下实证分析政府 R&D 资助不同方式对企业外部技术获取行为的影响。

第 8 章（结论与政策建议）。梳理本书所有子问题得出的主要结论，为研究问题"政府 R&D 资助是否影响以及如何影响企业技术创新行为"展示一个相对全面的回答，并结合相关结论为政府和企业提供政策建议，并梳理当前的研究局限以及提出未来研究方向。

1.4.2 研究方法

本书采用规范研究和实证研究相结合的方式，其中规范研究主要使用了文献研究、理论推演等研究方法，实证研究使用了计量经济学方法如倾向得分匹配、Heckman 两阶段模型等研究方法。

第一，文献研究法。通过收集、鉴别、整理相关文献形成对某一研究主题全面的科学认识。本书重点收集了关于政府 R&D 资助、企业研发投入、企业 R&D 活动风险承担、企业外部技术获取等相关文献，并与本书研究问题相关的重要研究成果进行了深入的阅读和分析。在此基础之上，采用了文献计量学的方法对政府 R&D 资助相关文献进行分析，得出其理论基础与研究趋势。

第二，比较分析法。在实证分析的基础上，需要对样本进行分组讨论，检验不同企业特征情况下政府 R&D 资助对企业创新行为影响的差异性，在本书中需要按照不同资助方式、政策组合和单一政策、不同规模、不同行业属性等进行分类对比。

第三，计量经济学的方法。本书主要运用倾向得分匹配、Heckman 两阶段模型以及面板数据回归等方法。通过现有的文献研究可知，关于政府 R&D 资助对企业创新的影响需要考虑由于样本选择偏差和互为因果导致的内生性的问题。一方面政府挑选资助对象并不是随机的，往往创新能力强的企业更容易获得政府 R&D 资助，另一方面创新能力强的企业会更加主动申请资助。因此需要控制内生性，在静态视角研究中，本书主要通过倾向得分匹配的方式建立对照组和干预组，即为接受政府 R&D 资助的企业匹配一个其他特征相似但未接受政府 R&D 资助的对照组，解决政策评估"反事实"的问题，提高实证结果的可信度。在动态视角的分析中，一方面采用倾向得分匹配的方式测度在接受政府 R&D 资助以后几年内对企业创新行为的影响，另一方面由于当年匹配的样本特征可能发生改变，进一步采用多元回归的方式控制后期可能的影响因素进行进一步检验，保证结果的准确性。最后采用 Heckman 两阶段模型、倾向得分匹配的半径匹配以及核匹配等方法进行稳健性检验。

1.4.3 技术路线

本书聚焦学术研究前沿，紧扣社会实践主题，基于理论背景和现实背景之下提出"政府 R&D 资助对企业创新行为有何影响"这一关键问题，并将问题逐一分解，分为政府 R&D 资助对企业研发投入行为的影响、政府 R&D 资助对企业 R&D 活动风险承担行为的影响以及政府 R&D 资助对企业外部技术获取行为的影响，分别从静态视角、动态视角以及权变关系视角完善政府 R&D 资助对企业创新行为的影响模型，进而为现有政府 R&D 资助对企业创新行为的研究提供解释，技术路线如图 1-6 所示。

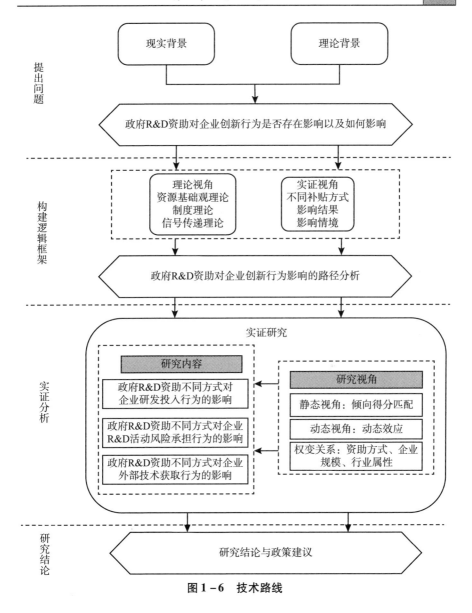

图 1-6 技术路线

1.5 本书的创新点

早期关于"政府 R&D 资助与企业创新行为"的研究多基于单一的投入视角进行分析，但单一视角分析下无法准确评估政府 R&D 资助效果。

本书突破单一视角切入的思路，系统构建企业创新行为，厘清政府 R&D 资助对企业不同创新行为的影响路径，并且本书还引入时间变量检验政府 R&D 资助对企业创新行为影响的可持续性问题，完善现有研究中基于动态视角研究不足，最后本书还基于不同的 R&D 资助方式、企业规模以及行业属性进行分析，从而回答了当前研究中"为何获得相同的政府 R&D 资助在企业创新行为中仍会存在差异性"这一问题。本书的研究一方面利于准确评价当前政府 R&D 资助政策定位以及实施效果，完善资助体系，另一方面利于企业重新审视和完善企业自身创新行为的决策。具体来说，本书研究主要包含以下三方面的创新与贡献。

（1）本书研究基于企业创新行为过程链条，系统分析政府 R&D 资助对企业创新行为的影响，丰富了政府 R&D 资助对企业影响的研究。相较于以往研究只注重对企业研发投入行为的探讨，将企业研发投入行为作为企业创新行为的代理变量，常常忽略了企业创新行为的复杂性，较少系统地探讨政府 R&D 资助对企业创新行为的影响机制及作用结果。本书研究基于企业微观创新过程视角理解企业创新行为链条，认为企业的创新行为不仅包括企业研发投入，还应进一步包含企业"做什么"和"如何做"，基于此认识，提出了企业创新行为的三个层面：研发投入行为、R&D 活动风险承担行为、外部技术获取行为。进一步厘清政府 R&D 资助对企业不同层面创新行为的影响路径，将原来单一探究政府 R&D 资助对企业研发投入行为扩展至系统分析对企业创新行为的影响，全面刻画政府 R&D 资助对企业创新投入、研发项目技术偏好、研发战略的影响，丰富了政府 R&D 资助对企业创新影响的研究。

（2）本书研究增加动态视角下衡量政府 R&D 资助对企业创新行为的影响。并采用多种实证方法克服政府 R&D 资助内生性，实证结果更加可信，为客观评价当前政府 R&D 资助效果奠定坚实的证据基础。当前研究多聚焦于静态视角分析，探究政府 R&D 资助对企业创新当期产生的影响，但企业研发活动具有周期长、风险大、成本高等特征，若仅探究当期的影响会出现两方面的偏差。首先，企业可能为了应对政府监督或为获取更高的补贴进行"偶然式"的创新。即企业为达到法规门槛获取更高补贴而机会主义地操纵研发投入行为，"偶发式创新"仅仅是形象工程，是为创新而创新，无法有效说明企业创新能力提升。其次，由于研发活动的长周期性导致创新成果的滞后，仅测算当期，其估计结果不准。实际情境中，往往企业创新成果会存在滞后性，若仅探究当期影响，由于其高投入性的特征短期内不仅不会对企业创新产生正向影响，甚至有可能会产生负向影响。综合上述两方面分析，本书增加了动态视角下的分析，探究政府R&D 资助对企业创新行为的持续性诱导效应，从而能够更加客观准确地评估当前政府 R&D 资助政策效果。同时，本书采用倾向得分匹配（PSM）、Heckman 两阶段模型、多元回归等多种实证方法实证分析静态视角下和动态视角下政府 R&D 资助对企业创新行为的影响，克服政府 R&D资助对象选择偏差和 R&D 资助与企业创新之间互为因果导致的内生性问题，使得实证结果更加准确、可信。

（3）实证检验政府 R&D 资助不同方式对企业异质性的差异化影响，为政府有针对性地制定相关政策提供支撑。在国内的相关研究中，由于缺少微观面板数据，很少有研究能够充分考虑不同补贴方式以及企业的异质性特征的差异化影响。例如在研究政府 R&D 资助方式时往往将不同的资助方式打包成一种进行研究，例如在探究直接资助对企业创新的影响时，并不考虑企业是否享受了税收优惠政策，其估计结果就会存在偏差。本书实证分析了直接资助、税收优惠以及政策组合的不同影响，充分考虑了政策的独特性，同时还进一步分析了政策组合和单一政策间的差异性，从而能够更全面、更准确地评估我国政府 R&D 资助政策不同方式对企业创新的实质性贡献。另外本书充分考虑了企业异质性特征，实证检验不同资助方式对不同规模和不同行业属性的影响，为全面客观评价当前政府 R&D资助效果奠定坚实的证据基础。

第 2 章

文 献 综 述

本章围绕研究的核心问题"政府 R&D 资助是否以及如何影响企业的创新行为"展开相关综述,首先,系统综述关于企业创新行为的缘起及不同视角下的内涵研究。其次,在系统综述政府 R&D 资助对企业创新行为影响之前采用文本计量的方式梳理当前的研究热点与研究空白。最后系统综述政府 R&D 资助对企业创新行为的影响。

2.1 企业创新行为的文献综述

2.1.1 企业创新行为的缘起及发展

关于企业创新行为的研究缘起于熊彼特的创新理论以及后期的技术创新理论。创新理论最早由熊彼特在《经济发展理论》(*Economy Development Theory*)中提出,认为"创新"是将生产要素与生产条件进行重新组合,从而在引入生产系统之后获得超额利润的过程。其中新产品、新生产方法、新市场、新材料与新组织是创新的五种形式。

虽然熊彼特提出了相关技术创新的概念,但其中只指出了创新、技术创新以及发明的区别,而未给出关于技术创新的严格定义。弗里曼(Freeman, 1997)认为工业创新是指"第一次引进一个新产品或新工艺中所包含的技术、设计、生产、财政、管理和市场诸多步骤"。美国经济学家曼斯菲尔德和埃德温(Mansfield and Edwin, 1971)认为创新是发明的首次应用,即产品创新从新产品构思到新产品售出等与新产品相关的技术活动。这种关于创新的定义也获得了后期学者的广泛认可。缪塞尔(Mueser，1985）将技术创新定义为具有构思新颖性和成功实现等特征的非连续事件。林恩等（Lynn et al.，1996）认为技术创新是由对商业潜力的认识逐步到商品化产品的整体过程。表 2-1 为不同学者关于技术创新的定义汇总。

表 2-1   不同学者关于技术创新观点总结

学者	观点
索罗 （Solo，1951）	主要是指技术的变化，知识投入转化出来相应的技术组合的变化
伊诺斯 （Enos，1962）	几种行为综合的结果。包含发明构想与决策、投资行为、组织保证、制定计划以及开辟市场等
曼斯菲尔德 （Mansfield，1968）	技术创新呈现过程性，主要是指由新产品构思到新产品销售所代表的一系列探索活动
弗里曼 （Freeman，1973）	创新是复杂的社会过程，并认为最为关键的是新产品的首次商业应用
厄特巴克 （Utterback，1974）	认为创新是技术的首次应用
弗里曼 （Freeman，1982）	工业创新是新产品、新流程、新系统和新服务的首次商业性转化
缪塞尔 （Mueser，1985）	具有构思新颖性和成功实现等特征的非连续事件
林恩 （Lynn，1993）	技术创新是由对商业潜力的认识逐步到商品化产品的整体过程

资料来源：傅家骥. 技术创新学［M］. 北京：清华大学出版社，1998.

2.1.2 企业创新行为的分类研究

根据创新理论可知企业创新行为是具有复杂性及不确定性的长期过程，能够代表企业内部真实的运作规律。目前关于企业创新行为的内涵研究主要包含三种代表性的视角。分别是基于过程观视角、基于网络观视角以及基于系统观视角。

基于过程观视角下的研究认为企业创新行为是一个多阶段的流程。现有研究通常包含两种阶段模型来描述企业创新过程。一种是基于研发驱动模型，即新产品或者服务从概念到最终投向市场的过程，如包含研究—开发—测试—制造—包装—传播。另一种是从用户视角出发，由用户感知需求到企业满足用户需求的过程。例如包含感知—选择—采用—执行—常规化。基于过程观的企业创新行为主要是以创新链为基础，表现为线性行为。表 2 - 2 是不同学者的观点。

表 2 - 2　　　　　　　　不同学者关于过程观视角下观点总结

学者	观点
哈格艾肯 （Hage and Aiken，1970）	评价—开始—实施—常规化
罗斯威尔和罗伯逊 （Rothwell and Robertson，1973）	产生思想—项目定义—解决问题—设计开发—产品生产—营销
扎尔特曼·邓肯 & 霍尔贝克 （Zaltman，Duncan and Holbek，1973）	知识认知—形成态度—决策—开始实施—继续持续性实施
肯特 （Kanter，1988）	产生思想—联合构建—思想实现—转移或传播
罗伯茨 （Roberts，1988）	机会认知—思想形成—问题解决—原型解决方案—商业化—技术利用和（或）传播
托尔纳茨基和弗莱舍 （Tornatzky and Fleischer，1990）	研究—发展—部署—采用—实施—常规化
罗杰斯 （Rogers，1995）	需求/问题—研究—发展—商业化—传播及使用
克莱因索拉 （Klein and Sorra，1996）	研究—发展—测试—制造—包装—散播—警觉—选择—采用—实施—常规化
安吉尔和范德文 （Angel and Van de Ven，2000）	开始—发展—实施/终止—知识警觉—态度形成—采用决策—开始实施—继续持续实施

资料来源：李召敏. 企业家驱动型管理创新过程研究 [D]. 大连：大连理工大学，2011.

基于网络观视角下的研究认为企业创新行为是诸多元素交互作用产生的复杂网络。一方面，网络视角下企业创新行为的核心特征在于由原来的线性模型强调企业创新行为实现空间的扩展，即由企业内部不断扩展到企业外部，与不同的机构（包括企业、政府、大学、科研机构）之间交互作用，形成网络。另一方面，非线性的网络创新行为是一个动态学习的过程，创新趋势是循环性而非因果性，企业在产品创新的过程中每一环节的投入和产出并非在企业内部或者通过单个企业来独立完成，而是在不断整合内外部资源，与外界不同机构形成协同作用。表 2-3 为网络观视角下的企业创新行为观点。

表 2-3　　　　　　　不同学者关于网络观视角下观点总结

学者	观点
尼尔森和温特 （Nelson and Winter，1982）	创新的过程不是一个简单的、线性的模式，而是可能发生在企业生产经营过程中的每一环
克莱恩和罗森伯格 （Kline and Rosenberg，1986）	创新行为是一个诸多因素交互作用的复杂网络，并提出了"创新链环模型"
卡什和里克罗夫特 （Kash and Rycroft，1994）	非线性的网络创新行为是一个动态学习的过程

资料来源：根据相关文献整理。

基于系统观视角下认为企业的创新行为并不仅仅是指某一方面，诸如企业的发明、创新与扩散等，而是应该以一个系统的视角来解释创新并分析可能影响的各种因素，系统观视角下企业创新行为的核心特征是"技术创新综合化趋势"（张宗庆，2000；傅家骥，1998）。基于熊彼特创新理论衍生出来的企业创新理论，以及纳尔逊、弗里曼和多西（Nelson，Freeman and Dosi）等从企业创新过程、创新影响因素、技术轨迹以及技术扩散等均是从微观系统视角揭示企业创新行为。系统观视角下的企业创新行为强调企业内外各创新要素（或子系统）的系统集成，是各种要素（或子系统）的非线性组合和动态整合。表 2-4 是不同学者关于系统视角下分析企业行为的观点。

表 2-4　　　　　　　不同学者关于系统观视角下观点总结

学者	观点
福斯费尔德和卡利什 （Fusfeld and Kahlish，1985）	企业与企业、用户、供应者、装配者、生产者、消费者交互作用产生技术信息交流的过程
希佩尔 （Hippel，1998）	为及时有效提取"粘着信息"，不断加强创新者与用户的交流沟通过程
陈劲（2002）	企业创新系统内部信息与知识需要进行有效连接，并分为界面系统和支撑系统两部分

学者	观点
陈功玉等（2006）	企业技术创新行为呈现一种动态非线性的系统，主要是由内部控制，支配各项企业创新活动，有效应对外部环境刺激的各项反应
武中哲（2008）	企业技术创新呈现复杂的系统性，不单纯表现某种创新行为

资料来源：根据相关文献整理。

2.1.3　企业创新行为研究评述

综上所述，企业创新行为缘起于熊彼特的创新理论以及后期发展的技术创新理论，并主要基于过程观视角、网络观视角和系统观视角对其进行分类研究，但仍然存在一些不足。

首先，目前学者们关于创新行为的研究主要停留在探究其概念内涵阶段，较少涉及在实证过程中企业创新行为所包含的维度。当前学者主要从过程观、网络观和系统观对企业创新行为进行定义，认为企业创新行为存在丰富的内涵，但究竟在实证过程中，企业创新行为具体包含哪些维度，如何测度这些维度，目前较少有文献进行系统的阐述。因此有必要对企业创新行为所包含的维度进行重新界定。

其次，目前的实证研究往往将企业研发投入行为作为企业创新行为的代理变量，简化企业创新行为。但这种简化无法全面评估企业创新。根据前文分析可知，企业创新行为存在丰富的内涵，但在实证研究中受制于数据可得性，也较难找到适当的客观测度指标等因素，往往只对企业研发投入行为进行测度，认为企业研发投入行为的增加代表了企业创新行为的提升，但这种简单替代关系不足以揭示企业创新的本质，因此有必要通过多维视角评估企业创新行为。

2.2　基于文本计量分析的政府 R&D 资助研究文献梳理

2.2.1　政府 R&D 资助文献识别

2.2.1.1　方法选择

目前的研究中文献综述和文献计量是探索某领域知识框架的两种重要

的方法（Acedo and Casillas，2011）。即定性和定量相结合的方式勾画出学科领域的知识结构以及追踪领域发展的动态演化趋势等，符合当前综述文献稳健性的趋势（Keupp et al.，2012）。在本节的研究中采用文献计量和内容分析相结合的方式，首先对样本的总体进行描述性统计分析，包括发表期刊分布、主要作者、主要组织、主要国家等。期望通过描述性统计帮助我们了解有关政府 R&D 资助的概况。其次通过引文分析（citation analysis），讨论政府 R&D 资助理论的基础与引用关系。最后采用共词分析（co-word analysis），分析目前政府 R&D 资助的热点研究问题和未来可能的研究方向，其中引文分析和共词分析均采用 VOSviewer 实现。

2.2.1.2　数据来源

本节的数据来源是基于 Web of Science 核心数据库收录文献进行检索，关键词选取为 TS =（R&D subsidy and innovation） or TS =（public grants and innovation） or TS =（government supports and innovation） or TS =（tax credits and innovation） or TS =（tax benefits and innovation），由于本书的研究聚焦于与创新相关的 R&D 资助，若不将创新关键词纳入其中，则会出现较多的无关文献，例如农业资助、食品资助等。检索截止时间为 2019 年 1 月 19 日，其中语种设置为 "English"，文献类型设置为 "Article"，限制学科为 "经济和管理和商业"（economics and management and business） 共获得 998 篇关于政府 R&D 资助的文献。

2.2.2　政府 R&D 资助文献的全景描述

2.2.2.1　发文趋势分析

发表文献数量能够在一定程度上反映相关领域的研究热度。由图 2 - 1 可知，自 1997 年以来关于政府 R&D 资助的相关研究文献呈现明显上升趋势。在 2005 年之前有关政府 R&D 资助的发文量较少，年平均发文量为 5.6 篇，2006 年增量有了很大幅度的提升，从 2005 年的 6 篇增加至 23 篇，以此开启了稳定上升的趋势，并在 2018 年发文量达到最高为 133 篇。文献数量的显著变化趋势表明，关于政府 R&D 资助的问题依旧是学界关注的热点。

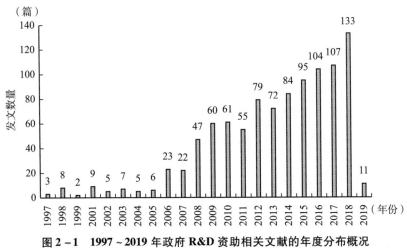

图 2 – 1　1997 ~ 2019 年政府 R&D 资助相关文献的年度分布概况

2.2.2.2　发文期刊分析

表 2 – 5 列出了收录关于政府 R&D 资助文献最多的 20 个期刊。通过检索的 998 篇文献来看，可以看到发表政府 R&D 资助相关研究的文献在《政策研究》（Research Policy）中数量最多，共有 94 篇论文，占比为 9.419% ，其次为《能源政策》（Energy Policy）有 67 篇论文，占比为 6.713%。另外《技术预测与社会变革》（Technological Forecasting and Social Change）和《创新》（Technovation）也是关于政府 R&D 资助研究发文数量较多的期刊。可以看到政策类和创新类的期刊是关于政府 R&D 资助问题的重要期刊群。

表 2 – 5　　　　　　政府 R&D 资助相关文献期刊分布

序号	期刊名	发文数（篇）	占比（%）
1	《政策研究》（Research Policy）	94	9.419
2	《能源政策》（Energy Policy）	67	6.713
3	《技术预测与社会变革》（Technological Forecasting and Social Change）	49	4.910
4	《创新》（Technovation）	46	4.609
5	《创新管理政策实践》（Innovation Management Policy Practice）	28	2.806
6	《技术转移》（Journal of Technology Transfer）	28	2.806
7	《中小企业经济》（Small Business Economics）	24	2.405

序号	期刊名	发文数（篇）	占比（%）
8	《技术分析战略管理》（*Technology Analysis Strategic Management*）	24	2.405
9	《亚洲技术创新》（*Asian Journal of Technology Innovation*）	22	2.204
10	《国际技术管理》（*International Journal of Technology Management*）	20	2.004
11	《科学和公共政策》（*Science and Public Policy*）	18	1.804
12	《创业和区域发展》（*Entrepreneurship and Regional Development*）	11	1.102
13	《区域研究》（*Regional Studies*）	11	1.102
14	《创新和新技术经济》（*Economics of Innovation and New Technology*）	10	1.002
15	《产业与创新》（*Industry and Innovation*）	10	1.002
16	《研发管理》（*R D Management*）	10	1.002
17	《能源经济》（*Energy Economics*）	9	0.902
18	《管理决策》（*Management Decision*）	9	0.902
19	《中国管理研究》（*Chinese Management Studies*）	8	0.802
20	《产品创新管理》（*Journal of Product Innovation Management*）	8	0.802

2.2.2.3 国家（地区）与组织分析

研究者所处的文化背景对于其学术思想至关重要，通常社会文化背景的差异会影响研究的研究视角和分析工具。表 2-6 为相关文献的国家（地区）分布，其中可以看到美国的发文量最高为 249 篇，占比为 24.95%，其次是英国，发文量为 127 篇，占比约为 12.73%，排名第 3 位的是中国，发文量为 109 篇，占比约为 10.92%。可以看到关于政府 R&D 资助的研究仍然是以美国为中心，发达国家占据主导地位。表 2-7 为政府 R&D 资助相关文献的发文机构分布，可以看到排在前 3 位的分别是欧洲经济研究中心 26 篇、比利时鲁文大学 24 篇以及加州大学 18 篇。值得注意的是虽然中国的发文量排在第 3 位，但是在主要的研究机构中仅有中国的清华大学排在第 18 位，发文量为 9 篇，这也说明中国学者对于政府 R&D 资助问题的研究较为分散，并未形成一定的规模。

表 2-6   政府 R&D 资助相关文献国家（地区）分布

序号	国家（地区）	记录（篇）	占比（%）
1	美国	249	24.95
2	英国	127	12.725
3	中国	109	10.922
4	德国	87	8.717
5	意大利	73	7.315
6	西班牙	71	7.114
7	韩国	58	5.812
8	新西兰	57	5.711
9	澳大利亚	50	5.01
10	加拿大	43	4.309
11	法国	41	4.108
12	日本	40	4.008
13	比利时	38	3.808
14	中国台湾	31	3.106
15	瑞典	22	2.204
16	挪威	20	2.004
17	丹麦	18	1.804
18	新加坡	17	1.703
19	瑞士	17	1.703
20	苏格兰	15	1.503

表 2-7   政府 R&D 资助相关文献机构分布

序号	机构扩展	记录（篇）	国家（机构）
1	欧洲经济研究中心	26	欧洲经济研究中心
2	鲁文大学	24	比利时
3	加州大学	18	美国
4	国家经济研究局	17	美国

续表

序号	机构扩展	记录（篇）	国家（机构）
5	伦敦大学	17	英国
6	卡罗来纳大学	16	美国
7	麻省理工学院	13	美国
8	萨塞克斯大学	13	英国
9	马斯特里赫特大学	12	荷兰
10	诺丁汉大学	12	英国
11	乌得勒支大学	12	荷兰
12	欧盟委员会联合研究中心	11	欧盟
13	乔治华盛顿大学	11	美国
14	首尔国立大学	11	韩国
15	国家科学研究中心	10	法国
16	新加坡国立大学	10	新加坡
17	马德里康普顿斯大学	9	西班牙
18	清华大学	9	中国
19	剑桥大学	9	英国
20	芝加哥大学	9	美国

2.2.2.4　作者分析

　　了解相关领域的学者以及研究成果有助于全面把握该领域的研究高度以及深度。表 2 – 8 为关于政府 R&D 资助相关文献发文量最多的前 20 位作者。其中发文数量最多的作者为恰尔尼茨基（Czarnitzki），发表 13 篇论文，也是被引用量最高的学者。其主要的研究领域为经济创新以及应用经济学，其中被引数量最高的一篇论文为发表于 2003 年以民主德国为例探究政府 R&D 资助对企业创新活动的影响，其中被引用率为 337 次，排名第二的作者分别为李（Lee）和领克（Link），发文量均为 6 篇，排名第三的学者分别为霍滕罗特（Hottenrott）、李（Lee）和洛佩斯 – 本托（Lopes – Bento），发文量均为 5 篇。这些学者的研究成果对后续关于政府 R&D 资助的研究具有重要的理论指导意义，需要重点关注。

表 2 - 8　　　　　　政府 R&D 资助相关文献主要作者

序号	作者	记录（篇）	占比（%）
1	恰尔尼茨基（Czarnitzki）	13	1.303
2	李（Lee）	6	0.601
3	领克（Link）	6	0.601
4	霍滕罗特（Hottenrott）	5	0.501
5	李（Lee）	5	0.501
6	洛佩斯 - 本托（Lopes - Bento）	5	0.501
7	布洛克尔（Broekel）	4	0.401
8	楚（Chu）	4	0.401
9	官（Guan）	4	0.401
10	郭（Guo）	4	0.401
11	韦尔戈（Huergo）	4	0.401
12	因塔拉库姆纳德（Intarakumnerd）	4	0.401
13	马丁内斯 - 罗斯（Martinez - Ros）	4	0.401
14	旺格林皮亚拉特（Wonglimpiyarat）	4	0.401
15	阿夫查（Afcha）	3	0.301
16	阿克西吉特（Akcigit）	3	0.301
17	阿米努尔（Aminullah）	3	0.301
18	布索姆（Busom）	3	0.301
19	卡斯特拉奇（Castellacci）	3	0.301
20	陈（Chen）	3	0.301

2.2.2.5　共被引分析

引文在很大程度上反映了研究热点，对引文的分析能够揭示关于政府 R&D 资助的研究发展现状和趋势。根据计量分析结果，引用率最高的文献是大卫等（David et al.，2000）发表在《政策研究》（*Research Policy*）的文章"公共研发是私人研发的补充还是替代品？计量经济学证据综述"（*Is Public R&D a Complement or Substitute for Private R&D? A Review of The Econometric Evidence*），共被引 1228 次，该文聚焦于探究公共研发支出对私人研发支出存在互补效应还是挤出效应，这一矛盾的问题，采用过去35年积累的计量经济学的证据，基于时间序列以及不同层次截面数据的研究结果，建立了一个关于政府 R&D 资助的微观研究分析框架，研究结果总体上是矛盾的。其次是沃尔斯滕（Wallsten，2000）发表在《兰德经济学杂志》（*Rand Journal of Economics*）上的"政府—产业研发计划对私人研发的影响：以小企业创新研究计划为例"（*The Effects of Government-Industry R&D Programs on Private R&D：The Case of The Small Business Innovation Research Program*）一文，共被引 1089 次，该文利用美国中小企业创新项目（SBIR）涉及的企业数据集，来估计政府 R&D 资助是否促进了企业的私人研发，有证据表明，政府拨款挤占了企业的私人研发支出，首次采用实证的方式验证了政府 R&D 资助的挤出效应。排在第三位的是拉赫（Lach，2002）发表在《工业经济学杂志》（*The Journal of Industrial Economics*）上的"研发补贴是刺激还是取代私人研发？来自以色列的证据"（*Do R&D Subsidies Stimulate or Displace Private R&D? Evidence from Israel*）共被引 951次。该文利用以色列制造业的数据回答了政府 R&D 资助产生的"增量"问题。

表 2-9 依据共被引网络图谱，整理出 10 篇共被引频率最高的文献。经提炼共被引的相关研究内容，发现共被引文献间存在某种内在知识共性和理论的关联性。进一步归纳总结认为凯恩斯经济学理论、技术创新理论、资源基础理论、信息不对称理论、信号传递理论、挤出效应理论等可以作为政府 R&D 资助的理论基础。关于政府 R&D 资助的研究通常划分为两大流派，"促进论"流派和"抑制论"流派。"促进论"流派的理论基础主要为市场失灵理论、技术创新理论、资源基础理论等。其中凯恩斯经济学理论认为市场会存在失灵状况，仅依靠市场这只无形的手无法使得资源达到最优配置，并且研发活动的外溢性会降低整体社会福利水平，因此需要政府进行干预，促进资源有效配置。技术创新理论认为，由于技术创新是高投入高风险，大企业才有足够能力承担高风险，而中小企业难以实现创新，因此政府需要进行干预平衡大中小企业的利益，促进社会经济健康持续发展。资源基础理论认为政府 R&D 资助带来的资源要素能够为企业规避风险，降低成本，进而起到促进作用。"抑制论"流派的理论基础主要为挤出效应理论和信息不对称理论等。挤出效应理论认为政府 R&D资助的增加会降低企业私人研发支出，信息不对称理论认为政府与企业间存在信息不对称的问题，导致政府无法做出最优决策，进而使得资源配置

无法达到最优，抑制企业创新活动。

表 2 - 9   政府 R&D 资助高频共被引文献

作者	文献	频率
大卫等（David et al.，2000）	公共研发是私人研发的补充还是替代品？计量经济学证据综述（Is Public R&D A Complement or Substitute for Private R&D? A Review of the Econometric Evidence）	1228
沃尔斯滕（Wallsten，2000）	政府 - 产业研发计划对私人研发的影响：以小企业创新研究计划为例（The Effects of Government - Industry R&D Programs on Private R&D：The Case of the Small Business Innovation Research Program）	1089
拉赫（Lach，2002）	研发补贴是刺激还是取代私人研发？来自以色列的证据（Do R&D Subsidies Stimulate or Displace Private R&D? Evidence from Israel）	951
阿尔穆斯和恰尔尼茨基（Almus and Czarnitzki，2003）	公共研发补贴对企业的影响"创新活动"（The Effects of Public R&D Subsidies on Firms Innovation Activities）	923
伊莎贝尔（Isabel，2000）	研发补贴效果的实证评价（An Empirical Evaluation of The Effects of R&D Subsidies）	838
阿罗（Arrow，1972）	经济福利和资源分配发明——基于发明活动的速度和方向上（Economic Welfare and the Allocation of Resources for Invention', in The Rate and Direction of Inventive Activity）	814
克莱特（Klette et al.，1999）	减少市场失灵？微观经济评价研究（Do Subsidies to Commercial R&D Reduce Market Failures? Microeconomic Evaluation Studies）	789
冈萨雷斯和帕佐（González and Pazó，2008）	公共补贴会刺激私人研发支出吗？（Do Public Subsidies Stimulate Private R&D Spending?）	652
纳尔逊（Nelson，1959）	基础科学研究的简单经济学（The Simple Economics of Basic Scientific Research）	608
霍尔和里嫩（Hall and Reenen，2000）	财政激励效果如何？对证据的综述（How Effective are Fiscal Incentives for R&D? A Review of the Evidence）	607

2.2.2.6 共词分析

共词分析能够反映某一学科领域主题间的联系，是探索某一学科知识结构的重要研究方法。根据计量经济结果，高频词包括"创新""研究与开发""资助""中国""创新政策""R&D 资助""政策评估""中小企业"等。通过共词分析，可以发现目前的三个研究热点。首先是中国情境的问题。以中国为代表的转型经济体的政府 R&D 资助政策逐步成为研究热点。先前的研究中大多以欧美等发达经济体为研究对象，探究政府 R&D 资助的有效性，并做了大量的实证研究，由于发达国家和发展中国家存在制度水平和经济发展水平的差异，发达国家得出的相关结论是否适用于发展中国家，以中国为代表的转型经济体在不断变革，以中国情境作为其研究背景并嵌入制度理论成为学者们关注的热点。

其次是可以发现研究的关注点由探究对企业私人研发投入行为逐步转向对企业创新其他方面的研究，例如企业的合作研发、技术变革、吸收能力等。由于企业私人研发投入的多少，是衡量市场失灵的重要指标，加之企业私人研发投入的易观测以及易获得的性质使得大多数的研究更多关注政府 R&D 资助对企业私人研发投入互补效应以及替代效应影响的分析，而对企业其他行为的影响所知甚少。而当前探究对企业其他行为的研究逐步成为热点。

最后是关于政策评估方法。目前的政策评估中多采用匹配法进行分析，其中 treatment effects 和 propensity score matching 成为重要的节点。关于政府 R&D 资助需要考虑选择偏差的问题，随着计量经济学的发展，这一问题也逐步得到了解决，通过倾向得分匹配方法找到与之相匹配的没有接受资助的控制组，能够有效地控制选择偏差，解决直接估计精确度差的问题。

2.2.3 文本计量下政府 R&D 资助研究趋势分析

综上所述，通过定量的文献计量方法，采用描述性统计分析、引用分析和共词分析等计量手段，分别对 998 篇关于政府 R&D 资助的文献进行全面综述，首先展示了论文发表的趋势、主要期刊群、发表论文的主要国家和组织、主要作者等做出简要分析以期给出关于政府 R&D 资助研究的全景图，而后采用共被引网络的方式，梳理当前共被引最高的文献，经过研读得出目前关于政府 R&D 资助的主要理论基础。最后通过共词分析讨论现存文献的研究热点以及研究空白。

通过对现有文献的计量，本节发现了以下三个重要的结论。

首先，关于政府 R&D 资助的研究情境逐步由欧美等发达经济体转向中国情境的研究。在国家和组织发表的文章数量、中国作者的发文数量以及共词分析的结果均可以看出这一趋势。在发文的国家和地区分布中，中国发文量占据第三位，在发文量前十的作者分布中，有三位中国作者，在共词分析中，"China" 成为一个很重要的节点，均可以看出这一趋势。虽然发文整体仍然落后于欧美等发达经济体，但探究中国情境下的 R&D 资助政策逐步成为一种趋势，先前的研究结论多是针对发达经济体，本身制度相对完备，而中国情境下无论是经济发展水平还是制度水平均存在差异，那么先前的结论是否在中国情境下适用，就需要进行深入的分析。

其次，聚焦 "增量" 问题的研究。这在共被引网络以及共词网络中可以体现。在共被引频率最高的文献中，拉赫（Lach, 2002）利用以色列制造业的数据回答了政府 R&D 资助产生的 "增量" 问题。回答 "增量" 问题的本质在于构建 "反事实" 情境，即分析接受政府 R&D 资助的企业与假如其在不接受时的创新表现对比，随着计量经济学的发展，通过匹配法，可以有效解决这一问题，也是当前研究中普遍采用的方法。在共词网络中可以看到 "propensity score matching" "treatment effects" "additionality" 等均是重要的节点。由此也可以反映这一热点。

最后，政府 R&D 资助对企业创新的间接影响成为新的趋势。主要是由共词网络体现。在与 "subsidies" "R&D subsidies" "public subsidies" 等的连线中，增加了很多间接的连线，例如 "R&D collaboration" "open innovation" "absorptive capacity" "venture capital" 等。说明当前的研究中不仅只探究政府 R&D 资助与企业研发投入之间的关系，也逐步开始探究对企业创新的间接影响。

2.3　政府 R&D 资助影响企业创新行为的文献综述

2.3.1　不同理论视角下的影响

2.3.1.1　资源基础观视角下的影响

资源基础观（resource-based view, RBV）对于解释政府 R&D 资助对

企业创新行为的影响至关重要。资源基础观理论（RBV）认为企业资源具有价值性、稀缺性、不可完全模仿性以及难以替代性，并且其核心议题是通过内部资源解释企业如何产生竞争优势。政府 R&D 资助的本质在于增加了企业内部资源，其中既包含有形资源（实体资产）也包含无形资源（组织声誉）。通过资源基础观视角解释政府 R&D 资助对创新的影响的焦点在于企业内部资源是影响创新的关键。对于发明创新来说，既不是外部环境和行业特征影响的结果，也不是评估竞争对手的技术基础和潜在的市场机会产生的，而是与企业内部资源的关键性影响相关。资源基础观理论起源于彭罗斯（Penrose，1995）的研究，他最早提出了基于资源的观点，沃纳费尔特（Wernerfelt，1984）进一步完善，首开资源基础理论研究的先河。巴尼（Barney，1991）完整地阐述了资源基础观理论，随后学者们不断补充和完善该理论。具体的发展脉络见表 2 – 10。

表 2 – 10　　　　　　　　　　资源基础观理论研究脉络

理论发展脉络	作者	内容特征
研究基础	彭罗斯 （Penrose，1995）	最早提出了基于资源的观点，认为企业是生产性资源集
首次提出概念	沃纳费尔特 （Wernerfelt，1984）	首开资源基础理论研究的先河，认为资源是企业战略的基础
完整理论提出	巴尼 （Barney，1991）	将资源观发展为完整理论，认为企业资源具有 VRIS（价值性、稀缺性、不可完全模仿性和难以替代性）是企业持续竞争优势的来源
理论后续发展与完善	彼得拉夫 （Peteraf，1993）	异质性、不可完全移动性、对竞争的事后限制性、对竞争的事前限制性
	阿米特和舍梅克 （Amit and Schoemaker，1993）	稀缺性、有限移动性、不可完全替代性、可占用性
	科利斯和蒙哥马利 （Collis and Montgomery，1995）	不可模仿性、持久性、可占用性、难以替代性
	巴尼 （Barney，1997，2002）	价值性、稀缺性、不可完全模仿性、组织性

资料来源：根据相关研究整理。

从资源基础观视角解释政府 R&D 资助对创新的影响机制主要基于资源缓冲作用和资源配置作用两方面展开（Lazzarini，2015）。资源缓冲作用是指政府 R&D 资助带来的资源能够扩大企业的资金池，进而有利于企业应对不利的市场变化，减轻市场和技术的不确定性影响（Amezcua et al.，2013；Amburgey et al.，1993）。另外政府 R&D 资助的缓冲作用还体现于提升企业的竞争优势。资助是具有选择性的，接受资助的企业相对于未接受者具有更强的优势（Lazzarini，2015；Murtha and Lenway，1994），基于资源缓冲的作用下，政府 R&D 资助有利于企业的创新活动（魏志华等，2015；曾萍等，2016）。政府 R&D 资助可以提供如下资源：（1）研发人员；（2）研发工作条件；（3）研发项目组合；（4）公司的声誉。政府 R&D 资助不仅能够使企业雇用更多的研发人员，吸引更优秀的科学家，还可以完善相关实验设备，增加原材料储备等。

基于资源配置的分析来看，政府 R&D 资助可能会存在负向影响。政府掌握着企业发展所需资源的分配权（Jinglian et al.，2010），若政府内部配置效率较低，则可能会引发腐败问题，影响企业战略选择（Uhlen-bruck et al.，2006）。已有研究表明，腐败不仅为寻租的滋生提供了肥沃的土壤（Wu and Xun，2009），还会直接对企业创新行为产生影响。余明桂等（2010）以民营企业为样本，分析企业政治关联是否能够获得更多资助，研究发现民营企业会通过政治关联进行寻租以获得更多的直接资助收入。武咸云等（2016）认为企业寻租有利于政府 R&D 资助杠杆效应的发挥，但是寻租行为获得的资助扭曲了旨在促进创新的资助政策。克鲁格（Krueger，1974）、格莱泽和萨克斯（Glaeser and Saks，2004）的研究结果表明寻租能够扭曲社会稀缺资源配置，损害社会福利。

2.3.1.2　制度理论视角下的影响

利用资源基础观视角探究政府 R&D 资助与企业创新的关系主要基于企业内部的资源和能力，并且早期的研究中多以成熟的市场作为研究背景，而忽略了制度环境的影响。目前新兴经济体的崛起使得制度因素成为解释企业行为的关键因素，仅通过资源基础观的理论视角无法准确指导新兴市场中政府 R&D 资助影响企业行为的作用机制。关于制度理论的研究兴起于迈耶和洛恩（Meyer and Rowan，1977）的研究，他们指出组织存在趋同现象，并发现组织正式结构性地反映了社会结构的现实，但是没有明确制度背后的作用机制。迪马乔和鲍威尔（Dimaggio and Powell，1983）

的研究充分证明了制度对企业的影响，形成了组织社会学新制度主义学派。纳奥斯（North，1990）将制度解读为用来规范社会交往行为的一组"游戏规则"，其中包含正式制度和非正式制度，并广义地定义企业所在的政治环境、经济发展程度、文化传统等均为制度背景的构成要素。斯科特（Scott，1995）则将构成制度的要素分为规制性制度、规范性制度和认知性制度三类。具体研究脉络见表 2 - 11。

表 2 - 11　　　　　　　　　　制度理论研究脉络

理论发展脉络	作者	内容特征
企业自身角度	迈耶和洛恩（Meyer and Rowan，1977）	指出组织存在趋同现象，组织结构性反映了社会结构的现实
环境视角	迪马乔和鲍威尔（Dimaggio and Powell，1983）	强调组织在制度环境中发展趋向同构化的现象，提出组织趋同的三种机制：强制同形、模仿同形和规范同形
广义定义	纳奥斯（North，1990）	将制度解读为用来规范社会交往行为的一组"游戏规则"，包括了正式制度和非正式制度

资料来源：根据相关文献整理。

制度理论对于解释政府 R&D 资助对企业创新影响至关重要（李永等，2015）。企业的创新行为受到了制度环境的影响，并且制度环境对企业不同的创新活动的影响也存在差异性（North，1990；Peng et al.，2003）。制度为企业活动提供一个稳定的行为框架，以合法性压力抑制个体的机会主义行为（高洪利等，2017），进而能够不断地降低交易成本，由此可见制度环境决定了资源配置的成本。目前基于制度背景下探究政府 R&D 资助对企业创新影响主要基于国家制度层面、区域制度层面以及企业自身制度背景进行研究。

在国家制度层面，目前大多数关于政府 R&D 资助对企业创新影响的研究主要针对发达国家，而发达国家本身制度就相对完善，竞争激励的企业自然会获得更多的政府支持，有大量研究基于发达国家的研究证明政府 R&D 资助与企业创新之间存在积极正相关关系，其中阿里（Ali，2004）对芬兰，冈萨雷斯和帕佐（Gonzalez and Pazo，2008）对西班牙，冈萨雷斯和帕佐（Gonzalez and Pazo，2008）、恰尔尼茨基和洛佩斯 - 本托（Czarnitzki and Lopes - Bento，2013）、霍滕罗特和洛佩斯 - 本托（Hottenrott and Lopes‐Bento，2014）对弗兰德斯，恰尔尼茨基和赫辛格（Czarnitzki and Hussinger，2004）、恰尔尼茨基和利希特（Czarnitzki and Licht，2010）、赫辛格（Hussinger，2008）对德国以及波蒂（Potì，2012）对意大利等的实证研究都证实了积极效应。而发达国家的经验是否适用于发展中国家或者后发国家，目前也存在一些讨论。在新兴经济体中，自身制度不够完善，需求企业与收益企业不匹配导致政府 R&D 资助资源配置的低效率。例如在中国的实际情境中，会存在"关系"这一概念。当涉及政府机构或官员时，关系也意味着贿赂或腐败（李玲，陶厚永，2013；杨德明等，2017），因而政府 R&D 资助对企业创新的影响可能会与发达国家存在差异。

区域制度环境和企业自身产权性质也是影响企业创新行为的重要因素（顾元媛、沈坤荣，2012）。良好的区域制度环境下能够缓解企业发展的行政压力和管制限制，企业有更多时间和资源用于创新活动中。现有的文献中主要基于知识产权保护、区域腐败程度以及区域经济发展水平等层面分析政府 R&D 资助对企业创新的影响（毛其淋、许家云，2015；彭红星、王国顺，2018；张杰等，2015）。企业自身产权性质不同，也是影响政府 R&D 资助对企业创新的重要因素。国有企业特殊的制度安排决定了国有企业并无最大化绩效的充分压力，并且国有企业的背景也更容易获得资助（孔东民等，2013；魏志华等，2015；杨德明等，2017）。国有企业更多背负的是政治和社会责任目标，加之代理冲突严重，导致企业风险承担水平较低，而非国有企业更加重视企业技术创新效率的提升，即拥有更强烈的动机通过政府 R&D 资助政策降低创新成本，转变为企业创新成果（张辉等，2016；康志勇，2018）。

2.3.1.3 信号理论视角下的影响

基于信号理论视角解释政府 R&D 资助对企业创新的影响至关重要（Narayanan et al.，2000；Stuart et al.，1999），企业家与市场上投资人存在的信息不对称状况会影响企业的外部融资，而政府 R&D 资助可以作为一个企业优质的信号传递给地方政府、战略投资者、创投公司以及金融机构等，帮助企业能够在外部市场中获得融资，进而缓解企业的融资约束。促进企业创新（Carter and Manaster，1990；Carpenter and Petersen，2002；Stuart et al.，1999）。信号理论缘起于斯朋思（Spence，1973）利用劳动力市场模型建立的信号模型，他认为，在绝大多数的劳动力市场中都存在

"信息沟"，即雇用者不了解雇员的真实能力，而又无法获得更多的信息进行判断，因此雇员的教育水平则可以充当信号传递给雇主，以帮助雇主决策。在随后的不断发展中，信号理论逐步被应用于金融、财务、管理等诸多领域当中。表2-12为信号理论的研究脉络。

表2-12 信号理论的研究脉络

理论发展脉络	作者	内容
开创者	斯朋思（Spence，1973）	在绝大多数的劳动力市场中都存在"信息沟"，即雇佣者不了解雇员的真实能力，而又无法获得更多的信息进行判断，因此雇员的教育水平则可以充当信号传递给雇主，以帮助雇主决策
应用领域	巴塔查里亚（Bhattacharya，1979）	股利信号模型
金融、财务、产业组织领域	塔尔莫尔（Talmor，1981）	多期模型
	艾伦和福尔哈伯（Allen and Faulhaber，1989）	政府信誉

资料来源：根据相关文献整理。

信号传递理论的基本思想为在信息不对称的条件下存在逆向选择和道德风险，拥有信息优势和信息劣势的各方试图通过某种信号向对方传递自己的真实信息。将信号效应应用于政府 R&D 资助对企业创新的影响，主要通过以下机制。首先，企业通过政府的"认证作用（certification effect）"缓解市场的信息不对称，促进企业外部融资（高艳慧等，2012；朱治理等，2016）。其中勒纳（Lerner，1996）利用美国小企业创新计划 SBIR 项目分析政府 R&D 资助可能出现的"信号功能"，他认为，资本市场的不完善，尤其是信息不对称导致的不确定研发项目融资困难，是造成绩效差异的一个原因。SBIR 计划能够传递企业质量和技术优势等信号，从而减轻资本市场的不完善，尤其是在高技术行业，这种信号作用更为明显。在勒纳（Lerner，1996）之后，塔卡洛和田山（Takalo and Tanayama，2010）提供了一个理论模型，在这个模型中，公共 R&D 资助可能会向市场化的金融家发出积极的信号，并减少融资约束。费尔德曼和凯利（Feldman and Kelley，2006）发现获得政府 R&D 资助增加了企业从其他来源获得资金。默勒曼和梅塞内尔（Meuleman and Maeseneire，2008）从实证分析视角验证了资助的信号传递机制，他们发现获得研发资助具有积极的认证效果。吴（Wu，2016）研究不同的所有权性质对信号认证效果的影响，研究结果表明，获得 R&D 资助增加了企业获得外部融资的可能性，国有企业获得的资助高于民营企业，但民营企业 R&D 资助的信号效应强于国有企业。然而也有部分研究质疑资助的信号功能。豪厄尔（Howell，2015）同样针对美国小企业研发计划 SBIR 项目进行分析，发现 SBIR 资助并不能帮助企业提升获得风险投资的概率，他认为美国的投资者进行决策时并不在意企业是否获得 SBIR 资助，因此 SBIR 资助释放的信号是一种"噪声"，不能带来明显差异。

其次，信号功能有利于降低双方交易成本，提高创新效率。开放式创新的背景下，企业很难仅仅依靠自身资源进行创新，而处于信息不对称的环境下，选择与外界组织的合作或者是引进购买相关技术都需要付出昂贵的交易成本。政府 R&D 资助的信号效应能有效降低双方交易成本，进而提升效率（Cassiman and Ueda，2006；Hu，2001；Kleer，2010；傅利平，李永辉，2015）。

最后，信号作用能够加强企业的市场地位。政府的背书作用有利于提升企业的声誉、可靠性以及合法性（Lerner，1996；Feldman and Kelley，2006；Meuleman and Maeseneire，2008）。权威机构的评价能够影响社会已有的认知体系，从而间接影响社会受众对企业是否具有组织合法性的判断（Cho and Lee，2013；Saunders，2007；Focarelli et al.，2008；Ross，2010；Terlaak and King，2006；Bongaerts et al.，2012；Bongaerts et al.，2012；Sine et al.，2007；Petkova et al.，2013）。

2.3.2　不同资助方式的影响

当前的研究中政府 R&D 资助与企业创新之间的关系呈现差异性，是否是因为政府 R&D 资助包含多种形式，而不同的资助形式对企业创新的作用方向存在差异所致（García - Quevedo，2004；Cerulli，2010），但当前大部分学者的研究往往将不同的资助方式进行打包作为一种资助方式进行研究，例如竞争性资助方式和非竞争性资助方式对企业创新的影响不同，若不加以区分，则会造成估计的偏差。目前的研究中，逐步由探究单一的资助方式过度为考虑多种资助方式，探究政策组合的影响（熊维勤，2011）。

　　各个国家和地区用于矫正研发活动市场失灵最常用的资助方式为直接资助和税收优惠（Montmartin and Herrera，2015）。目前更多的学者将研究焦点集中于单一政策对企业创新的影响，并做了大量的实证研究。在公共财政受到限制的情况下，出现了何种资助方式更加有效的问题。然而迄今为止，关于对直接资助影响的实证研究或者税收优惠的结果呈现喜忧参半的情形（Alonso‐Borrego et al.，2013；Dimos and Pugh，2016；Castellacci and Lie，2015），因此并无定论。

　　由于直接资助相比于税收优惠的结果更容易衡量（Berubeand Mohnen，2009），目前主流的研究是探究政府直接资助的影响效果。其结论是大部分的研究是拒绝完全挤出效应的（Emmanuel，2003；Aerts et al.，2004；Almus and Czarnitzki，2003；Czarnitzki and Fier，2002）。目前也有研究表明，公共投资在一定程度上取代了私人投资（Mamuneas and Nadiri，1996；Isabel，2000）。

　　也有学者探究税收优惠对企业创新行为的影响（李维安等，2016；匡小平、肖建华，2008；张信东等，2014）。其中大部分的研究表明，税收优惠会刺激企业研发支出增加（Czarnitzki et al.，2011；Mohnen，2009；Kobayashi，2014；李香菊、贺娜，2019）。恰尔尼茨基（Czarnitzki et al.，2011）分析了税收优惠对加拿大企业创新活动的影响，发现税收优惠能够有效提升加拿大企业创新能力。莫嫩（Mohnen，2009）还发现税收激励对受援国企业的创新产生了积极的影响。他们观察到，那些同时使用税收优惠和 R&D 资助的公司比那些只使用税收优惠和研发税收的公司更有创新精神。卡佩伦（Cappelen et al.，2012）研究了税收政策对创新和专利申请的影响，但并未发现积极的影响。

　　也有相关研究将政府直接资助和税收优惠纳入一个框架内进行分析。布索姆等（Busom et al.，2015）和格尔佐尼和雷特里（Guerzoni and Raiteri，2015）指出，在不控制其他可用工具的情况下，对单一政策工具的估计可能会导致隐性的估计偏差，因此在进行政策评估时需要考虑多种资助方式。当前不同政策工具间相互作用的结果既存在互补效应也存在替代效应。其中持互补效应的观点如下。洛佩斯‐本托（Lopes Bento，2014）发现了政府提供资助与欧盟提供资助的互补性。格尔佐尼和雷特里（Guerzoni and Raiteri，2015），马里诺等（Marino et al.，2016）均采用法国的数据进行评估发现，不同研发工具相互作用时最有效。韦尔戈和莫雷诺（Huergo and Moreno，2017）通过考虑不同类型的资助或比较通过资助和贷款提供的支持来提供原始贡献，这些工具的组合似乎是有益的，极大地缓解了单独估计税收抵免的影响所取得的积极成果。也有研究认为两者是存在替代效应的。盖莱克（Guellec，2003）为 1981～1996 年期间的 17 个经合组织国家提供了证据，证明直接资助和税收优惠在促进企业私人研发方面是有效的，但两者之间存在替代性。目前也有学者针对资助类型进行进一步的细分，考虑不同资助方式之间的有效性。杜蒙（Dumont，2017）结合比利时的案例研究表明，当企业将资助与多种税收优惠相结合时，研发支持的有效性降低。卡洛菲等（Caloffi et al.，2018）对比了针对中小企业的个体 R&D 资助以及合作 R&D 资助，一旦不再获得公众支持，这两种资助对不同类型的中小企业会产生不同的影响。具体见表 2－13。

表 2－13　　　　　　　　　　　不同资助方式影响

政策资助方式		作者	国家（地区）	结论
单一资助方式	直接资助	冈萨雷斯和帕佐（Gonzalez and Pazo，2008）	西班牙	积极效应
		阿尔察和施密特（Aertsa and Schmidtb，2006）	德国	
		奥兹切利克和泰马兹（Özçelik and Taymaz，2008）	土耳其	
		霍滕罗特和洛佩斯－本托（Hottenrott and Lopes－Bento，2014）	比利时	
		沃尔斯滕（Wallsten，2000）	美国	挤出效应
	税收优惠	恰尔尼茨基等（Czarnitzki et al.，2011）	加拿大	积极效应
		卡佩伦等（Cappelen et al.，2012）	挪威	
		弗雷塔斯（Freitas et al.，2017）	挪威、意大利和法国	
		卡斯特拉奇和拉埃（Castellacci and Lie，2017）	文献元回归*	
		杨等（Yang et al.，2012）	中国台湾	

续表

政策资助方式		作者	国家（地区）	结论
政策组合	欧盟政策与国家政策	拉迪西克和皮尤（Radicic and Pugh, 2016）	28 个欧洲国家	政策组合相比单一政策更加有效
	税收抵免和直接资助	内库等（Neicu et al., 2016）	比利时	
	直接资助、税收抵免、政府采购	格尔佐尼和雷特里（Guerzoni and Raiteri, 2015）	欧盟、瑞士、挪威	
	研究型资助和发展型资助	霍滕罗特等（Hottenrott et al., 2017）	比利时	政策组合与单一政策均具有积极影响
	直接资助与税收抵免	布索姆等（Busom et al., 2014）	西班牙	直接资助与税收抵免在解决企业市场失灵方面并不是完美的替代品

注：＊元回归分析是采用多国（地区）数据进行分析的。
资料来源：根据相关文献整理。

2.3.3　影响的结果分析

目前关注政府 R&D 资助对企业创新的影响分析，更多采用增量分析。增量（additionality）是基于"反事实"情境下提出的，即政府 R&D 资助能够在多大程度上诱导企业产生新的研发活动，而非替代原来的研发活动。当前的研究中主要研究政府 R&D 资助产生的增量效应。并且主要集中于分析投入增量（input additionality）和产出增量（output additionality）。随着研究不断深入，有学者提出了只探究投入增量和产出增量忽视了中间过程，将中间过程当作了黑箱，不利于揭示政府 R&D 资助的影响机制，因此提出了第三种增量：行为增量（behavioral additionality）。以下分别就三种影响结果进行分析。

2.3.3.1　投入增量（input additionality）

投入增量的核心问题是政府 R&D 资助究竟对企业私人研发投入起到

了挤入作用还是挤出作用。这也是目前争论的焦点所在。迪莫斯和皮尤（Dimos and Pugh，2016）利用 2000 年以来发表的 52 篇关于政府 R&D 资助对企业研发投入影响的微观层面的分析认为，政府 R&D 资助对企业研发投入存在五种效应，即：增量效应（additionality）、无影响效应（no effect）、部分挤出效应（partial crowding out）、全部挤出效应（full crowding out）、超完全挤出效应（over-full crowding out），回归结果显示拒绝完全的挤出效应，但也未显示出实质的增量效应。表 2 – 14 分别就不同国家政府 R&D 资助对企业私人研发投入影响结果进行归纳。

表 2 – 14　　　　　政府 R&D 资助与企业私人研发投入关系

作用效果	作者	国家
积极作用	冈萨雷斯和帕佐（Gonzalez and Pazo，2008）	西班牙
	阿尔察和施密特（Aertsa and Schmidtb，2006）	德国
	刘等（Liu et al.，2016）	中国
	崔和李（Choi and Lee，2017）	韩国
	奥兹切利克和泰马兹（Özçelik and Taymaz，2008）	土耳其
	霍滕罗特和洛佩斯 – 本托（Hottenrott and Lopes – Bento，2014）	比利时
抑制作用或者无显著作用	沃尔斯滕（Wallsten，2000）	美国
	马里诺等（Marino et al.，2016）	法国
	林洲钰等（2015）	中国
	肖文、林高榜（2014）	中国

资料来源：根据相关文献整理。

2.3.3.2　产出增量（output additionality）

产出增量关注的核心问题在于政府 R&D 资助是否新增了企业的创新绩效。通常学者关注的创新绩效包含企业知识积累、企业流程创新与新产品创新以及颠覆式创新能力等。在实际的测度中，所采用的指标主要包含申请发明专利或者授予发明专利数量、新产品产值等。在实证领域的研究中，最早的研究为勒纳（Lerner，1996）对美国小企业创新研发计划

（SBIR）的探究，其采用匹配法分析之后发现，处理组相比控制组在接受资助的几年之后其员工数量、销售额以及风险投资量均保持较高水平。在后续的实证研究中，也大多支持政府 R&D 资助能够积极影响企业创新产出。在实证的分析中，多采用专利和新产品产值作为衡量指标。例如迪（Di et al.，2016）采用中国科技型中小企业创新基金进行研究结果发现，科技计划能够显著激励企业的专利数量和新产品产值。恰尔尼茨基（Czarnitzki，2014）利用欧盟框架计划，结果证明科技计划对专利数量以及专利引用均具有显著的正向影响。谢斐和勒（Jaffe and Le，2015）等对新产品产值、销售额以及专利申请量进行分析，证实新西兰政府的研发资助为企业创新产出带来显著的影响。表 2 - 15 对关于政府 R&D 资助对企业创新产出的相关文献进行归纳。

表 2 - 15   政府 R&D 资助与企业创新产出关系

作者	国家	结论
莱切瓦利耶等 （Lechevalier et al.，2010）	日本	专利活动：无显著效果，但与大学合作的研发对实施专利活动有积极显著的影响
恰尔尼茨基等 （Czarnitzki et al.，2011）	加拿大	新产品数量、新产品销量、创新的独创性：积极效应
恰尔尼茨基等 （Czarnitziki et al.，2007）	芬兰、德国	专利行为：对芬兰专利行为具有积极影响，而对德国企业没有积极影响
阿祖莱等 （Azoulay et al.，2014）	美国	专利数量：积极影响
卡佩伦等 （Cappelen et al.，2012）	挪威	流程创新以及新产品创新：积极影响
贝克等 （Beck et al.，2016）	瑞士	颠覆式创新：积极效应
什奇吉尔斯基等 （Szczygielski et al.，2017）	波兰和土耳其	流程创新和新产品创新：积极效应

资料来源：根据相关文献整理。

2.3.3.3 行为增量（behavioral additionality）

企业创新意味着企业一系列行为与原来轨迹发生差异。关于创新资助政策设计的基本逻辑为市场失灵，即关注企业研发投入行为，而越来越多的文献研究发现，只关注企业研发投入行为则忽略了企业的系统失灵，即企业是否缺乏网络化以及企业认知能力如何等。当前的研究侧重于企业研发投入行为在于研发投入具有清晰的边界且容易测量，而关于其他企业行为的概念则无明显界限，且不易观测，导致关于政府 R&D 资助对企业其他行为的研究远远低于对私人研发投入的研究。将企业创新行为纳入政府 R&D 资助的影响中，是以布瓦塞雷特等（Buisseret et al.，1995）的研究为起点，研究针对投入和产出增量的基础上，建议增加第三种衡量方式，即行为增量，其定义为：政府 R&D 资助所造成的企业研发方式的改变，例如企业的合作行为，政府 R&D 资助是否影响了企业的合作方式。随着行为增量的提出，越来越多的研究关注企业行为的改变。但是相比于投入增量和产出增量，行为增量的内涵更为丰富，较难找到适当的客观指标进行测度，因而目前关于行为增量的研究大部分停留在内涵概念以及结构维度的分析，利用企业样本进行实证验证的研究仍然较少。以下分别就行为增量包含的结构维度和目前的实证研究进行分析。

对行为增量研究起到实质性的推动作用的是 OECD 针对成员国开启了一个评估各国行为增量的项目，在此基础上，每一成员国都试图在其范围内制定一个具体的评价框架。格奥尔基乌和克拉里斯（Georghiou and Clarysse，2006）使用战略管理中的资源基础理论和价值创新观来定义行为增量，并将行为增量分为项目实施之中和项目实施之后两类，包含其中增量变化，具体如表 2-16 所示。目前大部分所认可的行为增量的分类主要包含以下三类：（1）规模增量。即企业扩大了研发活动的规模。（2）范围增量。企业的研发活动扩展到了更广阔的市场范围。（3）加速增量。即企业提前或加速完成研发活动。

表 2-16　　　　　　　　　　　行为增量包含的维度

项目实施中的行为变化	具体含义	项目实施后的行为变化	具体含义
项目增量	关于是否启动新项目的决定。若没有政府资助，则企业不会启动新的项目，这一维度通常放入投入增量中	网络化增量	关于企业合作行为。若无政府资助，则企业不会以合作的方式进行，以及这种合作的持续性不强

项目实施中的行为变化	具体含义	项目实施后的行为变化	具体含义
加速增量	关于项目进展的速度，若无政府支持，企业项目无法加速完成	后发项目增量	关于后续持续性获得资助项目，即如果没有政府 R&D 资助，则企业不会获得后续的项目
规模和范围增量	关于项目的规模和范围，若没有政府资助，则企业项目的规模和范围不会增加，通常也放入投入增量中分析	管理增量	研发或者管理策略。若无政府 R&D 资助，则企业不会改变其管理惯例，以及其研发或者成果商业化的组织结构
风险承担增量	关于项目风险承担倾向，若无政府资助，企业项目不会偏向于更具风险性的项目		

资料来源：根据创新政策演化方法：行为增量和组织路径（An Evolutionary Approach to Innovation Policy Evaluation：Behavioural Additionality and Organisational Routines）中相关内容整理。

　　近年来，有关行为增量的实证也取得了一些进展。在目前的实证研究中。内库（Neicu，2015）基于比利时企业的数据实证分析，发现政府科技计划的支持能够有效地加速研发速度和扩大研发规模，克拉里斯等（Clarysse et al.，2009）的研究基于组织理论的视角，引入企业在创新管理中的"学习"过程进行分析，实证分析学习过程如何影响企业的行为增量。万岑博克等（Wanzenböck et al.，2013）实证研究了企业特征在澳大利亚的政府 R&D 资助计划分别对项目增量、规模增量以及合作增量的影响，发现企业的研发型特征能够显著影响资助的行为增量，而小的年轻的技术专业化的企业更有可能意识到行为增量。也有学者只针对某种合作行为进行研究，例如查普曼等（Chapman et al.，2018）采用西班牙技术创新委员会的截面数据和纵向数据考察 R&D 资助对企业合作广度的间接影响，结果发现并非接受资助的全部企业都增加合作宽度。格列科等（Greco et al.，2017）通过对 43230 家欧洲企业进行实证发现资助有利于企业的合作倾向。恩格尔等（Engel et al.，2016）基于德国研发调查的数据采用倍差法衡量资助与企业行为的因果影响发现企业倾向于与企业的合作研发支出高于与大学、研究机构的研发支出。表 2 - 17 列出了相关的实证研究。

表 2 – 17　　　　　政府 R&D 资助对企业行为关系

作者	国家	结论
克拉里斯等（Clarysse et al.，2009）	比利时	应用学习理论阐述行为增量
万岑博克等（Wanzenböck et al.，2013）	澳大利亚	行为增量影响因素分析：小型、年轻以及专业化企业更具优势
查普曼等（Chapman et al.，2018）	西班牙	合作宽度：积极影响
格列科等（Greco et al.，2017）	欧洲	合作倾向：积极影响
恩格尔等（Engel et al.，2016）	德国	合作倾向：积极影响，并且更加倾向于企业间合作
布索姆和费尔南德斯 – 里巴斯（Busom and Fernández – Ribas，2008）	西班牙	合作倾向：积极影响，倾向于与研究机构的合作以及与供应商和顾客的合作
卡洛菲等（Caloffi et al.，2018）	意大利	合作网络：积极影响

资料来源：根据相关文献整理。

2.3.4　影响的情境分析

政府 R&D 资助影响创新的情境因素可谓包罗万象，纵观现有文献的研究成果，学者们主要从两个视角进行展开：一是企业异质性因素；二是行业异质性因素。

企业自身的异质性对政府 R&D 资助提供的资源的缓冲作用以及信号传递作用会存在差异性，进而也会影响企业创新，总体来说，目前的研究主要从以下几个方面分析政府 R&D 资助对企业创新的影响。（1）企业规模。目前关于企业规模影响的文献较多，探究和争论焦点在于政府 R&D 资助对哪种规模（大型、中型、小型）的企业影响更为显著（Liu and White，2001；Halkos and Tzeremes，2007；Kleinknecht，1989）。一方面，有学者指出，政府 R&D 资助对大型企业的技术创新存在显著影响。大型企业往往具备更多的资源、经验和能力，在获得政府资助后更有能力开展创新活动。沃尔斯滕（Wallsten，2000）研究发现获得资助的大企业激励效果要优于小企业。另一方面，也有学者认为政府 R&D 资助对中小企业的激励效果更优。托伊瓦宁和斯通曼（Toivanen and Stoneman，1998）、拉赫（Lach，2002）的研究均发现政府 R&D 资助能够激励小企业技术创新，而对大企业呈现挤出效应。皮科拉（Piekkola，2007）采用芬兰数据进行检验，结果发现芬兰公共研发资助对小型和中型企业的生产力增长起到了显著的积极作用。韦尔戈等（Huergo et al.，2016）采用 2003～2005 年西班牙 5689 个研究样本进行分析，获得资助的企业的自我融资对中小企业的刺激效应大于大企业，对制造业的刺激效应大于服务业。（2）企业年龄。万岑博克等（Wanzenböck et al.，2013）应用澳大利亚的研究样本分析得到资助对年轻企业的行为增量影响更为显著。李等（Lee，2011）的研究结果显示企业年龄在政府 R&D 资助与私人研发投入之间的影响不显著。（3）企业类型。国有企业、民营企业等由于产权类型的差异也会产生资助效果的不同。高宏伟（2011）采用博弈论的方式论证政府 R&D 资助对大型国有企业的研发投入产生挤出效应。张兴龙等（2014）发现政府 R&D 资助能够促进非国有企业研发投入，但是对国有企业没有引致效应。（4）行业属性。韦尔戈等（Huergo et al.，2016）认为政府 R&D 资助对制造业的刺激作用大于对服务业的刺激。冈萨雷斯和帕佐（González and Pazó，2008）的研究结论认为政府 R&D 资助对低技术行业的刺激低于高技术行业。（5）行业竞争程度。有学者认为行业竞争程度越激烈，则企业进行研发的意愿越强，那么政府 R&D 资助的积极效应越明显。塔卡洛和田山（Takalo and Tanayama，2010）认为政府 R&D 资助释放的信号是企业的指路明灯，行业竞争越激烈，则政府 R&D 资助的促进效应越明显。李（Lee，2011）认为行业竞争程度能够影响企业研发成本。行业竞争程度越激烈，企业越可能获得研发成本降低效应，政府 R&D 资助的引导效应越明显。表 2－18 为影响政府 R&D 资助相关情境的实证研究归纳。

表 2－18　　　　　　　　　影响政府 R&D 资助的情境分析

情境	作者	结论
企业规模	沃尔斯滕（Wallsten，2000）	对大企业的激励效果优于小企业
	皮科拉（Piekkola，2007）	对中小企业的激励效果优于大企业
	韦尔戈等（Huergo et al.，2016）	
	克莱尔（Kleer，2010）	
	霍滕罗特和洛佩斯－本托（Hottenrott and Lopes－Bento，2014）	
	布隆齐尼和皮塞利（Bronzini and Piselli，2016）	
	万岑博克等（Wanzenböck et al.，2013）	

情境	作者	结论
企业年龄	李（Lee，2011）	无显著影响
	万岑博克等（Wanzenböck et al.，2013）	对年轻企业影响效果更优
企业类型	高宏伟（2011）	对国有大型企业产生挤出效应
	张兴龙等（2014）	对非国有企业产生挤入效应
	陈明明等（2016）	国企控制力弱化了政府 R&D 资助对企业创新的促进作用
行业属性	韦尔戈等（Huergo et al.，2016）	对制造业的刺激作用大于对服务业的刺激
	冈萨雷斯和帕佐（González and Pazó，2008）	对低技术行业的刺激作用要低于高技术行业
行业竞争程度	塔卡洛和田山（Takalo and Tanayama，2010）	行业竞争越激烈，则政府 R&D 资助的促进效应越明显
	李（Lee，2011）	

资料来源：根据相关文献整理。

2.3.5 整合框架

整合现有关于政府 R&D 资助对企业创新行为的研究，得出一个整体的研究框架图，如图 2 - 2 所示。基于当前关于政府 R&D 资助对企业创新行为的研究中，仍然存在诸多不足，需要进一步进行深入的探究。

首先，基于不同理论视角下的研究。现阶段基于不同理论视角的研究主要集中于政府 R&D 资助对企业研发投入行为的影响上，以资源基础观理论、制度理论以及信号效应理论为基础分析政府 R&D 资助对企业研发投入产生的激励—挤出效应，较少有研究基于不同理论视角分析政府 R&D 资助对企业其他创新行为的影响机制以及作用效果，因此需要进行深入的分析。

其次，基于不同支持方式。目前国外的研究中较多涉及政策组合，并控制单一政策工具以减小偏差。在国内的研究中更多地集中于探究单一政策工具的影响，将不同政策工具纳入一个框架下进行的研究也往往是对比不同政策工具间的差异，而未进一步分析政策组合的效力。目前较多企业同时享受直接资助和税收优惠，那么两种政策间到底会产生什么样的影响，是否是两种政策效力的叠加，还是产生复杂的反应，都需要进行深入的分析。

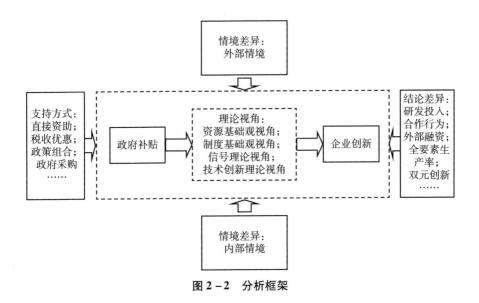

图2-2 分析框架

再次，对不同的影响结果分析。国内外的研究均集中于对投入增量和产出增量的分析中，而行为增量由于其丰富的内涵，以及较难找到适当的客观指标进行测度，在当前较少进行实证分析。而仅仅分析投入增量和产出增量，把行为改变当作黑箱，不足以真正评估政府 R&D 资助的贡献，一方面，政府 R&D 资助是不是影响了企业的研发投入之后一定会开展创新活动，企业做了什么，企业又是如何做的，开展的创新活动是偶发式的还是持续性的？另一方面，企业产出增量的提升是否一定是因为增加了企业研发投入导致的，是否有可能是因为政府 R&D 资助影响了企业其他行为进而导致创新产出的增加。当前在只关注投入增量和产出增量的基础上无法解答这些问题，需要进一步揭示中间的黑箱内容，从而更准确地评估政府 R&D 资助政策。

最后，基于对不同的情境进行分析。国外基于微观层面的研究中，对情境因素做了较多的探究，包括内部情境因素和外部情境因素，但并未得出一致性的结论。而国内微观企业层面的研究受限于数据的可得性，能够在不同情境下分析政府 R&D 资助对企业创新行为的研究较少，因此需要深入分析。

2.4　本章小结

　　本章围绕"政府 R&D 资助是否会影响以及如何影响企业创新行为"这一核心问题进行文献综述。首先，对企业创新行为的研究缘起以及当前的分类方式进行综述。其次，采用文献计量的方式，给出了当前关于政府R&D 资助与企业创新的全景图，得出了目前关于政府 R&D 资助研究的三个重要趋势。最后，分别从不同理论视角、不同资助方式、不同研究结果以及不同情境因素四个方面来综述政府 R&D 资助对企业创新行为的影响，并提出当前的研究缺口。

第 3 章

政府 R&D 资助对企业创新
行为影响路径分析

在理论回顾和文献综述的基础上，本书基于企业微观研发创新过程视角重新界定了企业创新行为，将企业创新行为分为研发投入行为、R&D 活动风险承担行为以及外部技术获取行为三部分。在文献综述部分，本书对政府 R&D 资助、创新行为以及两者之间的关系进行了系统的回顾，奠定了本书的理论基础。总体来看，目前关于政府 R&D 资助对企业创新行为影响的实证研究仍处于兴起阶段，未形成清晰的研究框架，现有的理论对两者之间的关系也没有很好地解答。因此本书聚焦于核心问题"政府 R&D 资助对企业创新行为是否影响以及如何影响"进行更深入的理论分析，提出相关的研究命题，形成全书整体框架，为后续实证检验奠定基础。

3.1 研究总体设计

3.1.1 研究主线的确立

布瓦塞雷特等（Buisseret et al. , 1995）提出的"行为增量"的概念，指出探究政府 R&D 资助对企业创新的影响不应只关注投入增量和产出增量，还应该关注受到资助的企业行为产生了什么差异化的影响，并呼吁建立一个新的政策评估框架，在该框架中，政策评估应该关注企业本身，而非将企业作为一个黑盒子（Grimes，1998）。但目前大部分的研究仍然将企业研发投入行为作为企业创新行为的代理变量，而将企业其他创新行为当作黑箱（Sun，2018），较少系统地探究企业真实行为的改变，在本书的分析中，基于企业微观研发创新过程视角重新对企业创新行为进行了界定，将企业创新行为分为研发投入行为、R&D 活动风险承担行为和外部技术获取行为，并确定了三个关键性的问题：（1）政府 R&D 资助是否影响以及如何影响企业的研发投入行为？（2）政府 R&D 资助是否影响以及如何影响企业 R&D 活动风险承担行为？（3）政府 R&D 资助是否影响以及如何影响企业的外部技术获取行为？

3.1.1.1 政府 R&D 资助对企业研发投入行为的影响

首先，根据布瓦塞雷特等（1995）对行为增量的定义，政府 R&D 资助对企业创新行为的改变不仅包括规模的改变还包括实施倾向的改变。具体来说，规模的改变主要是指政府 R&D 资助是否扩大了企业私人研发规模，实施倾向的改变在于某种特性行为倾向（Aschhoff et al.，2006；Clarysse et al.，2009；Georghiou，2002）。因此在本书探究政府 R&D 资助对企业研发投入行为的影响中，采用企业私人研发支出绝对值的方式代表企业研发投入行为规模的转变，采用研发投入强度即相对值的方式代表企业行为倾向的转变。规模的改变可能源于政府 R&D 资助增加了企业总体资产，但未必会影响企业行为倾向的转变，企业的行为倾向一方面受企业固有的行为惯性的影响，另一方面受外部冲击的影响，因而需要进一步地探究。其次，在行为增量内涵不断发展的基础之上，布索姆和费尔南德斯－里巴斯（Busom and Fernández－Ribas，2008）等提出行为增量的转变应该是长期的，持续性的。因此本书不仅基于静态视角探究政府 R&D 资助对企业研发投入行为的影响，还考虑了政府 R&D 资助对企业私人研发投入的持续性影响。在现实中，企业为了完成政府的监督可能会产生迎合行为，即出现研发操纵情况，例如企业可能利用会计科目调整的方式虚增研发投入，或者通过实际业务操纵研发投入，而这些操纵的"研发支出"并未真正用于企业的研发活动，自然也无法提升企业的创新水平（安同良等，2009）。因而在分析政府 R&D 资助对企业研发投入的影响时应当考虑是否持续性地产生诱导效应，保证资助的有效性。

3.1.1.2 政府 R&D 资助对企业 R&D 活动风险承担行为的影响

继企业研发投入行为之后，一个重要的问题是，企业需要承担什么样的项目，风险性越高的项目可以带来较高的预期收益，增强企业的核心竞争力，但也往往伴随着高资本性支出、高的创新积极性和更高的研发投入，其失败的风险也更高（Bargeron et al.，2010；Hilary and Hui，2010）。投资风险性低的项目对企业的选择来说更加稳健，但对企业核心竞争力的影响较弱。政府 R&D 资助对企业 R&D 活动风险承担行为的研究，在当前的研究中鲜有涉及。目前的研究中多采用企业业绩波动程度衡量企业风险承担水平（Boubakri et al.，2013；Faccio et al.，2011；John et al.，2008），但会计盈利的计算易受到管理层的操控，企业 R&D 活动风险承担行为的实质在于企业对投资项目的选择。因此本书基于项目层面探究企业风险承担水平。依据对研发投入行为影响的分析，首先对企业 R&D 活动风险承担行为的影响分为规模的改变和实施倾向的改变。规模的改变采用企业承担共性技术项目数量测度，即绝对值。实施方式的改变采用企业共性技术偏好度测量，即相对值探究企业风险承担偏好的改变。其次探究企业 R&D 活动风险承担行为的动态影响。即政府 R&D 资助对企业 R&D 活动风险承担行为的改变是否存在持续性。若企业只是偶发式地改变了企业 R&D 活动风险承担行为，无法说明企业创新能力得到了实质性的提升。

3.1.1.3　政府 R&D 资助对企业外部技术获取行为的影响

在考虑企业"做什么"之后，面临的一个问题是企业应该"如何做"。现阶段我国企业普遍未形成自身的研究开发体系，整体创新能力较为薄弱，不少企业难以胜任内部研发的工作，加之目前的技术创新具有复杂性和跨学科性的特点，往往需要多种技术集合，并且所需要的创新资源分布更加分散，因而通过外部技术获取的方式成为企业的战略选择（陈朝月、许治，2018）。目前政府出台的相关政策中，不断鼓励企业通过合作研发的方式进行创新（Rossi et al.，2016；Teirlinck，2012）。目前关于政府 R&D 资助是否影响企业的外部技术获取行为，也少有文献探究。在探究政府 R&D 资助对企业外部技术获取行为的影响上，首先分析规模和实施倾向的转变。关于规模的变化。在概念界定部分，将外部技术获取行为分为合作研发和引进购买。分别采用合作研发费用支出和引进购买费用支出的绝对值代表外部技术获取规模的变化。关于实施倾向的变化，采用外部技术获取率代表。企业实施不同的外部技术获取方式，存在一个平衡状态，若政府 R&D 资助能够影响企业的外部技术获取率则说明政府 R&D 资助能够打破当前的平衡状态，重新建立新的平衡，采用外部技术获取率这一指标有利于探究政府 R&D 资助对企业技术获取偏好的影响。其次分析对企业外部技术获取行为改变的持续性影响。若政府 R&D 资助对企业外部技术获取行为的改变仅仅是短暂的，说明新形成的平衡方式是不具有稳定性的，那么这种改变无法说明对企业创新能力的实质性影响。图 3 – 1 为本书的主要研究框架。

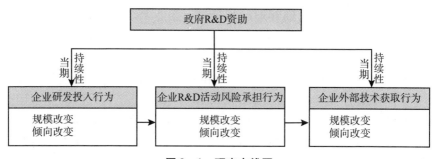

图 3 – 1   研究主线图

3.1.2 权变因素的选择

当前的研究中政府 R&D 资助与企业创新之间的关系呈现差异性，可能源于不同资助方式、企业规模、行业属性等的差异性。通过对已有研究的梳理，分别从政府视角和企业视角进行分析。首先政府 R&D 资助包含多种形式，而不同的资助形式对企业创新的作用方向存在差异。其中直接资助和税收优惠在政策目标、实施时间以及资助对象选择等方面均存在差异性，因而需要将资助方式进行分类分析（江静，2011；马文聪等，2017；张继良、李琳琳，2014）。另外在当前的研究中，有些学者认为，单一的政府支持手段总是会存在各种缺陷而无法获得满意的激励企业创新效果，只有多种政策组合组成的嵌套，才能有效地促进企业创新（Wei and Liu，2015；杨向阳等，2015）。依照现实情境来说，企业往往同时享受多种资助政策组合，若不同时考虑存在多种政策，其估计结果存在偏差，因此需要分析政策组合较之单一资助政策的差异性。

其次基于企业视角，政府 R&D 资助对企业创新影响的情境因素主要基于企业异质性和行业异质性进行分析。结合本书数据获取以及当前的研究结果，本书选择企业规模和行业属性作为权变因素。第一，目前企业规模和行业属性是影响企业获得资助的重要因素。企业规模显示企业实力，无论是直接资助的"选择赢家"策略还是税后优惠的门槛都受到企业规模的影响。行业属性代表了政策的偏好，政策扶持具有行业的偏向性，对不同行业的影响会存在差异。第二，企业规模和行业属性对政府R&D资助的效果的影响尚存在争议，需要进行进一步的分析，因此本书选择企业规模和行业属性作为权变因素。

3.1.3　整体研究框架

根据前面的分析可知，政府R&D资助会影响企业的研发投入行为、R&D活动风险承担行为以及外部技术获取行为。在进行具体分析时，政府R&D资助对企业创新行为的影响改变一方面包含规模和倾向的改变，另一方面包含静态情境和动态情境的改变。在进一步的分析中，由于政府R&D资助包含多种方式，不同资助方式对企业创新行为的影响存在差异性，因而将政府R&D资助方式进行解构，分为单一资助方式直接资助、税收优惠，以及政策组合的方式，分别探究单一资助方式和政策组合方式对企业创新行为的影响差异性。在调节变量的选择中认为企业规模和行业属性会对政府R&D资助效果产生调节作用。综上所述，本书研究的整体构想如图3-2所示。

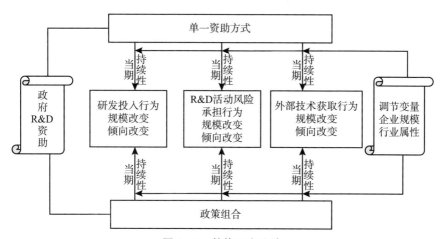

图3-2　整体研究设计

3.2　政府 R&D 资助对企业研发投入行为影响路径分析

3.2.1　静态视角下政府 R&D 资助对企业研发投入行为影响路径分析

政府 R&D 资助对企业研发投入行为的影响是目前主流文献的研究焦点。如前文所述，学者们分别针对资源视角、制度视角以及信号传递视角等单一视角考察政府 R&D 资助对企业研发投入的影响，本书综合多种理论视角分别从直接影响路径和间接影响路径两方面分析政府 R&D 资助对企业研发投入行为的影响。

政府 R&D 资助作为一种直接的资金资源，能够起到缓冲作用，帮助企业应对不利的市场变化，进而增加企业私人研发投入（Amburgey et al.，1993；Amezcua et al.，2013）。政府 R&D 资助作为直接的资金资源能够从扩大企业的资金池、降低企业研发成本以及减小企业研发风险等三方面影响企业研发投入行为。首先，政府 R&D 资助扩大了企业资金池（Falk，2006），影响企业研发投入行为。政府 R&D 资助方式，无论是直接资助还是税收优惠，其本质是增加了企业资金总量（杨洋等，2015），其中直接资助的方式是直接增加了企业资金存量，税收优惠在于增加了企业的预期收益，进而通过弥补企业创新活动由于外部性导致的社会收益与私人收益之间的差额，使得原本利润较低的研发活动变得有利可图，从而刺激企业研发投入。其次，政府 R&D 资助能够降低企业研发成本，影响企业研发投入行为（解维敏等，2009）。企业进行研发活动需要购买或者更新研发设备，而研发失败则面临着无法收回成本的风险，尤其是投资周期长、外溢性高的项目，企业的回报率具有不确定性，因而很多企业望而却步，政府 R&D 资助的资金资源能够降低创新活动的固定成本和长期成本（Görg and Strobl，2007），刺激企业研发投入。最后，政府 R&D 资助能够降低研发风险，刺激企业研发投入。企业从事创新活动需要面临各种不确定的风险，尤其是对于科技型中小企业而言，本身存在研发实力，但受到研发经费的制约（高松等，2011；林毅夫和孙希芳，2005），会选择规避研发风险,从而降低研发积极性,而政府 R&D 资助会降低研发成本,进而减小了企业的研发风险,促进企业研发投入行为。余菲菲和钱超(2017)基于我国 2009～2013 年 112 家科技型中小企业的面板数据的研究也证实了以上观点。

政府 R&D 资助对企业研发投入的间接影响路径既包括通过外部融资的方式也包含制度层面的影响。

其一,政府 R&D 资助对企业研发投入的间接影响是通过信息流传递影响地方政府、金融机构、创投公司以及战略投资者等进而增加企业外部融资实现的。基于上述分析得知,企业的研发活动需要大量资金注入,企业在内源融资不足的情况下,会转向外部融资,而市场上存在的信息不对称,以及研发不确定性导致的企业创新回报率难以衡量等因素会增加企业的外部融资难度(郭玥,2018)。具体而言,一方面企业并不愿意将研发信息完全公开,甚至会为了获取外部融资而夸大研发项目的技术优势尽力隐藏其潜在风险;另一方面外部投资者若想筛选出高质量的研发项目必须付出昂贵的筛选成本,投入大量的人力、时间来收集相关信息。而政府恰恰可以充当一个信号传递者的作用,政府选择资助对象前,往往会对企业多方面的信息进行综合评估,严格筛选,从而向社会的潜在投资者传递有价值的信息来消除外部融资市场的信息不对称情况,避免企业方的道德风险以及投资方的监测成本(Rin et al.,2006;Repullo and Suarez,2000)。科伦坡等(Colombo et al.,2013)的研究结果也明确表明政府 R&D 资助能有效减少目标企业与外部利益相关者之间的信息不对称,从而解决逆向选择带来的融资难的问题,引导社会资本流向企业研发领域,形成多元化的创新投入资金链,推动企业创新投入(王刚刚等,2017)。

其二,政府 R&D 资助对企业研发投入的间接影响通过制度层面产生影响。政府 R&D 资助政策分别通过制度约束与政治关联对企业研发投入行为产生差异化的影响。首先,基于制度约束来说,政府对企业进行资助,就会制定严格的项目计划以及奖惩标准对企业进行约束,企业迫于制度约束会提高研发投入。其次,基于政治关联来说,具有积极和消极两方面的影响。其中积极方面表现为:目前的学者认为政府 R&D 资助是企业与政府具有联系的一种重要表现形式(Faccio,2006;佟爱琴、陈蔚,2016;Bronzini and Piselli,2016;Di et al.,2018)。这种政企关系在中国情境下对企业发展具有至关重要的作用。可以视作是对企业的隐形信用担保，提高市场上投资者对企业的信任和投资信心，以及利益相关者的合法性认同，从而帮助企业形成稳定多元化从研发投入资金支持链。消极方面表现为：在中国经济转型的背景下，相关的法律和制度约束的不健全，这种政企关系可能转换为寻租关系，即企业寻租来获得政府 R&D 资助，那么政府 R&D 资助的分配并不完全取决于所选企业的优质程度，而更多的则是两者之间的"寻租关系"（肖兴志、王伊攀，2014；许家云、毛其淋，2016；赵璨等，2015）。企业的寻租活动会产生相应的寻租成本，目前现有的研究发现只要企业的寻租成本不超过在建投资，企业就会更加偏向于通过寻租活动来增加自身利润（Murphy et al.，1993；任曙明、张静，2013），此外，若企业通过寻租活动获得的超额利润大于企业通过研发活动产生的利润，那么企业就会挤出自身的研发成本转到寻租活动中去，进而促使企业进入下一轮的"寻资助"投资，进一步弱化企业的研发投资，形成恶性循环。在本书的分析中，我们认为政府 R&D 资助赋予的资源效应以及制度层面的正向影响超过寻租产生的负面效应。如图 3-3 所示。

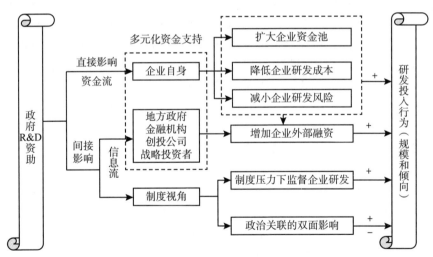

图 3-3　政府 R&D 资助对企业研发投入行为影响路径分析

以此我们提出本书的研究假设：

假设 1：政府 R&D 资助对企业研发投入行为（规模、行为倾向）具有显著的正向影响。

　　尽管直接资助和税收优惠是政府常用的 R&D 资助方式，两者都试图为实现特定政治、经济和社会发展等多种政策目标服务（Montmartin and Massard，2015），但是两者对企业研发投入行为的作用机制存在差异，因此有必要具体分析两种政策工具对企业研发投入行为的差异化影响。本书认为直接资助对企业研发投入行为的影响高于税收优惠。直接资助通过直接路径和间接路径均能影响企业研发投入行为，而税收优惠主要通过直接路径影响企业研发投入行为。具体分析如下：直接资助和税收优惠都能为企业带来自身的资源，其中直接资助表现为现金流，税收优惠表现为预期收益，但在获取社会资源方面，直接资助的决策主体为政府，因此具有政府信用认证和监管认证的双重信号作用，而税收优惠的决策主体在企业，在市场上当企业达到某一特定的条件时，企业均可享受税收优惠政策，且不受政府的严格监管，因此相应的认证效应相较于直接资助更弱，通过认证效应得到的社会资源也会弱于直接资助。基于制度层面的分析，直接资助是事前资助，表现为企业申请、政府决策，能够体现出政府与企业之间的政治关联，税收优惠是事后资助，表现为企业先进行创新活动，企业根据创新成果按照某一标准申请税收优惠，市场上所有企业均可参与竞争，体现的制度压力和政治关联都弱于直接资助。具体如图 3-4 所示。

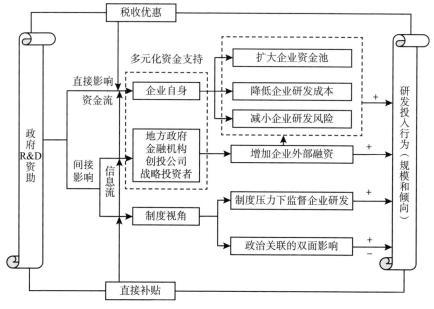

图 3-4　不同资助方式对企业研发投入影响的差异化分析

基于以上分析，我们提出相应的研究假设：

假设2：直接资助相比税收优惠来说，更能够激发企业的研发投入行为（规模、行为倾向）。

3.2.2　动态视角下政府 R&D 资助对企业研发投入行为影响的路径分析

以上分析基于静态视角下探究政府 R&D 资助对企业研发投入行为的影响路径，那么政府 R&D 资助对企业研发投入的积极影响仅仅是短暂的行为，还是存在持续性的有效效应，就需要从动态视角进行探究。

基于沉没成本视角表明，企业进行研发活动前期需要投入大量的资金进行研发设施建设，若企业只是进行短暂的研发活动，则前期大量投入转化为沉没成本，对企业而言，损失是巨大的，而持续性研发投入不仅提供挽回损失的机会，还会带来潜在的收益，而前文基于资源基础观的分析表明，政府 R&D 资助能够扩大企业的资金池以及增加企业的声誉，进而吸引社会资源。一方面政府 R&D 资助为企业增加的资金资源能够在一定程度上维持企业的持续性研发投入，但这种直接资源最终会消耗殆尽，若仅仅将其作为直接资源的供给源头，对企业研发行为的持续性影响不会太久（Mens et al.，2011）。另一方面从政府 R&D 资助所吸引到的社会资源来看，情况则会大有不同，信用认证和监管认证的双重认证效应具有稳定性，并不会在使用过程中减少，因此可以作为企业获取稳定资源的渠道，双重认证效应赋予企业持续性获取资源的能力和渠道，并且良好的政企关系对企业而言是一种可持续的资源，这种资源不会随着某一研发项目的结束而结束，也不会随着时间减弱或者消失。良好的政企关系能为企业持续性带来各种资源保证企业后续研发投入的增加。基于上述分析，我们提出本书的研究假设：

假设3：政府 R&D 资助对企业研发投入行为（规模、行为倾向）存在积极显著的持续性影响。

3.3　政府 R&D 资助对企业 R&D 活动风险承担行为影响路径分析

3.3.1　静态视角下政府 R&D 资助对企业 R&D 活动风险承担行为影响路径分析

目前大多数的研究聚焦于实证探究政府 R&D 资助对企业研发投入的影响，增加企业研发投入并不意味着企业整体创新实力的增加，可能是企业为了完成政府监管目标，或者获取更高资助，将与研发活动模糊相关的其他商业活动支出标记为企业研发投入支出，然而增加的研发支出并未用于企业的创新活动，也无法完成矫正市场失灵的初衷。因而需要进一步地探究企业在接受政府 R&D 资助之后，企业到底在从事什么样的研发项目，即政府 R&D 资助是否改变了企业 R&D 活动风险承担行为？而企业 R&D 风险承担行为最本质的表现在于企业所承担的项目性质。

在目前企业承担的项目中，既有专有技术项目，也有共性技术项目（刘伟、邓鳞波，2011）。其中专有技术项目研发通常基础性较低，无法为后续技术开发提供技术支持，外部性较弱，研发成果归企业所有，而不产生较强的外溢性，关联性强度不足，即通常只能应用在某一产品，而与其他相关知识或者技术无密切关联（于斌斌、陆立军，2012）。在这类项目研发中，企业面临的风险性较低，所产生的研发成果能够较快地应用到商业化中，产生收益，并且不必担心技术外溢性产生的"搭便车"现象。专有技术项目研发虽然风险性低，但其研发成果不构成企业的核心竞争力，因而对企业创新实力提升效果不高。共性技术项目研发具有基础性和超前性。共性技术未来可能会在多领域应用（Youtie et al.，2008；Maine and Garnsey，2006），其研发成果会对整个产业或者多个产业产生深度影响，并且企业都要在共性技术这一"平台"上进行后续的技术创新（Vona and Consoli，2012）。相对于产品技术来说属于一种"竞争前"技术。另外，共性技术研发具有高风险、高成本的特征。由于共性技术具有"非竞争性"和"非排他性"，共性技术研发成果很容易被其他企业模仿，出现"搭便车"的状况，因此企业进行共性技术研发投资的私人收益要小于社会收益，并且共性技术研发周期长，收益不确定，因此其风险与成本都要大于产品技术研发，但企业从事这类技术研发能够提高企业核心竞争力与持续性发展能力，是企业实现自主创新能力的重要表现。因而探究政府 R&D 资助对企业 R&D 活动风险承担行为的影响本质在于分析企业项目承担类型的改变，企业是否增加了共性技术项目研发规模以及企业的研发倾向是否偏向共性技术项目研发？

政府 R&D 资助影响企业共性技术项目承担主要通过增加企业资金总量、增强企业创新实力以及增加管理者自信三方面产生影响。首先，企业的共性技术项目研发是一项资源消耗性活动，具有很强的资源依赖性（Almeida and Campello，2007；卢馨等，2013）。企业在进行项目决策时会受到诸多因素的影响，其一便是企业的资金持有量，企业投资任何项目均需要相应的资金保障，并且所需资金量通常与项目风险成正比，而进行共性技术项目研发还需要面临更高的研发失败率，如果企业没有足够的资金保障，就无法应对投资不利事件的发生。其中约翰等（John et al.，2008）的实证研究表明，资金持有量或者融资约束因素会显著地影响企业决策者对待风险的态度。而基于以上的分析可知，政府 R&D 资助可以通过直接的路径和间接的路径为企业带来资金资源，直接路径表现为政府 R&D 资助自身的资金资源，间接路径表现为政府 R&D 资助带来的信号效应增加了企业的外源融资，由此增加企业资金总量，应对不利事件的发生，促进企业偏向共性技术项目研发。

其次，企业进行共性技术项目研发不仅需要企业充足的资金保障，还需要企业具有相应的研发实力能够共性技术项目。在企业开展研发活动中，企业实施政府 R&D 资助项目获得了新的研发经验，企业在这些项目中通过"干中学""用中学"不断深化企业的学习能力和吸收能力（Buisseret et al.，1995）。而企业的学习能力和吸收能力是影响企业未来行为的关键（Lee，2011），使得企业有能力整合相关技术开展共性技术研发。

最后，企业研发项目的决策掌握在管理者手中，而管理者的风险倾向对于企业风险项目承担具有重要的影响。即使企业具备承担共性技术项目的实力与能力，若管理者的决策偏向于保守，则企业的风险承担行为并不会存在太大的改观。管理者的决策行为很大程度上取决于管理者信心（毛其淋、许家云，2016；蔡卫星、高明华，2013）。行为金融学的研究表明，人类的心理、信念和偏好等个人内在因素会影响其决策行为。政府 R&D 资助能够营造良好的制度环境，促进组织合法性的认同，以及建立良好的政企关系都能提升企业管理者的信心，管理者具有充足的信心能够对自身能力的评价更高，认为自身的知识和经验比其他竞争者更丰富，也会更加偏向挑战性的项目。另外管理者自信会对投资环境更乐观，具有信心的管理者会认为环境中的确定性因素对项目的影响是有限的，因而期待项目成功的概率更高。从而会促使管理者承担更高风险的项目。赫什莱弗等（Hirshleifer et al.，2012）的研究表明具有过度自信的CEO在风险性的创新项目中投资更多。具体路径分析见图3－5。

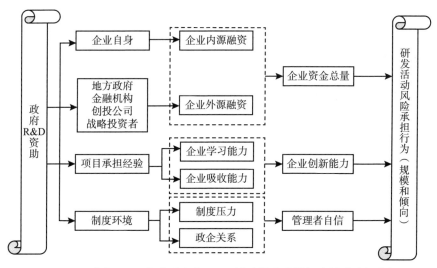

图3－5　政府R&D资助对企业R&D活动风险承担行为影响路径分析

假设4：政府R&D资助对企业R&D活动风险承担行为（规模、行为倾向）具有显著的正向影响。

直接资助和税收优惠作为政府R&D资助的两种主要形式，两者由于政策目标、实施路径等存在差异，因而对企业风险承担的影响也存在差异。具体差异性影响表现为直接资助能够分别从企业内源融资、外源融资、项目经验以及制度环境等四方面对企业R&D活动风险承担行为产生影响，税收优惠主要通过企业内源融资以及项目经验对企业R&D活动风险承担行为产生影响，而外源融资和制度环境的影响较弱。因而本书认为直接资助对企业R&D活动风险承担行为的刺激强于税收优惠。具体分析如下。

首先，一方面表现为融资方面，直接资助由于具有政府信用认证和监管认证的双重信号作用，因而可以获得内源融资和外源融资两方面的影响。税收优惠不受政府的严格监管，因此相应的认证效应相较于直接资助更弱，因而主要是内源融资。另一方面为两种资助带来的资金资源存在性质差异。直接资助属于事前资助，政府赋予企业无偿的资金支持，获得政府 R&D 资助的企业，资金总量增加，相应地也更有能力承担风险性高的项目，另外政府决策下，承担着更多的社会福利性目标。因此更加倾向于选择社会福利型项目，尤其是研究领域的项目，如医疗领域以及被认为是战略性的领域。而这类领域的项目本身具有很大的风险。税收优惠政策属于事后资助政策，即企业需要优先进行创新，根据创新成果来申请资助，对企业来说是预期收益，而对于存在融资约束的企业来说，其本身用于创新活动的资金量不足以支撑企业进行高风险的创新活动，那么企业自身的风险偏好就会降低，税收优惠造成的影响是远水无法解近渴。另外税收优惠真正起到作用是当企业具有收入的情况下，税收减免或者税率优惠等产生的预期收益的增加，其收入越高，税收减免越多，企业预期收益越高，但对于某些企业来说，尤其是中小企业来说，并无大规模的收入，那么通过税收优惠产生的效果对企业风险承担产生的影响较小。其次，关于项目承担经验，直接资助的项目，政府进行决策，政府更加偏向战略性领域的项目，其本身风险性较高，税收优惠的项目在于企业自主决策，企业可以选择自身收益最高的项目，无论是否具有外溢性，制度压力较小。如图 3-6 所示。

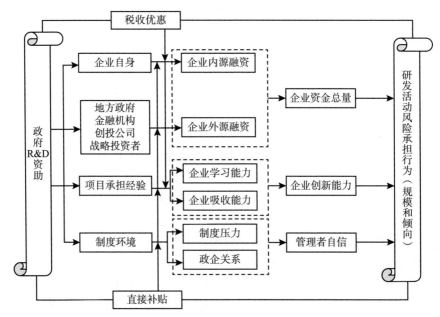

图 3-6　不同资助方式对企业 R&D 活动风险承担行为影响的差异化分析

因此本书提出如下假设：

假设 5：直接资助方式相比于税收优惠来说，更能够提升企业 R&D 活动风险承担行为（规模、行为倾向）。

3.3.2　动态视角下政府 R&D 资助对企业 R&D 活动风险承担行为影响路径分析

上述的分析是基于静态视角下探究政府 R&D 资助对企业共性技术项目偏好产生的积极影响，但如果企业的共性技术项目研发偏好呈现"间断性"，即只在某一时刻提升了企业共性技术项目研发，则无法保证企业在动荡的环境中长期生存。那么目前的问题是，政府 R&D 资助对企业的共性技术项目研发偏好的作用机制随着时间出现怎样的变化？政府 R&D 资助对企业共性技术项目研发偏好的诱导作用仅仅是短暂的行为，还是能够起到持续性的影响。本书基于知识积累、成功孕育成功以及沉没成本的理论视角进行分析。

首先，基于知识积累视角而言，政府 R&D 资助促进企业创新绩效积累，形成共性技术项目研发偏好的良性循环。政府 R&D 资助提供的资源和制度优势促使企业承担共性技术研发项目，而企业在承担项目的过程中不断进行学习和知识积累，通过干中学机制发挥作用（Rajagopalan and Spreitzer，1997），企业知识存量不断增加，产生报酬递增效应，使得企业后期即使不享受政府 R&D 资助，依然会持续性承担共性技术项目，形成高风险项目—知识积累—共性技术项目的良性循环。正如马勒巴等（Malerba et al.，1999）认为，企业知识积累产生企业创新行为的状态依赖，企业通过先前的学习与自身知识的融合不断发现新的思想，企业拥有的新知识片段的增多意味着企业利用新知识片段进行创新的可能性越大。

其次，基于"成功孕育成功"的视角分析，曼斯菲尔德（Mansfield，1968）提出"成功孕育成功"效应，其核心观点是认为企业当前的成功能够极大概率地提高企业未来成功的可能性，企业当前成功能够提高进入壁垒，阻止其他竞争者进入，从而使得少数成功企业最终占据统治地位。政府 R&D 资助有利于企业共性技术项目研发偏好，于企业而言，共性技术项目研发是一种探索性创新，若研发成功能够更好地应对市场环境的动荡性，使得企业在行业中树立"领头羊"的地位，改变消费者偏好，创造市场，塑造企业核心竞争力。共性技术项目的研发成功，有利于提高企业未来承担共性技术项目的可能性，成功承担共性技术项目能将资金和信心带入下一轮的风险承担中。从而不断增加企业的研发实力，保证企业的持续竞争力。

最后，沉没成本效应。前期的分析认为政府 R&D 资助有利于提升企业的共性技术项目研发偏好。而企业的共性技术项目决策是一种长期行为，企业进行研发活动尤其进行共性技术项目研发活动需要投入大量的研发成本，其中包括研发设施在内的固定成本，这些成本一经投入无法收回，属于沉没成本，那么企业的沉没成本也构成了企业进行高风险项目研发的进出壁垒。通常来说决策者更加倾向于规避损失，如果终止承担高风险项目的研究，那么不仅意味着沉没成本的付诸东流，更将可能损失转为确定损失，相反继续承担不仅可以提供挽回的机会，有利于保持良好的声誉，这可能足以弥补额外投入带来的预期损失。基于上述分析，本书提出如下假设：

假设 6：政府 R&D 资助对企业 R&D 活动风险承担行为（规模、行为倾向）存在积极显著的持续性影响。

3.4   政府 R&D 资助对企业外部技术获取行为影响路径分析

3.4.1   静态视角下政府 R&D 资助对企业外部技术获取行为影响路径分析

前面探究了政府 R&D 资助政策对企业"做什么"所产生的影响，那么本书关注的另一个问题是政府 R&D 资助对企业"如何做"产生何种影响，即政府 R&D 资助是否改变了企业的外部技术获取行为。随着技术复杂性的日益提高，创新资源配置格局发生深刻的改变，企业面临的竞争日益激烈，尤其是对于高新技术企业来说，需要加快技术创新，构筑技术壁垒，形成自身的竞争优势，而当前形势下，技术创新具有复杂性和跨学科性的特点，往往需要多种技术集合，其创新资源分布更为分散，企业很难仅仅依靠内部研发获得成功，因而外部技术获取成为企业获取技术的战略选择（Chesbrough，2003）。尤其是现阶段我国的企业普遍研发体系未完善，较少企业拥有独立的研发机构，整体创新实力还较为薄弱，难以胜任内部研发工作，因而寻求与大学、研究机构的合作或者是在市场中与供应链上下游的企业进行合作研发以及引进购买等方式成为不少企业技术获取的重要选项（黄菁菁、原毅军，2018）。并且目前政府也逐步意识到外部技术获取对企业技术能力提升的重要意义，在出台的各项资助政策中将不同组织间的合作作为其重要的引导目标。例如，在国务院出台的《国家中长期科学和技术发展规划纲要（2006～2020 年)》中明确表明，"建立企业为主体，市场为导向，产学研结合的技术创新体系"。那么既作为政策关注的重点，又作为企业的重要战略，探究政府 R&D 资助对企业技术获取的影响具有重要意义。

政府 R&D 资助对企业外部技术获取行为的影响主要通过资金流、信息流、技术流以及良好的制度环境四方面影响企业外部技术获取行为。第一，基于资金流，企业进行外部技术获取行为会产生大量的成本，包括搜寻成本、信息成本、议价成本、监督成本等，而基于前文的分析可知，政府 R&D 资助能够带来直接和间接的资金资源能够用来支付在外部技术获取行为中产生的相关成本（Leiponen，2005；Belderbos et al.，2012；Faems et al.，2010）。帕克等（Park et al.，2002）基于实证分析论证了财政资源对企业合作影响的重要性。从而促进企业外部技术获取意愿。第二，基于信息流，在完全信息市场下，企业如实地反映经营状况和自身偏好，能在市场上寻求合适的合作伙伴，交易成本得以最小化。而目前的信息市场是不完全的，存在信息不对称的状况，企业无法获知市场上其他组织的全部信息，由此增加了企业搜寻难度，政府 R&D 资助为企业带来的优质信号不仅能够吸引外部融资，同样可以传递给市场上其他潜在的合作者，从而能够吸引实力雄厚的研发组织与其合作，降低企业的搜寻成本。第三，基于知识流，企业实施政府 R&D 资助项目获得了新的研发经验，从而增加了企业知识储备（Buisseret et al.，1995），知识储备的增加使得企业有能力识别、吸收和应用相关领域的外部知识（Lee，2011），因此企业可以搜索和监控多个领域的知识和技术发展，并识别潜在的合作伙伴，增强了企业与不同合作伙伴的合作能力。政府 R&D 资助项目为企业带来的研发经验能够提供新的技术机会（Triguero and Córcoles，2013；Peters，2009）。例如霍腾罗特等（Hottenrott et al.，2017）指出企业 R&D 资助的研究（开发）项目的结果为其后续的开发（研究）项目提供了信息，为其提供更有前景的机会。而通过政府 R&D 资助产生的新的机会，其所需的资源可能存在于不同的组织中（Rothaermel and Deeds，2004；Lakhani et al.，2013），要成功地利用这些机会，则企业需要通过外部技术获取的行为获得必要的资源，从而有利于企业的外部技术获取模式。第四，制度环境，企业外部技术获取行为的顺利开展需要政策环境的保障，政府 R&D 资助良好的制度环境能够保证合作的有序进行，降低道德风险。具体见图 3 - 7。

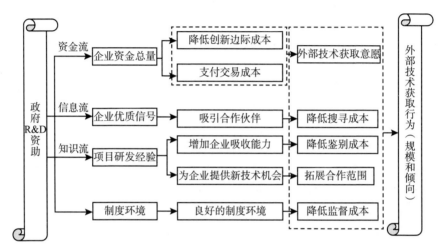

图 3 - 7   政府 R&D 资助对企业外部技术获取行为影响路径分析

假设 7：政府 R&D 资助对外部技术获取行为（规模、行为倾向）具有显著的正向影响。

政府 R&D 资助不同方式在运作方式、政策目标以及实施方式等方面均存在差异性，对企业外部技术获取行为的影响也不尽相同，因此需要进一步探究政府 R&D 资助不同方式对企业外部技术获取行为影响的差异性。本书认为直接资助对企业外部技术获取行为的影响为税收优惠。税收优惠的影响主要从资金流和知识流影响企业外部技术获取行为，直接资助分别可以从资金流、信息流、知识流以及制度环境进行影响。具体表现如下：

首先，一方面表现为融资方面，直接资助由于具有政府信用认证和监管认证的双重信号作用，因而可以获得内源融资和外源融资两方面的影响。税收优惠不受政府的严格监管，因此相应的认证效应相较于直接资助更弱，因而主要是内源融资。另一方面表现为资金性质方面，直接资助方式由于政府具有决策权，因此资金性质本身承载了更多的社会福利性目标，具有社会绩效和经济绩效双重目标。直接资助方式下政府倾向于选择社会福利型项目，尤其是研究领域的项目，如医疗领域以及被认为是战略性的领域，研发成果的成功往往具有颠覆市场的作用，具有足够研发实力的企业往往会选择内部研发的方式，那么研发成功由企业自身独享，增强企业的核心竞争力。但是这一领域的技术具有复杂性、外溢性，进行项目研发的私人回报率与社会回报率之间存在较大的差距。若企业自身的研发能力有限，对此类研究项目望而却步，而政府的直接资助能够提供稀缺资源，并鼓励企业与大学、科研机构等进行合作研发，学研方具有雄厚的知识基础，企业能够将知识进行科技转化，从而使得企业目标与政府目标达到双赢状态。税收优惠方式下企业具有项目研发的自主决断权，体现的是市场竞争的结果。即企业想要获取税收优惠，需先出示创新成果，不同企业均可在市场上进行竞争，企业决策动机下考虑到企业的经济绩效。企业在自身利益最大化的驱动下会快速了解市场动态以及市场需求，从而偏向及时性、周期短以及见效快的创新项目，企业通过与其他企业的合作研发以及引进购买的方式能够快速地获取互补性的知识，尤其是对于存在融资约束的企业来说，在进行创新方面更加倾向于能快速获得收益的项目。法扎里和赫松（Fazzari and Herzon，1996）等认为，企业选择税收资助更多的是倾向于选择研发周期短、回报率高的项目，但无法有效地完成矫正市场失灵的初衷。

其次，基于信号效应，直接资助由于具有政府信用认证和监管认证的双重信号作用，而税收优惠中企业的自主决策，监管认证效应较弱，因此整体而言，直接资助赋予企业的光环效应要高于税收优惠，那么在市场上吸引合作伙伴的能力高于税收优惠。

最后，在项目研发经验中，直接资助是针对企业合作行为的，尤其是企业进行产学研合作，因而企业具有较多的机会去接触不同的合作伙伴，刺激企业外部技术获取行为。而税收优惠主要是企业自身决策，不存在制度压力，企业可以通过内部研发的方式选择对企业而言收益最高的项目。具体见图 3 - 8。

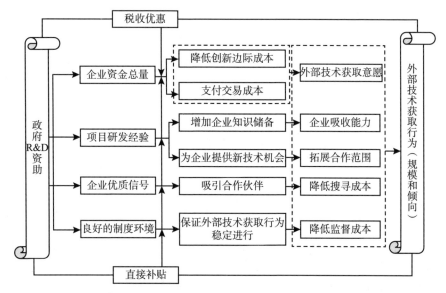

图3-8 不同资助方式对企业外部技术获取行为的差异化影响

假设8：直接资助更加有利于提升企业基于科学的外部技术获取行为（规模、行为倾向），税收优惠更加有利于提升企业基于市场的外部技术获取以及引进购买的外部技术获取行为（规模、行为倾向）。

3.4.2 动态视角下政府R&D资助对企业外部技术获取行为影响路径分析

前面分析了政府R&D资助对企业外部技术获取行为存在的影响，那么在动态情境下，这种影响是否具有持续性，本节基于沉没成本视角、合作经验视角进行分析。

首先，从沉没成本视角分析来看，通过前文的分析可知，企业从事创新活动其本身潜在的沉没成本很高，若只是短暂地执行，则潜在的沉没成本会转变为确定损失，若存在持续性，研发成功能够使得企业在行业中树立"领头羊"的地位，不仅可以挽回沉没陈本，还可以创造市场，对企业而言，既是压力又是动力。政府R&D资助带来的资源以及相应制度保障能够促进企业技术获取的持续性。

其次，基于合作经验而言，上述分析假定政府R&D资助能够促进企业的外部技术获取行为，而具有合作研发的经验的企业一方面增强了企业管理合作关系的能力，并从合作关系中获取回报（Sampson，2010；Anand and Khanna，2000；Love et al.，2015），进而更容易开展后续合作。另一方面，前期的合作经验拓展了企业合作形成能力、搜索能力以及质量信号功能（Gargiulo，1999；Badillo and Moreno，2016；Belderbos et al.，2011），进而有利于企业外部技术获取的持续性。前期的合作经验简化了新合作的形成（Simonin，1997；Belderbos et al.，2013；Powell et al.，1996）。前期的合作经验能够有效地降低企业与外部合作者之间的机会主义风险，增强彼此的信任，形成惯例与默契，利于增加企业再次合作的信心和期望。并且由于搜索存在路径依赖，因此对于存在合作经验的企业而言，更容易持续性地获得外部合作机会。并且前期合作经验可以作为企业良好质量的信号，现有研究认为具有合作经验的企业能够在一定程度上表明企业的质量（Ozmel et al.，2013），从而帮助企业吸引新的合作伙伴。基于上述分析，提出如下假设：

假设 9：政府 R&D 资助对外部技术获取行为（规模、行为倾向）存在积极显著的持续性影响。

3.5 政府 R&D 资助效果的影响因素分析

3.5.1 政策组合和单一政策方式对比

目前关于政府 R&D 资助的研究多集中于某一单一政策工具的分析，不同单一政策工具间有其优势也有其劣势，而政府 R&D 资助方式存在多样化，是否不同政策工具间的协同能够克服单一政策工具间的劣势，更好地促进企业的创新效果，就需要进行进一步的分析。目前也有些学者做了相应的探究，认为多种政策组合的嵌套作用是有效促进企业的创新的重要方式，并且依照现实情境来说，企业往往同时享受多种资助政策组合，若不同时考虑存在多种政策，其估计结果存在偏差，因此需要分析政策组合较之单一资助政策的差异性。

目前，大量的研究只涉及其中一种政策工具的效应，对不同政策工具联合效力的研究较少。布索姆等（Busom et al.，2015）、格尔佐尼和雷特里

（Guerzoni and Raiteri，2015）的研究表明，若仅仅考虑单一的政策工具，而不考虑其他政策工具的使用，其估计结果会存在隐藏的偏差。贝鲁贝和莫嫩（Bérubé and Mohnen，2009）对比直接资助和税收优惠两种政策在相同企业内产生的影响，研究表明，接受两种资助政策相比于只接受税收优惠政策来说更能够提高企业的创新产出。布索姆等（Busom et al.，2014）的研究表明，税收优惠和直接资助的使用在应对市场失灵中呈现互补效应。福尔克（Falk，2007）报告的证据表明，享受直接和间接政策组合的公司更有可能从根本上创新。莫嫩（Mohnen，2009）运用匹配估计量表明，使用税收抵免和直接资助组合的加拿大公司比只使用税收抵免的公司具有更高的创新绩效。从资源基础视角来看，直接资助和税收优惠能够为企业提供有效资源，提高企业的实际收益和预期收益，激励企业进行开放式创新。由此，本书研究认为，接受两种资助方式的企业相比于接受一种资助方式的企业其开放式创新结果更优，故提出如下假设：

假设 10：政策组合相比于单一政策更能够积极显著地影响企业的创新行为（规模、行为倾向）。

3.5.2　企业规模

企业规模是影响政府 R&D 资助效果的重要因素之一，众多学者的研究表明，政府 R&D 资助会根据企业规模的变化而变化，但究竟是大规模的企业资助效果更好，还是小规模的企业资助效果更好，至今未达成共识。目前主要存在三类观点：持大企业资助效果更好的观点的学者认为，大企业在资金方面具有显著优势，并且具有更强的风险承担能力，政府资助的诱导作用能够更加有效地发挥作用，一些学者也得出了类似的观点。例如波季（Potì，2012）对意大利政府 R&D 资助做了实证研究，结果表明对大企业私人研发投入产生挤入效应，而对小企业则产生挤出效应。持小企业资助效果更好的学者认为，大企业由于资金充裕，因而对政府的资助并不敏感，而对中小企业来说，融资约束现象更为明显，具有很强的研发意愿，但却缺乏资金，政府 R&D 资助能够解决中小企业的融资约束问题，诱导企业开展创新。米格尔和沃特（Miguel and Wouter，2012）的研究结果表明政府 R&D 资助能够为中小企业的项目研发提供积极保证，增加企业研发投入。持倒"U"形观点的学者认为企业规模的影响不是简单的线性关系，而是应该考虑非线性关系，企业规模在一定程度内对政府 R&D

资助的影响是积极的，而超过该程度，则起到了抑制作用。其中库玛和萨奇布（Kumar and Saqib，1996）给出了相关的证明。本书认为考察企业规模对政府 R&D 资助的影响，不能简单地只考虑对企业研发投入行为的影响，而是根据企业不同的创新行为进行具体分析，在本书的假设中考虑到中小企业通常具有强烈的研发意愿而缺乏资金，政府 R&D 资助的"雪中送炭"的作用体现得更加明显。由此提出如下假设：

假设 11：企业规模对政府 R&D 资助与企业创新行为（规模、行为倾向）之间的调节作用呈现显著的负相关影响。

3.5.3　行业属性

行业特征也是影响政府 R&D 资助效果的重要因素之一，目前相关的研究做了较多的探索。有学者从行业依赖度进行分析，认为技术依赖型行业中政府 R&D 资助的效果更为明显。其中大卫等（David et al.，2000）的研究认为技术依赖程度较高行业的企业主要是通过研发来保证企业的竞争实力，因此这类行业中，政府资助的诱导作用更容易发挥激励效应。布莱内斯和布索姆（Blanes and Busom，2004）、姜宁和黄万（2010）分别用西班牙和中国的行业数据进行了实证研究，均发现技术依赖型行业，政府 R&D 资助的引致效应更为显著。也有学者从行业竞争度进行分析，认为行业属性能够导致政府 R&D 资助效果产生差异。对于企业所处的行业来说，竞争越激烈，企业越偏向研发来立足。那么政府 R&D 资助效果越优。若企业所处行业无较大竞争，那企业不必进行高风险的研发活动则可获利，企业或者政府 R&D 资助会选择降低成本而非研发，因此会对企业私人研发投入产生挤出效应。塔卡洛和田山（Takalo and Tanayama，2010）等均认为行业竞争越激烈，企业越可能通过研发来降低成本，政府 R&D 资助产生的杠杆效应就会越明显。综上所述，无论是先前学者根据行业技术依赖程度还是行业竞争性分析，均认为企业的行业属性能够对政府 R&D 资助效果产生显著的影响。基于此，提出如下的研究假设：

假设 12：行业差异能显著调节政府 R&D 资助对企业创新行为（规模、行为倾向）的影响。

根据上述的概念模型和研究假设，本书进行了归纳整理，具体见表 3-1，本书首先对政府 R&D 资助对企业研发投入行为、R&D 活动风险承担行为、外部技术获取行为进行分析提出相应假设，然后进一步探究政策组合和单一政策的差异以及企业规模和行业的差异起到的调节作用，以此构成了本书整体的假设，在后续的第 5 章到第 7 章分别对每一部分的假设进行实证分析。

表 3 – 1   研究假设汇总

序号	研究假设
H1	政府 R&D 资助对企业研发投入行为（规模、行为倾向）具有显著的正向影响
H2	直接资助相比税收优惠来说，更能够激发企业的研发投入行为（规模、行为倾向）
H3	政府 R&D 资助对企业研发投入行为（规模、行为倾向）存在积极显著的持续性影响
H4	政府 R&D 资助对企业 R&D 活动风险承担行为（规模、行为倾向）具有显著的正向影响
H5	直接资助方式相比于税收优惠来说，更能够提升企业 R&D 活动风险承担行为（规模、行为倾向）
H6	政府 R&D 资助对企业 R&D 活动风险承担行为（规模、行为倾向）存在积极显著的持续性影响
H7	政府 R&D 资助对外部技术获取行为（规模、行为倾向）具有显著的正向影响
H8	直接资助更加有利于提升企业基于科学的外部技术获取行为（规模、行为倾向），税收优惠更加有利于提升企业基于市场的外部技术获取以及引进购买的外部技术获取行为（规模、行为倾向）
H9	政府 R&D 资助对外部技术获取行为（规模、行为倾向）存在积极显著的持续性影响
H10	政策组合相比于单一政策更能够积极显著地影响企业的创新行为（规模、行为倾向）
H11	企业规模对政府 R&D 资助与企业创新行为（规模、行为倾向）之间的调节作用呈现显著的负相关影响
H12	行业差异能显著调节政府 R&D 资助对企业创新行为（规模、行为倾向）的影响

3.6 本章小结

本章首先基于研究问题：政府 R&D 资助是否以及如何影响企业创新行为，构建了政府 R&D 资助对企业创新行为影响的整体框架。其次分别针对企业研发投入行为、风险承担行为以及外部技术获取行为的影响提出相应的逻辑推理模型，并提出相应假设。最后分析了政策组合相比单一政策方式以及企业异质性对政府资助不同方式影响企业研发行为造成的影响，并提出了相应的假设。

第4章

研 究 设 计

根据第3章的研究构想与假设,需要采用微观企业数据进行实证分析,为此,本章首先对全书的实证问题进行梳理,明确每一研究问题下的解释变量、被解释变量以及控制变量等,明晰不同实证问题下所采用的实证方法。其次,对每一实证问题下主要变量进行测定。最后,针对整体样本数据来源、数据处理以及描述性统计分析进行分析。

4.1 实证问题与实证工具选择

本书的主体研究问题为"政府 R&D 资助是否影响以及如何影响企业的创新行为"?基于企业微观研发过程的视角进一步对企业创新行为进行重构,分别包含了如下三个子问题:政府 R&D 资助是否影响以及如何影响企业的研发投入行为?政府 R&D 资助是否影响以及如何影响企业 R&D 活动风险承担行为?政府 R&D 资助是否影响以及如何影响企业的外部技术获取行为?根据当前政府 R&D 资助对企业行为影响的研究认为企业行为改变一方面包含企业行为规模和倾向的改变,另一方面认为这种行为改变是持续性的。因此本书分别基于静态视角下和动态视角下探究政府 R&D 资助对企业创新行为的规模和倾向的改变,并加入权变因素进行分组实证。

实证工具的选择上,在静态视角的研究中,主要采用倾向得分匹配中的最近邻 1∶1 匹配法进行分析。原因在于由于政府 R&D 资助与企业创新行为之间存在样本选择偏误和互为因果导致的内生性问题,传统的 OLS 回归分析会存在偏差。具体表现为政府挑选资助对象并不是随机的,往往创新能力强的企业更容易获得政府 R&D 资助,另外创新能力强的企业会更加主动地申请资助。因此需要控制内生性的问题，在当前能够控制内生性的研究方法中主要包含 Heckman 两阶段模型法（Heckman，1990；Heckman，1979）、工具变量法（Wooldridge and JeffreyM，2009；Larcker and Rusticus，2008）、断点回归法以及倾向得分匹配法（Kapoor and Lee，2013；Imbens and Wooldridge，2009；Rosenbaum and Rubin，1983）。由于断点回归对数据要求很高，且本书数据不满足断点回归的要求，以及合适的工具变量不易寻找等，本书主要选择倾向得分匹配方法进行实证检验，在稳健性检验中采用倾向得分匹配方法的半径匹配、核匹配以及 Heckman 两阶段模型，以此保证结果的稳健性。在动态视角的研究中：一方面采用倾向得分匹配的方法对企业滞后的创新行为进行实证分析；另一方面由于前期的匹配在经过几年的发展中，企业的特征发生了新的变化，因此加入可能的影响因素进行多元回归分析，保证结果的稳健性。下面为具体实证问题下变量选择与所用实证方法汇总。

第 5 章实证分析的主要研究问题为：政府 R&D 资助是否影响以及如何影响企业的研发投入行为？分别探究静态效应下和动态效应下对企业研发投入规模和倾向的改变。并进一步加入权变因素分析，其中权变因素一方面是分析政府 R&D 资助不同方式的影响，将政府 R&D 资助方式分为五类，包括单一资助方式、政策组合以及政策组合与单一资助方式的对比。另一方面加入企业和行业异质性因素，分别从不同企业规模和不同行业属性进行分析。具体变量如下：静态效应下，解释变量：直接资助（Sub）、税收优惠（Tax）、政策组合（Mix）、政策组合对比直接资助政策（Mix_s）、政策组合对比税收优惠政策（Mix_t）。被解释变量：规模改变：企业研发投入总量（RDE）、倾向改变：研发投入强度（RDR）。控制变量：企业规模（ES）、研发人员数量（RDP）、出口规模（EXP）、是否在产业园区（EP）、资产负债率（ED）以及企业资质（TC、EC）。调节变量：企业规模（ES）、行业属性（IND）。实证工具选择：倾向得分匹配法中的最近邻匹配法、半径匹配法以及核匹配法、Heckman 两阶段模型法。动态效应下：解释变量滞后一期、两期、三期。实证工具选择：倾向得分匹配中的最近邻匹配法，多元回归法。

第 6 章实证分析的主要研究问题为：政府 R&D 资助是否影响以及如何影响企业 R&D 活动风险承担行为？静态效应下的变量设置分别包括：解释变量：直接资助（Sub）、税收优惠（Tax）、政策组合（Mix）、政策组合对比直接资助政策（Mix_s）、政策组合对比税收优惠政策（Mix_t）。

被解释变量：规模改变：企业共性技术项目承担数量（EGP）、倾向改变：企业共性技术偏好度（EGPP）。控制变量：企业规模（ES）、研发人员数量（RDP）、出口规模（EXP）、企业研发资金投入（RDE）、资产负债率（ED）以及企业资质（TC、EC）。调节变量：企业规模（ES）、行业属性（IND）。实证工具选择：倾向得分匹配法中的最近邻匹配法、半径匹配法以及核匹配法、Heckman 两阶段模型法动态效应下：解释变量滞后一期、两期、三期。实证工具选择：倾向得分匹配中的最近邻匹配法，多元回归法。

第 7 章实证分析的主要研究问题为：政府 R&D 资助是否影响以及如何影响企业的外部技术获取行为？静态效应下的变量设置分别包括：解释变量：直接资助（Sub）、税收优惠（Tax）、政策组合（Mix）、政策组合对比直接资助政策（Mix_s）、政策组合对比税收优惠政策（Mix_t）。被解释变量：规模改变：基于科学的合作研发经费支出（SC）、基于市场的合作研发经费支出（MA）、引进购买经费支出（IN）。倾向改变：基于科学的外部技术获取率（SCR）、基于市场的外部技术获取率（MAR）、引进购买率（INR）。控制变量：企业规模（ES）、研发人员数量（RDP）、出口规模（EXP）、是否在产业园区（EP）、资产负债率（ED）以及企业资质（TC、EC）。调节变量：企业规模（ES）、行业属性（IND）。实证工具选择：倾向得分匹配法中的最近邻匹配法、半径匹配法以及核匹配法、Heckman 两阶段模型法。动态效应下：解释变量滞后一期、两期、三期。实证工具选择：倾向得分匹配中的最近邻匹配法、多元回归法。表 4 - 1 为汇总表。

表 4 -1　　　　　　　　　　实证问题与变量设置

实证问题	时态效应	变量设置	实证工具选择
政府 R&D 资助是否影响以及如何影响企业的研发投入行为？	静态效应	被解释变量：规模改变：企业研发投入总量（RDE）、倾向改变：研发投入强度（RDR）	倾向得分匹配法：最近邻匹配法 半径匹配法 核匹配法 Heckman 两阶段模型法
		解释变量：直接资助（Sub）、税收优惠（Tax）、政策组合（Mix）、政策组合对比直接资助政策（Mix_s）、政策组合对比税收优惠政策（Mix_t）	

续表

实证问题	时态效应	变量设置	实证工具选择
政府 R&D 资助是否影响以及如何影响企业的研发投入行为？	静态效应	控制变量：企业规模（ES）、研发人员数量（RDP）、出口规模（EXP）、是否在产业园区（EP）、资产负债率（ED）以及企业资质（TC、EC）	
		调节变量：企业规模（ES）、行业属性（IND）	
	动态效应	解释变量滞后一期、两期、三期	倾向得分匹配法：最近邻匹配法 多元回归分析
政府 R&D 资助是否影响以及如何影响企业 R&D 活动风险承担行为？	静态效应	被解释变量：规模改变：企业共性技术项目承担数量（EGP）、倾向改变：企业共性技术偏好度（EGPP）	
		解释变量：直接资助（Sub）、税收优惠（Tax）、政策组合（Mix）、政策组合对比直接资助政策（Mix_s）、政策组合对比税收优惠政策（Mix_t）	倾向得分匹配法：最近邻匹配法 半径匹配法 核匹配法 Heckman 两阶段模型法
		控制变量：企业规模（ES）、研发人员数量（RDP）、出口规模（EXP）、企业研发资金投入（RDE）、资产负债率（ED）以及企业资质（TC、EC）	
		调节变量：企业规模（ES）、行业属性（IND）	
	动态效应	解释变量滞后一期、两期、三期	倾向得分匹配法：最近邻匹配法 多元回归分析
政府 R&D 资助是否影响以及如何影响企业的外部技术获取行为？	静态效应	被解释变量：规模改变：基于科学的合作研发经费支出（SC）、基于市场的合作研发经费支出（MA）、引进购买经费支出（IN）。倾向改变：基于科学的外部技术获取率（SCR）、基于市场的外部技术获取率（MAR）、引进购买率（INR）	
		解释变量：直接资助（Sub）、税收优惠（Tax）、政策组合（Mix）、政策组合对比直接资助政策（Mix_s）、政策组合对比税收优惠政策（Mix_t）	倾向得分匹配法：最近邻匹配法 半径匹配法 核匹配法 Heckman 两阶段模型法

实证问题	时态效应	变量设置	实证工具选择
政府 R&D 资助是否影响以及如何影响企业的外部技术获取行为?	静态效应	控制变量:企业规模(ES)、研发人员数量(RDP)、出口规模(EXP)、是否在产业园区(EP)、资产负债率(ED)以及企业资质(TC、EC)	
		调节变量:企业规模(ES)、行业属性(IND)	
	动态效应	解释变量滞后一期、两期、三期	倾向得分匹配法:最近邻匹配法 多元回归分析

4.2 变量测量

本书涉及的主要变量为政府 R&D 资助不同方式、企业研发投入行为、企业 R&D 活动风险承担行为以及企业外部技术获取行为。

4.2.1 政府 R&D 资助测度

关于政府 R&D 资助的测度,现阶段的研究中主要存在两种形式,构建虚拟变量和政府 R&D 资助的实际数值。构建虚拟变量主要是采用二分类法,即考察企业在某一时间段内是否获得资助,若获得资助则标记为1,反之为0,其中代表性的研究有郭等(Guo et al.,2016)、毛其淋等(2016)。这种测度方法具有一定的局限性,无法准确地考察政府 R&D 资助强度的实际影响。另一部分学者采用资助的实际数值或者比值的方式进行分析,其中陆国庆等(2014)参照 OECD 创新调查手册中的分类标准,将创新资助定义为政府 R&D 资助中用于促进产业创新活动的部分,具体包括:R&D 资助、新产品生产资助、人才引进类的资助和其他创新资助。并采用企业当年政府 R&D 资助与上年资助×85% 之和测度。杨洋等(2015)采用政府 R&D 资助的对数进行测度。郭玥(2018)采用 A 股上市公司样本,搜寻相关政府 R&D 资助的披露信息,用得到的创新补助总额与总资产的比值来衡量企业获得政府创新补助的多少。

基于本书的研究目标,探究接受政府 R&D 资助的企业与未接受政府

R&D 资助的企业其研发行为的差异性，其中主要解释变量为企业是否接受了政府 R&D 资助，因此我们采用虚拟变量的方式来测度政府 R&D 资助。在概念界定中，本书认为政府 R&D 资助主要包含直接资助和税收优惠两种方式。那么具体测度方式为：

直接资助（Sub）。虚拟变量表示。其中 1 企业只享受政府直接资助，0 表示该组中企业不享受任何资助政策。其中资助信息采用统计指标中的"使用来自政府部门的科技活动资金"，若大于零，则标记为 1，若等于零，则标记为 0。

税收优惠（Tax）。虚拟变量表示。其中 1 表示企业只享受政府税收优惠，0 表示该组中企业不享受任何资助政策。税收优惠信息采用统计指标中"享受高新技术企业所得税减免、研发加计扣除所得税减免、技术转让所得税减免"三项之和来确定，其总和大于零，则标记为 1，若总和等于零，则标记为 0。

政策组合（Mix）。虚拟变量表示。其中 1 表示企业既享受直接资助政策又享受税收优惠政策，0 表示企业不享受任何资助政策。

政策组合与直接资助对比（Mix_s）。虚拟变量表示。其中 1 和 0 分别代表企业享受两种资助和只享受直接资助方式。

政策组合与直接资助对比（Mix_t）。虚拟变量表示。其中 1 和 0 分别代表企业享受两种资助和只享受税收优惠方式。

4.2.2 企业研发投入行为

在本书中关于企业研发投入行为改变分为规模改变和倾向改变。其中规模改变采用绝对值表示，在统计指标中采用"企业内部用于科技活动的科技经费支出"表示。倾向改变代表企业资金结构发生改变。企业可以将资金用于研发、营销等不同领域，若政府 R&D 资助促进了企业研发投入倾向的改变，说明政府 R&D 资助增加了研发的偏好，在本书中采用相对值表示，即指标中"企业内部用于科技活动的科技经费支出"与企业总资产的比值。

4.2.3 企业 R&D 活动风险承担行为

基于对企业 R&D 活动风险承担行为的概念界定，企业 R&D 活动风险承担行为在本书中主要是指企业所承担的项目类型。在绪论中已经进行了详细的定义,不再赘述。本书基于概念界定,直接选用企业投资决策的项目风险大小反映企业 R&D 活动风险承担行为。依据当前研究,企业所承担的项目中既包含共性技术项目也包含专有技术项目。在测度政府 R&D 资助对企业 R&D 活动风险承担行为规模和倾向改变时分别采用企业承担共性技术项目数量以及共性技术偏好度。共性技术偏好度具体表示为企业共性技术项目/企业总项目衡量。

现有的文献还并未列出关于共性技术项目的具体测度。本书通过李纪珍对共性技术的定义认为共性技术是具有基础性和超前性,能够应用在多个领域,属于一种竞争前技术,以此对共性项目进行识别。科技厅所统计的高新技术企业中存在关于项目经济目标以及项目类型两项①,本书将项目活动目标中关于科学原理的探索、发现以及技术原理的研究,项目活动类型中基础研究以及应用研究归结为企业进行共性技术项目研发。

4.2.4　企业外部技术获取

依据绪论中的概念界定,本书将企业外部技术获取行为分为两类:合作研发以及引进购买。其中合作研发根据合作标的的差异又进一步分类为基于科学的合作和基于市场的合作。基于科学的合作是指目标企业与大学、研究机构等进行合作研发,进行偏向基础科学的研究。基于市场的合作是指目标企业与供应链上的上下游企业、消费者,以及行业中的竞争者通过合作研发。分别从规模改变和倾向改变来定义变量。其中规模改变采用绝对值进行测度。分别为:

基于科学的合作:采用统计指标中"B107 – 2 表中所列企业与大学、研究机构的合作费用支出"表示。基于市场的合作:采用统计指标中"B107 – 2 表中所列企业与其他企业的合作费用支出"表示。引进购买:本书主要采用统计指标中"B107 – 2 表中购买国内技术费用支出、引进国外技术费用支出"两项的总和表示。

倾向的改变采用相对值进行分析,即外部技术获取率。分别为:

---

① 项目经济目标:指项目立项时确定的技术经济目标。若一个项目有两个及以上的技术经济目标,应按重要程度选择最主要的一项填写。具体的分类与代码是:1 科学原理的探索、发现;2 技术原理的研究;3 开发全新产品;4 增加产品功能或提高性能;5 提高劳动生产率;6 减少能源消耗或提高能源使用效率;7 节约原材料;8 减少环境污染;9 其他。

活动类型:(1)基础研究;(2)应用研究;(3)实验发展;(4)研究与实验发展成果应用。

基于科学的外部技术获取率：B107 – 2 表中所列企业与大学、研究机构的合作费用支出/企业总科技经费支出。基于市场的外部技术获取率：B107 – 2 表中所列企业与其他企业的合作费用支出/企业总科技经费支出。引进购买的外部技术获取率：B107 – 2 表中购买国内技术费用支出、引进国外技术费用支出/企业总科技经费支出。

4.2.5　调节变量与控制变量

基于目前探究政府 R&D 资助与企业创新行为之间的不确定性关系，认为两者之间存在权变关系的影响，因此本书选择了企业规模和行业属性进行进一步探究，并根据权变因素进行分组回归。

企业规模。企业规模的划分依据是国家统计局《统计上大中小微型企业划分办法》，由于本书中企业规模主要集中在大中小型三类企业，微型企业较少。因此在后文的实证中主要分析大型企业、中型企业和小型企业的差别。具体划分标准见附录2。

行业属性。行业属性的划分依据是《国家高新技术产业开发区企业统计报表》中的企业技术领域，在本书的企业中主要涉及四个领域，分别是：电子信息、生物医药、新材料以及光机电一体化，因此后文的分析主要针对以上四个领域进行分析。具体的分类标准见附录1。

关于控制变量，由于不同的创新行为，控制变量可能存在差异，因此具体的控制变量在每一章节中进行详细的描述。

4.3　数据来源与处理

4.3.1　数据来源

由于在现有体制下，企业研发详细数据主要由政府部门掌握，一般不对外公布，而可以公开获取的统计年鉴数据更多集中在产业、区域或国家宏观维度。因此国内关于微观层面企业研发实证研究数据获取主要有两个途径：第一，利用上市公司年报披露数据；第二，研究者自己对企业通过调查问卷获取数据。但这两种数据获取方式都存在一定不足。上市公司公布年报中涉及企业研发环节数据披露有限，难以完整揭示企业研发活动概况。研究者对企业问卷采集数据，虽然通过问卷设计可以获取企业研发多维度数据，但受到企业填报者的主观影响较大，数据的真实性和有效性难以保障。

2014年广东省启动对广东省企业研究开发经费省级财政后补助资金计划，即企业对2014年之前进行的研发创新进行申请，以求获得后期资助。为确保财政资金使用的有效性，所有申请财政资金研发经费后补助的企业，其申报的研发活动数据都经过审核。本书数据采用广东省科技厅对企业研发投入后补助时核定的企业研发活动统计数据，具体数据来自申报企业财务审计报告和经过相关管理部门审核过企业填报的大中型工业企业科技项目一览表（B107-1）和大中型工业企业科技活动情况表（B107-2）。因本书实证数据选取经过相关部门审核的企业财务数据和研发数据，实证数据的真实性得以保证。剔除无效数据后，文中样本数据最终确立为：498家申请广东省研发经费后补助的高新技术民营企业，每个样本采集2010~2013年数据，4年共有1992个观测值，构成文中实证所用的平行面板数据。

4.3.2 数据处理

在数据进行正式处理之前，需要对数据进行预处理，保证样本的信度和效果，检验缺失值与极值情况，保证面板数据的平稳性。首先，关于样本的信度和效度。信度和效度是进行实证检验的基础，若数据不可靠，其结果自然不可信。由于本书数据来自广东省科技厅对企业研发投入后补助时核定的企业研发活动统计数据，企业申报的研发活动数据都经过审核，因此可以保证数据的可靠性。其次，是需要对文中的变量进行预处理，剔除缺失值较多、且存在异常值的企业，最终确定样本名单，并按年份堆叠，形成文中的面板数据。

4.3.3 描述性统计

4.3.3.1 总体样本

在本书的分析中，样本总数为498家，在其行业分布中，电子与信息行业为 71 家，占比为 14%，生物、医药技术行业为 71 家，占比为 14%，新材料行业为 122 家，占比为 25%，光机电一体化行业为 223 家，占比为 45%，新能源、高效节能行业为 8 家，环境保护 2 家，以及航空航天 1 家。可以看到样本企业主要集中在新材料行业和光机电一体化行业，占比之和为 70%。具体如图 4-1 所示。

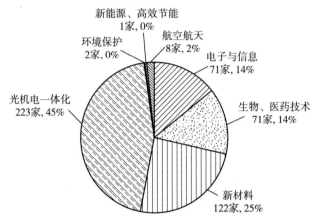

图 4-1   样本企业所属的行业技术领域分布

在样本企业规模的分布中，可以看到大型企业为 48 家，占比为 10%，中型企业为 181 家，占比为 0.36%，小型企业为 269 家，占比为 0.54%。可以看到样本主要为中小型企业，合计占比为 90%。具体分布情况见表 4-2。

表 4-2   样本企业的规模分布

企业规模	数量（家）	比例
大型企业	48	0.10
中型企业	181	0.36
小型企业	269	0.54
合计	498	1.00

表 4-3 是总体样本的描述性统计分析。根据结果可知，在总体样本中，只接受直接资助的平均数为 0.411，只接受税收优惠的平均数为 0.639，享受政策组合的平均数为 0.679，说明企业更多的是享受政策组

合。在结果变量的描述性统计分析中，关于企业研发投入行为中，研发支出的平均数为 8.879，研发投入强度的平均数为 0.066，说明企业研发资金占比仍然较低。在企业 R&D 活动风险承担行为中，企业承担共性技术项目的平均数为 0.41，共性技术偏好度的平均数为 0.095，说明较少企业会选择承担共性技术项目。在外部技术获取行为中，基于科学的合作经费支出的平均值为 1.439，基于市场的合作经费支出的平均值为 2.006，引进购买经费支出的平均值为 0.518，说明现实情境中企业选择与企业合作研发支出的费用更高。在外部技术获取率中，基于科学的外部技术获取率的平均值为 0.01，基于市场的外部技术获取率的平均值为 0.021，引进购买的外部技术获取率的平均值为 0.008，也可以看到企业更倾向于基于市场的外部技术获取方式。

表 4 - 3　　　　　　　　　　　样本描述性统计分析

变量	最大值	最小值	平均数	标准差	p50	p25	p75	偏度	峰度
Sub	1	0	0.411	0.493	0	0	1	0.36	1.129
Tax	1	0	0.639	0.481	1	0	1	-0.578	1.334
Mix	1	0	0.675	0.468	1	0	1	-0.749	1.561
Mix_s	1	0	0.748	0.434	1	0	1	-1.145	2.312
Mix_t	1	0	0.541	0.499	1	0	1	-0.163	1.026
RDE	13.209	3.526	8.876	1.17	8.891	8.1	9.633	-0.106	3.903
RDR	0.729	0	0.066	0.063	0.051	0.033	0.079	4.428	33.945
EGP	31	0	0.41	1.677	0	0	0	6.988	77.377
EGPP	1	0	0.095	0.289	0	0	0	2.763	8.706
SC	9.389	0	1.439	2.558	0	0	2.398	1.344	3.085
MA	11.797	0	2.006	2.917	0	0	5.017	0.93	2.235
IN	11.797	0	0.518	1.853	0	0	0	3.582	14.854
SCR	0.212	0	0.01	0.027	0	0	0.001	3.702	18.36
MAR	0.468	0	0.021	0.051	0	0	0.014	3.859	21.687
INR	0.5	0	0.008	0.042	0	0	0	7.323	63.557

4.3.3.2 分组样本

表4-4为大企业的描述性统计分析。根据结果可知，在大型企业样本中，只接受直接资助的平均数为0.463，只接受税收优惠的平均数为0.732，享受政策组合的平均数为0.817，说明大企业更多的是享受政策组合，并且大企业中接受政府 R&D 资助的平均值要高于总体样本。在结果变量的描述性统计分析中，关于企业研发投入行为中，研发支出的平均数为10.454，研发投入强度的平均数为0.045，说明企业研发资金占比仍然较低，但与总体样本支出相比，研发支出的平均数要高于总体样本，但是研发投入强度的平均数低于总体样本平均数，说明大企业的研发倾向较低。在风险承担行为中，企业承担共性技术项目的平均数为0.587，共性技术偏好度的平均数为0.086，说明较少企业会选择承担共性技术项目，与总体样本相比，其中承担共性技术项目的平均值高于总样本，但是共性技术偏好度的平均值低于总样本。在外部技术获取行为中，基于科学的合作经费支出的平均值为2.211，基于市场的合作经费支出的平均值为2.874，引进购买经费支出的平均值为0.914，说明现实情境中大企业外部技术获取费用支出整体要高于总样本。尤其是基于科学的合作经费支出相比于总体样本支出更高。在外部技术获取率中，基于科学的外部技术获取率的平均值0.008，基于市场的外部技术获取率的平均值为0.019，引进购买的外部技术获取率的平均值为0.01，说明在大企业中，企业倾向于基于市场合作研发以及引进购买的方式。

表4-4   大型企业基本特征描述统计

变量	最大值	最小值	平均数	标准差	p50	p25	p75	偏度	峰度
Sub	1	0	0.463	0.505	0	0	1	0.147	1.022
Tax	1	0	0.732	0.446	1	0	1	-1.046	2.094
Mix	1	0	0.817	0.389	1	1	1	-1.637	3.679
Mix_s	1	0	0.838	0.37	1	1	1	-1.831	4.352
Mix_t	1	0	0.62	0.487	1	0	1	-0.496	1.246
RDE	13.209	8.243	10.454	0.891	10.419	9.847	10.927	0.551	4.144
RDR	0.293	0.006	0.045	0.036	0.037	0.024	0.054	3.132	17.261
EGP	31	0	0.587	2.6	0	0	0	7.645	79.243

变量	最大值	最小值	平均数	标准差	p50	p25	p75	偏度	峰度
EGPP	1	0	0.086	0.278	0	0	0	2.973	9.892
SC	8.732	0	2.211	3.157	0	0	5.583	0.818	1.853
MA	11.797	0	2.874	3.596	0	0	6.594	0.631	1.809
IN	11.797	0	0.914	2.634	0	0	0	2.739	9.154
SCR	0.13	0	0.008	0.019	0	0	0.006	3.435	16.72
MAR	0.421	0	0.019	0.047	0	0	0.016	4.726	32.584
INR	0.349	0	0.01	0.043	0	0	0	5.178	31.77

表 4-5 为中型企业的描述性统计分析。根据结果可知，在中型企业样本中，只接受直接资助的平均数为 0.464，只接受税收优惠的平均数为 0.712，享受政策组合的平均数为 0.777，说明中型企业更多的是享受政策组合，并且中型企业接受政府 R&D 资助的平均值要低于大企业。在结果变量的描述性统计分析中，关于企业研发投入行为中，研发支出的平均数为 9.384，研发投入强度的平均数为 0.053，说明企业研发资金占比仍然较低，但与大型企业样本支出相比，研发支出的平均数要低于大型企业样本，但是研发投入强度的平均数高于大型企业研发投入强度平均数，说明中型企业研发倾向高于大企业。在风险承担行为中，企业承担共性技术项目的平均数为 0.331，共性技术偏好度的平均数为 0.061，与大型企业相比，承担共性技术项目以及共性技术项目偏好度均较低。在外部技术获取行为中，基于科学的合作经费支出的平均值为 1.946，基于市场的合作经费支出的平均值为 2.494，引进购买经费支出的平均值为 0.742，与大企业相比，总体外部技术获取支出费用支出平均数低于大型企业。在外部技术获取率中，基于科学的外部技术获取率的平均值为 0.011，基于市场的外部技术获取率的平均值为 0.021，引进购买的外部技术获取率的平均值为 0.011，相比于大企业而言，中型企业更加偏向于基于科学的外部技术获取。

表 4 - 5　　　　　　　　　　中型企业基本特征描述统计

变量	最大值	最小值	平均数	标准差	p50	p25	p75	偏度	峰度
Sub	1	0	0.464	0.5	0	0	1	0.143	1.021
Tax	1	0	0.712	0.454	1	0	1	-0.934	1.872
Mix	1	0	0.777	0.417	1	1	1	-1.332	2.776
Mix_s	1	0	0.801	0.4	1	1	1	-1.508	3.274
Mix_t	1	0	0.586	0.493	1	0	1	-0.348	1.121
RDE	27	0	0.331	1.711	0	0	0	8.497	99.687
RDR	1	0	0.061	0.233	0	0	0	3.695	14.812
EGP	11.83	4.812	9.384	0.862	9.389	8.963	9.913	-0.859	6.907
$EGPP$	0.511	0.001	0.053	0.048	0.042	0.028	0.062	5.022	40.409
SC	9.389	0	1.946	2.799	0	0	4.732	0.89	2.079
MA	11.408	0	2.494	3.085	0	0	5.525	0.591	1.671
IN	10.17	0	0.742	2.194	0	0	0	2.805	9.368
SCR	0.188	0	0.011	0.028	0	0	0.008	3.404	15.735
MAR	0.428	0	0.021	0.047	0	0	0.018	3.735	22.205
INR	0.5	0	0.011	0.051	0	0	0	6.151	45.282

　　表 4 - 6 为小型企业的描述性统计分析。根据结果可知，在小型企业样本中，只接受直接资助的平均数为 0.386，只接受税收优惠的平均数为 0.59，享受政策组合的平均数为 0.578，说明小型企业在接受政府 R&D 资助方面要低于大型企业和中型企业。在结果变量的描述性统计分析中，关于企业研发投入行为中，研发支出的平均数为 8.263，研发投入强度的平均数为 0.079，说明小型企业整体研发资金投入要低于大型企业和中型企业，但是研发投入强度则高于大中型企业，即小企业更加倾向于研发。在风险承担行为中，企业承担共性技术项目的平均数为 0.416，共性技术偏好度的平均数为 0.104，与大型和中型企业相比，承担共性技术项目以及共性技术项目偏好度均较高。在外部技术获取行为中，基于科学的合作经费支出的平均值为 0.968，基于市场的合作经费支出的平均值为 1.53，引进购买经费支出的平均值为 0.301，与大中企业相比，总体外部技术获取支出费用平均数较低。在外部技术获取率中，基于科学的外部技术获取率的平均值为 0.009，基于市场的外部技术获取率的平均值为 0.022，引进

购买的外部技术获取率的平均值为 0.005，相较于大中型企业而言，小型企业更加偏向基于市场的合作研发。

表 4 - 6　　　　　　　　　小型企业基本特征描述统计

变量	最大值	最小值	平均数	标准差	p50	p25	p75	偏度	峰度
Sub	1	0	0.386	0.487	0	0	1	0.468	1.219
Tax	1	0	0.59	0.492	1	0	1	-0.367	1.135
Mix	1	0	0.578	0.494	1	0	1	-0.314	1.099
Mix_s	1	0	0.685	0.465	1	0	1	-0.797	1.635
Mix_t	1	0	0.487	0.5	0	0	1	0.052	1.003
RDE	21	0	0.416	1.542	0	0	0	5.323	40.302
RDR	1	0	0.104	0.301	0	0	0	2.594	7.792
EGP	11.307	3.526	8.263	0.931	8.272	7.75	8.86	-0.448	4.566
$EGPP$	0.729	0	0.079	0.072	0.062	0.04	0.096	4.078	28.722
SC	7.755	0	0.968	2.145	0	0	0	1.866	4.729
MA	8.145	0	1.53	2.561	0	0	3.932	1.182	2.619
IN	9.798	0	0.301	1.343	0	0	0	4.566	23.334
SCR	0.212	0	0.009	0.028	0	0	0	3.844	19.351
MAR	0.468	0	0.022	0.055	0	0	0.01	3.749	19.668
INR	0.458	0	0.005	0.035	0	0	0	9.204	97.997

表 4 - 7 为电子信息行业中企业的描述性统计分析。根据结果可知，在电子信息行业的企业样本中，只接受直接资助的平均数为 0.343，只接受税收优惠的平均数为 0.594，享受政策组合的平均数为 0.578，说明电子信息行业样本中，接受税收优惠的资助方式要高于直接资助和政策组合。在结果变量的描述性统计分析中，关于企业研发投入行为中，研发支出的平均数为 8.773，研发投入强度的平均数为 0.074，相比总体样本而言，研发费用支出低于总体样本，但是研发投入强度高于总体样本。在风险承担行为中，企业承担共性技术项目的平均数为 0.493，共性技术偏好度的平均数为 0.11，与总样本相比，无论是共性技术项目承担数量还是共性技术偏好度均高于总体样本。在外部技术获取行为中，基于科学的合作经费支出的平均值为 0.905，基于市场的合作经费支出的平均值为 1.57，

引进购买经费支出的平均值为 0.431，说明在电子信息行业中，基于市场的合作经费高于基于科学的合作经费支出和引进购买经费支出，与总体样本相比，企业外部技术获取经费支出均低于总样本。在外部技术获取率中，基于科学的外部技术获取率的平均值为 0.009，基于市场的外部技术获取率的平均值为 0.023，引进购买的外部技术获取率的平均值为 0.007，说明电子信息行业中的企业更加偏向于基于市场的合作研发。

表 4 - 7　　　　　　　　　电子信息企业基本特征描述统计

变量	最大值	最小值	平均数	标准差	p50	p25	p75	偏度	峰度
Sub	1	0	0.343	0.477	0	0	1	0.659	1.435
Tax	1	0	0.594	0.493	1	0	1	-0.382	1.146
Mix	1	0	0.578	0.496	1	0	1	-0.316	1.1
Mix_s	1	0	0.724	0.449	1	0	1	-1	2
Mix_t	1	0	0.484	0.501	0	0	1	0.065	1.004
RDE	31	0	0.493	1.959	0	0	0	7.688	93.361
RDR	1	0	0.11	0.309	0	0	0	2.485	7.243
EGP	12.322	3.526	8.773	1.148	8.796	7.994	9.669	-0.359	4.53
EGPP	0.686	0	0.074	0.072	0.054	0.033	0.091	4.072	28.017
SC	8.497	0	0.905	2.232	0	0	0	2.192	6.159
MA	10.309	0	1.57	2.812	0	0	2.565	1.376	3.235
IN	9.798	0	0.431	1.737	0	0	0	4.093	18.944
SCR	0.188	0	0.009	0.029	0	0	0	3.866	18.111
MAR	0.421	0	0.023	0.062	0	0	0.001	3.677	18.577
INR	0.458	0	0.007	0.044	0	0	0	8.238	77.792

表 4 - 8 为生物医药行业中企业的描述性统计分析。根据结果可知，在生物医药行业的企业样本中，只接受直接资助的平均数为 0.42，只接受税收优惠的平均数为 0.624，享受政策组合的平均数为 0.727，说明生物医药行业样本中，政策组合的应用高于单一政策应用。在结果变量的描述性统计分析中，关于企业研发投入行为中，研发支出的平均数为 8.858，研发投入强度的平均数为 0.057，相比总体样本而言，研发费用支出和研发投入强度均低于总体样本。在风险承担行为中，企业承担共性技术项目

的平均数为 0.493，共性技术偏好度的平均数为 0.11，与总样本相比，无论是共性技术项目承担数量还是共性技术偏好度均高于总体样本。在外部技术获取行为中，基于科学的合作经费支出的平均值为 1.77，基于市场的合作经费支出的平均值为 2.474，引进购买经费支出的平均值为 0.686，说明在生物医药行业中，与总体样本相比，企业外部技术支出费用均较高，尤其是基于科学的合作经费支出。在外部技术获取率中，基于科学的外部技术获取率的平均值为 0.017，基于市场的外部技术获取率的平均值为 0.03，引进购买的外部技术获取率的平均值为 0.01，说明生物医药行业中企业也主要选择基于与市场企业合作研发的方式。

表 4 - 8　　　　　　　生物医药企业基本特征描述统计

变量	最大值	最小值	平均数	标准差	p50	p25	p75	偏度	峰度
Sub	1	0	0.42	0.497	0	0	1	0.325	1.106
Tax	1	0	0.624	0.486	1	0	1	-0.512	1.262
Mix	1	0	0.727	0.447	1	0	1	-1.018	2.036
Mix_s	1	0	0.786	0.411	1	1	1	-1.396	2.948
Mix_t	1	0	0.616	0.488	1	0	1	-0.476	1.227
RDE	11.83	5.707	8.858	1.128	8.927	8.095	9.515	0.015	2.993
RDR	0.714	0.003	0.057	0.061	0.045	0.029	0.067	6.321	58.943
EGP	8	0	0.335	1.315	0	0	0	4.164	19.743
EGPP	1	0	0.064	0.241	0	0	0	3.588	13.988
SC	8.564	0	1.77	2.775	0	0	4.796	1.035	2.291
MA	11.408	0	2.474	3.074	0	0	5.687	0.598	1.706
IN	9.403	0	0.686	2.102	0	0	0	2.996	10.561
SCR	0.212	0	0.017	0.038	0	0	0.011	2.891	11.474
MAR	0.398	0	0.03	0.057	0	0	0.042	2.697	11.973
INR	0.333	0	0.01	0.045	0	0	0	5.163	30.498

表 4-9 为新材料行业中企业的描述性统计分析。根据结果可知，在新材料行业的企业样本中，只接受直接资助的平均数为 0.426，只接受税收优惠的平均数为 0.668，享受政策组合的平均数为 0.694，说明在新材料行业中，企业主要采用税收优惠以及政策组合的方式。在结果变量的描

述性统计分析中，关于企业研发投入行为中，研发支出的平均数为 8.994，研发投入强度的平均数为 0.062，相比总样本而言，研发费用支出与研发投入强度基于与总样本持平。在风险承担行为中，企业承担共性技术项目的平均数为 0.108，共性技术偏好度的平均数为 0.023，与总样本相比，无论是共性技术项目承担数量还是共性技术偏好度均远远低于总样本。说明在新材料行业的企业较少承担共性技术项目，而是更加关注产品技术项目。在外部技术获取行为中，基于科学的合作经费支出的平均值为 1.462，基于市场的合作经费支出的平均值为 1.905，引进购买经费支出的平均值为 0.54，与总体样本相比，企业各项外部技术获取经费支出基本与总体样本持平。在外部技术获取率中，基于科学的外部技术获取率的平均值为 0.008，基于市场的外部技术获取率的平均值为 0.015，引进购买的外部技术获取率的平均值为 0.007，说明电子信息行业中的企业更加偏向于基于市场的合作研发。

表 4－9　　　　　　　　　新材料企业基本特征描述统计

变量	最大值	最小值	平均数	标准差	p50	p25	p75	偏度	峰度
Sub	1	0	0.426	0.496	0	0	1	0.301	1.091
Tax	1	0	0.668	0.472	1	0	1	-0.714	1.509
Mix	1	0	0.694	0.462	1	0	1	-0.844	1.712
Mix_s	1	0	0.754	0.432	1	1	1	-1.18	2.393
Mix_t	1	0	0.53	0.5	1	0	1	-0.121	1.015
RDE	12.9	4.796	8.994	1.255	9.045	8.182	9.838	-0.219	3.562
RDR	0.478	0.005	0.062	0.05	0.052	0.031	0.078	3.175	20.561
EGP	10	0	0.108	0.779	0	0	0	8.744	88.216
EGPP	1	0	0.023	0.148	0	0	0	6.322	41.252
SC	8.412	0	1.462	2.508	0	0	3.932	1.254	2.834
MA	9.625	0	1.905	2.765	0	0	4.7	0.903	2.121
IN	9.693	0	0.54	1.842	0	0	0	3.322	12.72
SCR	0.175	0	0.008	0.021	0	0	0.002	4.091	22.717
MAR	0.337	0	0.015	0.04	0	0	0.01	4.058	22.568
INR	0.375	0	0.007	0.038	0	0	0	7.307	60.771

表 4 - 10 为光机电一体化行业中企业的描述性统计分析。根据结果可知，在光机电一体化行业的企业样本中，只接受直接资助的平均数为 0.429，只接受税收优惠的平均数为 0.652，享受政策组合的平均数为 0.678，说明光机电一体化行业样本中，企业更加倾向于税收优惠和政策组合。在结果变量的描述性统计分析中，关于企业研发投入行为中，研发支出的平均数为 8.858，研发投入强度的平均数为 0.07，相比总体样本而言，研发费用支出低于总体样本，但是研发投入强度高于总体样本。在风险承担行为中，企业承担共性技术项目的平均数为 0.147，共性技术偏好度的平均数为 0.044，与总样本相比，无论是共性技术项目承担数量还是共性技术偏好度均远远低于总体样本。说明光机电一体化行业中，企业承担共性技术项目较少。在外部技术获取行为中，基于科学的合作经费支出的平均值为 1.487，基于市场的合作经费支出的平均值为 2.021，引进购买经费支出的平均值为 0.469，与总体样本相比，企业外部技术获取经费支出与总样本基本持平。在外部技术获取率中，基于科学的外部技术获取率的平均值为 0.009，基于市场的外部技术获取率的平均值为 0.021，引进购买的外部技术获取率的平均值为 0.007，说明光机电一体化行业中的企业更加偏向于基于市场的合作研发。

表 4 - 10　　　　　　　　光机电一体化企业基本特征描述统计

变量	最大值	最小值	平均数	标准差	p50	p25	p75	偏度	峰度
Sub	1	0	0.429	0.496	0	0	1	0.289	1.083
Tax	1	0	0.652	0.477	1	0	1	-0.637	1.406
Mix	1	0	0.678	0.468	1	0	1	-0.76	1.578
Mix_s	1	0	0.737	0.441	1	0	1	-1.077	2.16
Mix_t	1	0	0.529	0.5	1	0	1	-0.116	1.014
RDE	13.209	4.852	8.858	1.128	8.833	8.102	9.529	0.138	3.943
RDR	0.729	0.004	0.07	0.068	0.051	0.035	0.083	4.201	29.762
EGP	8	0	0.147	0.801	0	0	0	6.764	53.528
EGPP	1	0	0.044	0.202	0	0	0	4.473	21.169
SC	9.389	0	1.487	2.586	0	0	3.689	1.294	2.955
MA	11.797	0	2.021	2.95	0	0	5.017	0.948	2.311
IN	11.797	0	0.469	1.796	0	0	0	3.893	17.548

续表

变量	最大值	最小值	平均数	标准差	p50	p25	p75	偏度	峰度
SCR	0.182	0	0.009	0.024	0	0	0.002	3.502	16.915
MAR	0.468	0	0.021	0.052	0	0	0.015	4.149	24.547
INR	0.5	0	0.007	0.043	0	0	0	7.813	71.312

　　表 4 - 11 为新能源行业中企业的描述性统计分析。由于新能源行业的企业样本较少，根据结果可知，在新能源行业的企业样本中，主要为接受政府直接资助，其平均数为 0.75，在结果变量的描述性统计分析中，关于企业研发投入行为中，研发支出的平均数为 9.026，研发投入强度的平均数为 0.084，相比总体样本而言，企业研发支出和研发投入强度均远高于总体样本。在风险承担行为中，企业承担共性技术项目的平均数为 2.333，共性技术偏好度的平均数为 0.667，与总样本相比，无论是共性技术项目承担数量还是共性技术偏好度均远远高于总体样本。说明新能源行业中，企业承担共性技术项目偏好较强。在外部技术获取行为中，基于科学的合作经费支出的平均值为 5.127，基于市场的合作经费支出的平均值为 5.127，引进购买经费支出的平均值为 3.764，与总体样本相比，企业外部技术获取经费支出远远高于总样本的外部技术获取经费支出。在外部技术获取率中，基于科学的外部技术获取率的平均值为 0.064，基于市场的外部技术获取率的平均值为 0.064，引进购买的外部技术获取率的平均值为 0.056，其中基于科学的外部技术获取与基于市场的外部技术获取率持平，与总样本也存在较大的差异性，说明新能源行业中企业创新实力更强，其中研发投入更高、承担共性技术项目更多以及基于科学的合作经费支出更高。

表 4 - 11　　　　　　新能源企业基本特征描述统计

变量	最大值	最小值	平均数	标准差	p50	p25	p75	偏度	峰度
Sub	1	0	0.75	0.5	1	0.5	1	-1.155	2.333
Tax	0	0	0	—	0	0	0	—	—
Mix	0	0	0	—	0	0	0	—	—
Mix_s	0	0	0	0	0	0	0	—	—

续表

变量	最大值	最小值	平均数	标准差	p50	p25	p75	偏度	峰度
Mix_t	—	—	—	—	—	—	—	—	—
RDE	9.35	8.276	9.026	0.504	9.24	8.743	9.309	−1.11	2.3
RDR	0.103	0.044	0.084	0.027	0.094	0.069	0.099	−1.075	2.28
EGP	4	0	2.333	2.082	3	0	4	−0.528	1.5
EGPP	1	0	0.667	0.577	1	0	1	−0.707	1.5
SC	7.601	0	5.127	3.585	6.452	2.652	7.601	−0.872	2.06
MA	7.601	0	5.127	3.585	6.452	2.652	7.601	−0.872	2.06
IN	7.741	0	3.764	4.349	3.657	0	7.527	0.005	1.006
SCR	0.124	0	0.064	0.063	0.066	0.01	0.118	−0.028	1.083
MAR	0.124	0	0.064	0.063	0.066	0.01	0.118	−0.028	1.083
INR	0.129	0	0.056	0.066	0.047	0	0.111	0.146	1.192

4.4 本章小结

本章基于前面提出的概念模型中的相关假设进行研究设计，首先，全面梳理了文章的研究问题、每一研究问题下的相关变量以及所采用的实证方法。其次，介绍了主要变量的测度方式，包含政府 R&D 资助不同方式、企业研发投入行为、企业 R&D 活动研发风险行为、企业外部技术获取行为、企业规模和行业属性等。最后，介绍本书的数据来源，并针对数据处理以及数据整体的描述性统计进行分析。本章的主要目的是为后续的实证检验做充足的准备。

第 5 章

政府 R&D 资助不同方式对企业研发投入行为的影响

5.1 研究设计

5.1.1 变量测量

本章主要探究政府 R&D 资助对企业研发投入行为的影响。首先,基于倾向得分匹配的方法探究政府 R&D 资助不同方式对企业研发投入行为的平均影响效应。其次,进一步基于动态视角探究政府 R&D 资助对企业研发投入行为的激励效应是否存在持续性。最后,分析企业规模和行业属性的调节效应。

根据倾向得分匹配方法的步骤可知需要三种样本变量:结果变量、处理变量和协变量。其中结果变量为因变量,处理变量为自变量。协变量用来计算倾向得分,为处理组匹配控制组。在本章的分析中,其中结果变量为企业私人研发投入支出(RDE)和研发投入强度(RDR)。处理变量为虚拟变量,按照企业享受不同资助情况,分为五组分析。以上变量定义在第四章中均有详细的分析,在此不再赘述。协变量:代表企业特征的变量。在本章的研究中,分别采用企业规模、企业研发人员数量、企业出口规模、是否在产业园区、资产负债率以及企业资质作为协变量。其中具体为:

企业规模(ES):采用统计指标中员工数量进行测度。企业规模能够影响企业的研发水平,例如大型企业由于其资金充足,政府进行研发资助也会倾向于选择规模大的企业，对于中小型的企业来说，企业融资困难，研发能力较弱，较难受到政府的研发资助，因此企业规模为重要的控制变量。

企业研发人员数量（RDP）：采用统计指标中的研发人员数量进行测度，研发人员数量代表了企业的创新能力，企业的创新能力与企业能否获得资助具有重要联系。

出口规模（EXP）：采用统计指标中的出口额测度。出口和企业创新的关系近年来得到学者的广泛关注，大部分的研究均支持出口与企业创新能力之间存在较强的正向联系，出口收入越高的企业，国际竞争力越强，也是政府 R&D 资助的目标之一。

资产负债率（ED）：通过统计指标中总负债与总资产之比进行测度。评价企业负债水平的指标，影响企业融资。

是否在产业园区（EP）：虚拟变量。科技园会具有较强的信息优势，同时科技园层面提供的服务指导有利于企业获得政府资助。

企业资质（TC、EC）：采用统计指标中企业技术中心和工程中心的数量进行测度。由于政府与企业之间存在信息不对称的现象，政府对企业选择资助一定会考察企业的资质情况，政府会更加倾向于选择具有较强的研发实力以及良好的发展前景的企业，因而企业资质会对政府选择造成一定的影响，所以模型中有必要加入企业资质作为控制变量。

5.1.2　模型设定

模型采用倾向得分匹配的方法检验政府 R&D 资助对企业研发投入行为的影响。本书采用最近邻匹配 1∶1 验证政府 R&D 资助对企业研发投入行为的平均影响效应，并采用半径匹配、核匹配以及 Heckman 两阶段模型进行稳健性检验。

罗斯鲍和鲁宾（Rosebaum and Rubin，1985）提出倾向得分匹配方法（propensity score matching）其核心思想在于为了使某项政策评估结果更加合理，希望找到与处理组尽可能相似的控制组，最大限度地降低样本选择偏差。随后安格里斯特（Angrist，1998）、德佳和瓦赫巴（Dehejia and Wahba，1998）以及莱希纳（Lechner，2000）等对此方法进行了拓展和应用。因此本书选择倾向得分匹配方式控制这种偏差，运用匹配的方式可以探究到反事实即接受政府资助的企业在不接受政府资助的情况下呈现的特征。这种反事实是不可观测的。通过倾向得分匹配的方式可以将接受资助的企业与其重要特征相似的没有接受资助的企业进行匹配，从而观测匹配企业的特征并通过最近邻匹配方式得出相应的控制组与实验组。

书中具体进行倾向得分匹配将企业分为两组，一组为享受政府资助的企业，另一组为没有享受政府资助的企业。根据研究目的，在书中需要对两组企业进行对比，分别是只享受政府直接资助的企业与不享受任何资助的企业、只享受税收优惠政策的企业与不享受任何资助的企业，所以要进行两次倾向得分匹配进行最后的结果比对。

以第一组为例介绍书中倾向得分匹配具体流程，即只获得政府直接资助的企业与不享受任何资助的企业进行对比，被解释变量为企业私人研发投入。

估算企业能否享受政府直接资助，其决定方程为：

$$PS(z) = Pr\{Sub = 1 \,|\, z[\,= E\,]\,Sub\,|\,z\}$$

其中，z 表示影响企业能否获得直接资助的因素；Sub 表示企业是否获得政府直接资助；PS 表示企业获得直接资助的概率，即倾向得分。进一步计算得出获得直接资助对企业私人研发投入的平均影响（ATT）。

$$\begin{aligned}
ATT &= E\big[\,RDE_{1i} - RDE_{0i} \,|\, Sub_i = 1\,\big] \\
&= E\big\{\,E\big[\,RDE_{1i} - RDE_{0i}\,\big] \,|\, Sub_i = 1,\ PS(z_i)\,\big\} \\
&= E\big\{\,E\big[\,RDE_{1i} \,|\, Sub_i = 1,\ PS(z_i)\,\big]\,\big\} \\
&\quad - E\big\{\,E\big[\,RDE_{0i} \,|\, Sub_i = 0,\ PS(z_i) \,|\, Sub_i = 1\,\big]\,\big\}
\end{aligned}$$

其中，RDE_{1i}，RDE_{0i} 分别为只享受政府直接资助与不享受任何资助的企业私人研发投入规模，由于 $PS(z)$ 为连续变量很难进行精确的匹配，因而我们需要采用其他匹配的方式，通常我们采用最邻近匹配法，其匹配原则为：

$$c(i) = \min \| PS_i(z) - PS_j(z) \|$$

其中，i 代表享受政府直接资助企业；下标 j 代表不享受任何资助的企业；$c(i)$ 代表与企业 i 成功匹配的 j 的集合，即倾向得分与企业 i 最为近似的企业或者企业集。

匹配完成后可以得到 ATT 的计算公式：

$$ATT = 1/N^T \sum_{i \in T} RDE^T - 1/N^T \sum_{j \in c} w_j RDE^c$$

其中，T 代表只享受直接资助的企业组（参与组）；c 代表未享受任何资助的企业（控制组），本书将与企业 i 匹配成功，但没有享受任何资助

的企业数量表示为 N_i^c，权重为 $w_j = \sum i w_{ij}$，其中 $w_{ij} = 1/N_i^c$。

半径匹配的原则为：

$$c(i) = \{ \| PS_i(z) - PS_j(z) \| \leqslant r \}$$

其中，$c(i)$ 表示成功匹配的企业集合，其倾向得分与企业 i 的得分不大于搜索半径的所有企业，r 表示预定的搜索半径。

核匹配方法采用非参数估计方法，与上述两种规则不同，用来与企业 i 对比的企业不是真实存在的，而是根据某些因素所构建的虚拟企业。即为了对处理组中的企业 i 进行匹配，需要将其 PS 值附近的未享受资助政策的企业进行加权，权重与企业 i 和控制组中企业 j 的 PS 值之差相关。核匹配方法对应的 ATT 估算公式为：

$$ATT^K = 1/N^T \sum_{i \in T} \left\{ \ln y_i^T - \frac{\sum_{j \in C} \ln y_j^C G[(PS_j - PS_i)/h_n]}{\sum_{k \in C} G[(PS_k - PS_i)/h_n]} \right\}$$

其中，y 表示反事实的创新产出；h_n 表示宽带参数，其目的是决定进入匹配范围的企业 j 的数量；$G(\cdot)$ 表示高斯函数，决定的是各匹配企业创新 $\ln y_i^C$ 的权重。

加入时间变量探究政府 R&D 资助的激励效应是否存在持续性，本书采用两种方式探究政府 R&D 资助的持续性诱导效应。其一，在倾向得分匹配的基础上加入时间变量，考察政府 R&D 资助实施当年到滞后三年对企业研发投入行为的影响。其二，由于相隔几年，当年企业匹配的特征可能发生改变，因此采用多元回归的方式加入可能影响的变量加以控制，进一步检验政府 R&D 资助对企业研发投入的动态影响。以下主要介绍动态情境下的回归模型。

动态情境下的回归模型。根据前面的理论假设，将企业私人研发投入（RDE）以及研发投入强度 RDR 作为被解释变量，将企业享受的不同资助方式（subsidy）作为解释变量。同时加入企业规模、企业研发人员数量、出口规模、资产负债率、是否在产业园区、企业资质等作为控制变量（X），构建模型，i 表示企业样本，变量 ε 代表企业差异的随机误差项探究持续性的诱导效应，需要引入时间变量 t，构建政府 R&D 资助对企业研发投入行为的回归模型。

$$RDE_{it} = \alpha_1 + \beta_1 subsidy_{it} + \beta_2 X_{it} + \varepsilon_{it} \tag{5-1}$$

$$RDE_{it} = \alpha_2 + \sum_1^3 \beta_3 subsidy\_year_{it} + \beta_4 X_{it} + \varepsilon_{it} \tag{5-2}$$

其中，模型（5-1）用来检验政府 R&D 资助的整理激励效应，模型（5-2）用来检验政府 R&D 资助的动态激励效应。我们将模型（5-2）中的 subsidy 哑变量分解成一组实施之后的年份哑变量，分别刻画政府 R&D 资助实施之后第一年到第三年对企业研发投入行为的影响。

5.2　数据处理与相关检验

5.2.1　样本描述性统计

表 5-1 和表 5-2 为样本的描述性统计分析，其中采用双尾 t 检验的方式考察接受政府 R&D 资助与未接受政府 R&D 资助的差异性。表 5-1 为直接资助、税收优惠以及政策组合子样本中，接受政府 R&D 资助与不接受资助的描述性统计分析。可以看到在只接受直接资助与不接受任何资助的企业组成的子样本中，企业规模、研发人员、研发中心、技术中心以及企业私人研发支出、企业研发投入强度之间均存在显著的差异性，而企业出口规模、资产负债率以及是否位于产业园区内三个变量不存在显著的差异性。在税收优惠和不接受任何资助的企业组成的子样本中，除了企业出口规模与企业研发投入强度不存在显著的差异外，其他变量之间均存在显著的差异性。在政策组合与不接受任何资助政策的企业组成的样本中，企业出口规模、是否位于园区、研发投入强度不存在显著的差异性，而其他的变量之间均存在显著的差异性。综上所述，出口规模在接受政府 R&D 资助的企业中和未接受资助的企业中均不存在显著的差异性。另外可以发现，企业私人研发支出在存在资助和不存在资助的情况下具有显著的差异性，而研发投入强度的差异性较弱。

表 5-1　　　　　　　　不同资助方式样本描述性统计分析

变量名称	直接资助 vs 没有资助		间接资助 vs 没有资助		政策组合 vs 没有资助	
	平均数	标准差	平均数	标准差	平均数	标准差
ES	5.348***	1.064	5.465***	1.033	5.650***	1.054
EXP	1.322	1.091	1.314	1.113	1.344	1.108

续表

变量名称	直接资助 vs 没有资助		间接资助 vs 没有资助		政策组合 vs 没有资助	
	平均数	标准差	平均数	标准差	平均数	标准差
ED	0.561	0.252	0.521 ***	0.239	0.501 ***	0.230
RDP	3.115 ***	1.454	3.328 ***	1.405	3.622 ***	1.383
EC	0.203 ***	0.403	0.163 **	0.370	0.339 ***	0.494
TC	0.177 ***	0.386	0.159 ***	0.371	0.324 ***	0.489
EP	0.185	0.389	0.133 ***	0.340	0.175	0.380
因变量						
RDE	8.409 ***	1.212	8.569 ***	1.176	8.899 ***	1.246
RDR	0.075 *	0.123	0.063	0.101	0.066	0.091

注：* 表示 $p < 0.1$，** 表示 $p < 0.05$，*** 表示 $p < 0.01$，下同。

表 5 - 2 探究政策组合与单一政策相比变量之间的差异性。结果表明，控制变量层面，出口规模依然不存在显著的差异性。是否位于科技园这一变量在政策组合与直接资助的对比中不存在显著的差异性，而在政策组合与税收优惠的对比中存在显著的差异性。在因变量层面，企业私人研发支出均存在显著的差异，企业研发投入强度在政策组合与税收优惠的对比中不存在显著的差异性，说明直接资助可能是影响企业研发投入强度的关键因素。

表 5 - 2　　　　　政策组合与单一政策对比样本描述性统计分析

变量名称	政策组合 vs 直接资助		政策组合 vs 税收优惠	
	平均数	标准差	平均数	标准差
ES	5.750 ***	1.012	5.722 ***	0.997
EXP	1.330	1.102	1.322	1.115
ED	0.486 ***	0.215	0.478 **	0.212
RDP	3.789 ***	1.294	3.755 ***	1.283
EC	0.410 ***	0.514	0.323 ***	0.485
TC	0.383 ***	0.507	0.313 ***	0.481

变量名称	政策组合 vs 直接资助		政策组合 vs 税收优惠	
	平均数	标准差	平均数	标准差
EP	0.176	0.381	0.141 ***	0.348
因变量				
RDE	9.181 ***	1.082	9.082 ***	1.090
RDR	0.070 ***	0.069	0.063	0.064

5.2.2 变量及模型检验

为了提高模型的有效性，对数据进行了如下处理：（1）对主要的连续变量取对数降低异方差的影响。（2）对主要的连续变量在 1% 水平上进行缩尾，减少异常值干扰。（3）为避免变量之间的多重共线性，进行了方差膨胀因子检验，检验结果如表 5 - 3 所示。可以看到其中变量的平均 VIF 为 1.47，小于 5，可以判定变量之间不存在严重的多重共线性，对因变量不造成显著的影响。

表 5 - 3   方差膨胀因子检验

变量	VIF	1/VIF
ES	2.150	0.464
RDP	1.770	0.567
TC	1.630	0.613
EC	1.490	0.670
EXP	1.190	0.837
ED	1.030	0.967
EP	1.010	0.990
Mean VIF	1.470	

表 5 - 4 为变量之间的相关性分析。因为分为五个子样本，分别列出

太占篇幅，因此主要以直接资助为例进行分析，通过分析结果可知，直接
资助与研发支出和研发投入强度之间存在正相关的关系。企业规模与研发
支出呈现正相关的关系，而与研发投入强度存在负相关的关系。在其他子
样本中也分别做了相关性检验，在税收优惠的子样本中，税收优惠以及政
策组合与企业研发支出存在正相关的关系但是与研发投入强度存在负相关
的关系，这一部分限于文章篇幅未列出。

表 5 - 4 　　　　　　　　　　　相关性检验

变量	1	2	3	4	5	6	7	8	9	10
RDE	1.000									
RDR	0.151	1.000								
Sub	0.314	0.117	1.000							
ES	0.699	-0.170	0.105	1.000						
EXP	0.256	-0.064	-0.024	0.405	1.000					
ED	0.081	0.017	-0.060	0.125	0.043	1.000				
RDP	0.517	-0.094	0.128	0.612	0.238	0.048	1.000			
EC	0.426	-0.022	0.232	0.346	0.068	-0.033	0.249	1.000		
TC	0.439	-0.075	0.186	0.449	0.186	-0.061	0.382	0.465	1.000	
ER	-0.076	-0.011	0.013	-0.102	-0.112	-0.089	-0.116	-0.052	-0.011	1.000

　　面板数据模型的平稳性检验。由于面板数据反应时间和截面，因而也
可能存在单位根，需要在进行回归前进行面板的平稳性检验。本书的数据
属于大 N 小 T 的短而宽的面板。本书将采用 ADF - Fisher、ht 两种方式进
行面板的平稳性检验，如果各种方式检验均拒绝存在单位根的原假设，则
认为序列是平稳的，可以避免伪回归的情况。表 5 - 5 为检验结果，经过
对各个指标的检验，除了 EC 以外其余指标均拒绝原假设，即不存在单位
根，其中 EC 进行 ADF - Fisher 检验发现大于 0.1 无法拒绝原假设，进而
对其进行 IPS、LLC 检验均发现不存在单位根，因而认为指标序列是平
稳的。

表 5 - 5	平稳性检验	
变量	ADF – Fisher	ht
RDR	2027. 067	– 0. 128
	0. 000	0. 000
RDE	1899. 868	– 0. 024
	0. 000	0. 000
ES	1751. 801	– 0. 054
	0. 000	0. 000
EXP	1966. 605	– 0. 076
	0. 000	0. 000
ED	1877. 480	– 0. 006
	0. 000	0. 000
RDP	2171. 372	– 0. 175
	0. 000	0. 000
EC	870. 064	– 0. 169
	0. 998	0. 000
TC	2887. 805	– 0. 084
	0. 000	0. 000

5.3　政府 R&D 资助对企业研发投入行为的实证分析

5.3.1　静态视角下全样本实证分析

前面已经对数据变量进行到了检验，以下倾向得分匹配模型的步骤分析计算结果。根据企业享受资助方式的不同，本书将全样本分为五个子样本。分别对每一子样本进行倾向得分匹配分析，分析结果如下。

1. 直接资助与无任何资助子样本

基于模型设计部分介绍的方法，首先基于直接资助决策方程，计算每一个企业享受直接资助的倾向性得分（propensity score），并根据该得分对参与企业和未参与企业进行匹配，匹配方式采用文献中最为常用的最近邻匹配方法。表5-6为影响直接资助的Probit回归结果。可知企业资质对企业获得直接资助具有显著的影响，而其他的变量均不存在显著的影响。

表5-6　　　　　　　　直接资助的Probit回归分析

变量	(1)
	Sub
ES	-0.00907
	(0.0713)
EXP	-0.0764
	(0.0528)
ED	-0.251
	(0.213)
RDP	0.0686
	(0.0465)
EC	0.567***
	(0.148)
TC	0.288*
	(0.163)
EP	0.0653
	(0.135)
Constant	-0.332
	(0.313)
Observations	610

进行倾向得分匹配的第二步为共同支撑检验。即证明匹配结果的有效性，在匹配之后，测试组与控制组在企业特征方面不存在显著的差异性。表5-7为共同支撑假设检验结果，根据结果看匹配后各控制变量均不存在显著的差异性，即证明匹配效果良好。

表 5 - 7　　　　　　　　直接资助的共同支撑假设检验

变量	类别	均值		偏差占比（%）	偏差减少比例（%）	t-test		V(T)/V(C)
		处理组	控制组			t	p > |t|	
ES	匹配前	5.482	5.255	21.500		2.610	0.009	0.920
	匹配后	5.482	5.546	-6.000	72.000	-0.670	0.504	0.890
EXP	匹配前	1.290	1.344	-4.900		-0.600	0.549	0.950
	匹配后	1.290	1.347	-5.300	-6.200	-0.580	0.559	0.930
ED	匹配前	0.542	0.573	-12.400		-1.490	0.136	0.820
	匹配后	0.542	0.528	5.700	54.400	0.630	0.527	0.820
RDP	匹配前	3.337	2.959	26.300		3.180	0.002	0.920
	匹配后	3.337	3.363	-1.800	93.300	-0.200	0.842	0.930
EC	匹配前	0.315	0.125	46.900		5.870	0.000	1.97 *
	匹配后	0.315	0.295	4.900	89.500	0.480	0.629	1.040
TC	匹配前	0.263	0.117	37.500		4.670	0.000	1.78 *
	匹配后	0.263	0.295	-8.200	78.200	-0.800	0.427	0.930
EP	匹配前	0.191	0.181	2.600		0.320	0.751	1.040
	匹配后	0.191	0.215	-6.100	-134.900	-0.660	0.507	0.920

　　表 5 - 8 是倾向得分匹配的 ATT 分析。从企业私人研发支出层面上来看，匹配之前试验组的私人研发支出为 8.864，控制组的私人研发支出为 8.091，两者之间的差异显著。在进行匹配之后，控制组的私人研发支出为 8.447，由此可以看出若直接进行比较容易高估政策效应，在匹配之后，试验组与控制组之间的差异依然呈现显著的正相关关系，即政府直接资助对企业私人研发支出具有显著的正相关关系。从企业研发投入强度上来看，匹配之前，企业研发投入强度的 ATT 为 0.025，在 1% 水平上显著正相关，在匹配之后，企业研发投入强度的 ATT 为 0.031，在 1% 水平上显著正相关。由此可见直接资助能够显著影响企业研发投入行为。

表 5 - 8　　　　　　　　直接资助的 ATT 分析

被解释变量	类别	处理组	控制组	ATT 值	标准误差	t 值
RDE	匹配前	8.864	8.091	0.773	0.095	8.150 ***
	匹配后	8.864	8.447	0.417	0.134	3.100 ***

续表

被解释变量	类别	处理组	控制组	ATT 值	标准误差	t 值
RDR	匹配前	0.095	0.070	0.025	0.009	2.910 ***
	匹配后	0.095	0.064	0.031	0.011	2.801 ***

2. 税收优惠与没有资助子样本

以下通过倾向得分匹配方法研究税收优惠对企业研发投入行为的影响。表 5 – 9 为影响税收优惠的 Probit 回归分析，其结果可知企业规模、研发人员对企业获得税收优惠具有显著的正相关关系，出口规模、资产负债率以及是否位于产业园区与企业获得税收优惠存在显著的负相关关系。

表 5 – 9 　　　　　　　　税收优惠 **Probit** 回归分析

变量	(1) Tax
ES	0.155 *** (0.0553)
EXP	− 0.119 *** (0.0416)
ED	− 1.018 *** (0.180)
RDP	0.129 *** (0.0365)
EC	0.0486 (0.138)
TC	0.0113 (0.141)
EP	− 0.343 *** (0.122)
Constant	− 0.171 (0.250)
Observations	994

表 5 - 10 为共同支撑假设检验结果，根据结果可知，匹配后各控制变量均不存在显著的差异性，即证明匹配效果良好。

表 5 - 10　　　　　　　　　　税收优惠的共同支撑假设检验

变量	类别	均值		偏差占比（%）	偏差减少比例（%）	t-test		V(T)/ V(C)
		处理组	控制组			t	p>|t|	
ES	匹配前	5.583	5.255	31.800		4.870	0.000	0.84*
	匹配后	5.583	5.636	-5.100	84.000	-0.920	0.359	0.890
EXP	匹配前	1.297	1.344	-4.200		-0.630	0.527	1.030
	匹配后	1.297	1.297	0.000	99.600	0.000	0.998	0.980
ED	匹配前	0.491	0.573	-34.000		-5.270	0.000	0.70*
	匹配后	0.491	0.486	2.200	93.600	0.410	0.685	0.81*
RDP	匹配前	3.537	2.959	41.300		6.350	0.000	0.81*
	匹配后	3.537	3.478	4.200	89.700	0.780	0.436	0.910
EC	匹配前	0.184	0.125	16.300		2.420	0.016	1.37*
	匹配后	0.184	0.178	1.700	89.300	0.290	0.771	1.030
TC	匹配前	0.183	0.117	18.200		2.690	0.007	1.40*
	匹配后	0.183	0.191	-2.200	88.000	-0.360	0.722	0.970
EP	匹配前	0.106	0.181	-21.700		-3.390	0.001	0.64*
	匹配后	0.106	0.124	-5.400	75.000	-1.060	0.291	0.870

表 5 - 11 是采用倾向得分匹配方法的运算结果。根据结果可知，在企业私人研发支出层面，匹配之前税收优惠对企业研发支出产生的平均影响效应（ATT）为 0.749，在 1% 水平上显著正相关，匹配之后税收优惠对企业研发支出产生的平均影响效应（ATT）为 0.300，在 1% 水平上显著正相关，说明若不进行匹配，容易高估税收优惠的影响。在研发投入强度层面，税收优惠对企业研发支出产生的平均影响效应（ATT）为 -0.006，不存在显著影响，匹配之后税收优惠对企业研发支出产生的平均影响效应（ATT）为 0.001，不存在显著影响。

表 5 – 11　　　　　　　　　　税收优惠的 ATT 分析

被解释变量	类别	处理组	控制组	ATT 值	标准误差	t 值
RDE	匹配前	8.840	8.091	0.749	0.074	10.13***
	匹配后	8.840	8.540	0.300	0.106	2.840***
RDR	匹配前	0.064	0.070	−0.006	0.006	−1.050
	匹配后	0.064	0.063	0.001	0.007	0.150

3. 政策组合与没有资助

以下通过倾向得分匹配的方法探究政策组合对企业研发投入行为的影响。其中表 5 – 12 为影响政策组合的 Probit 回归分析。根据结果可知企业规模、研发人员、企业资质对企业获得政策组合具有显著的正相关关系，出口规模、资产负债率以及与企业获得政策组合存在显著的负相关关系。

表 5 – 12　　　　　　　　　政策组合 Probit 回归分析

变量	(1) Mix
ES	0.107* (0.0603)
EXP	−0.143*** (0.0428)
ED	−1.197*** (0.190)
RDP	0.222*** (0.0406)
EC	0.556*** (0.116)
TC	0.351*** (0.120)
EP	−0.0180 (0.113)

续表

变量	（1）
	Mix
Constant	−0.346 (0.262)
Observations	1106

表 5 – 13 为共同支撑假设检验结果，根据结果可知，匹配后各控制变量均不存在显著的差异性，即证明匹配效果良好。

表 5 – 13　　　　　　　　政策组合的共同支撑假设

变量	类别	均值		偏差占比（%）	偏差减少比例（%）	t-test		V(T)/V(C)
		处理组	控制组			t	p > |t|	
ES	匹配前	5.840	5.255	56.600		8.950	0.000	0.84 *
	匹配后	5.840	5.898	−5.600	90.100	−0.990	0.322	0.62 *
EXP	匹配前	1.344	1.344	0.000		0.000	1.000	1.020
	匹配后	1.344	1.244	−9.000	37.000	1.690	0.091	0.920
ED	匹配前	0.467	0.573	−45.400		−7.400	0.000	0.60 *
	匹配后	0.467	0.450	7.200	84.100	1.430	0.153	0.65 *
RDP	匹配前	3.940	2.959	72.700		11.710	0.000	0.69 *
	匹配后	3.940	3.990	−3.700	94.900	−0.760	0.446	0.880
EC	匹配前	0.442	0.125	72.000		10.450	0.000	2.51 *
	匹配后	0.442	0.336	24.100	66.600	4.090	0.000	1.24 *
TC	匹配前	0.423	0.117	70.200		10.190	0.000	2.48 *
	匹配后	0.423	0.427	−0.900	98.700	−0.150	0.880	1.060
EP	匹配前	0.171	0.181	−2.500		−0.400	0.691	0.960
	匹配后	0.171	0.165	1.800	31.000	0.350	0.730	1.030

表 5 – 14 是采用倾向得分匹配方法的运算结果。根据结果可知，在企业私人研发支出层面，匹配之前税收优惠对企业研发支出产生的平均影响

效应（ATT）为 1.197，在 1% 水平上显著正相关，匹配之后税收优惠对企业研发支出产生的平均影响效应（ATT）为 0.546，在 1% 水平上显著正相关，说明若不进行匹配，容易高估政策组合的影响。在研发投入强度层面，政策组合对企业研发支出产生的平均影响效应（ATT）为 -0.004，不存在显著影响，匹配之后政策组合对企业研发支出产生的平均影响效应（ATT）为 0.008，不存在显著影响。

表 5-14　　　　　　　　　　　政策组合的 ATT 分析

被解释变量	类别	处理组	控制组	ATT 值	标准误差	t 值
RDE	匹配前	9.287	8.091	1.197	0.072	16.73***
	匹配后	9.287	8.742	0.546	0.136	4.01***
RDR	匹配前	0.066	0.070	-0.004	0.005	-0.820
	匹配后	0.066	0.058	0.008	0.008	0.980

4. 政策组合与单一政策对比

为了减少篇幅，将匹配过程部分省略，这部分仅对结果进行展示。通过表 5-15 可知，在企业私人研发支出层面，政策组合与直接资助的对比中，匹配之前政策组合对企业研发支出产生的平均影响效应（ATT）为 0.424，在 1% 水平上显著正相关，匹配之后政策组合对企业研发支出产生的平均影响效应（ATT）为 0.028，不存在显著性关系，政策组合与税收优惠的对比中，匹配之前政策组合对企业研发支出产生的平均影响效应（ATT）为 0.448，在 1% 水平上显著正相关，匹配之后政策组合对企业研发支出产生的平均影响效应（ATT）为 0.256，在 1% 水平上显著正相关。在研发投入强度层面，政策组合与直接资助的对比中，匹配之前政策组合对企业研发投入强度产生的平均影响效应（ATT）为 -0.029，在 1% 水平上显著负相关，匹配之后政策组合对企业研发投入强度产生的平均影响效应（ATT）为 -0.023，存在 10% 水平上显著负相关，政策组合与税收优惠的对比中，匹配之前政策组合对企业研发投入强度产生的平均影响效应（ATT）为 0.002，无显著相关性，匹配之后政策组合对企业研发投入强度产生的平均影响效应（ATT）为 0.015，在 1% 水平上显著正相关。

表 5 - 15　　　　　　　政策组合相比单一政策的 ATT 分析

被解释变量	类别	处理组	控制组	ATT 值	标准误差	t 值
			Mix_s			
RDE	匹配前	9. 287	8. 864	0. 424	0. 078	5. 450 ***
	匹配后	9. 287	9. 259	0. 028	0. 110	0. 260
RDR	匹配前	0. 066	0. 095	- 0. 029	0. 007	- 4. 140 ***
	匹配后	0. 066	0. 089	- 0. 023	0. 013	- 1. 760 *
			Mix_t			
RDE	匹配前	9. 287	8. 840	0. 448	0. 058	7. 770 ***
	匹配后	9. 287	9. 031	0. 256	0. 085	3. 000 ***
RDR	匹配前	0. 066	0. 064	0. 002	0. 005	0. 410
	匹配后	0. 066	0. 051	0. 015	0. 004	3. 710 ***

通过上述分析可知，政策组合的效力并非高于单一政策。例如在政策组合与直接资助的对比中发现，匹配之后政策组合对企业研发投入强度的影响低于直接资助对企业研发投入的影响。同时享受两种政策两者之间会存在复杂的关系，并非是简单政策效力的叠加。

表 5 - 16 为政府 R&D 资助不同方式对企业研发投入行为影响的汇总表。通过上述分析总结如下：政府 R&D 资助不同方式均能促进企业私人研发支出，但未必对企业研发投入强度产生影响。政策组合效力不是单一政策效力的叠加，而是存在复杂的关系。

表 5 - 16　　　　　　　不同资助方式 ATT 总结

被解释变量	类别	处理组	控制组	ATT 值	标准误差	t 值
			Sub			
RDE	匹配前	8. 864	8. 091	0. 773	0. 095	8. 150 ***
	匹配后	8. 864	8. 447	0. 417	0. 134	3. 100 ***
RDR	匹配前	0. 095	0. 070	0. 025	0. 009	2. 910 ***
	匹配后	0. 095	0. 064	0. 031	0. 011	2. 810 ***

被解释变量	类别	处理组	控制组	ATT 值	标准误差	t 值
Tax						
RDE	匹配前	8.840	8.091	0.749	0.074	10.130***
	匹配后	8.840	8.540	0.300	0.106	2.840***
RDR	匹配前	0.064	0.070	−0.006	0.006	−1.050
	匹配后	0.064	0.063	0.001	0.007	0.150
Mix						
RDE	匹配前	9.287	8.091	1.197	0.072	16.730***
	匹配后	9.287	8.742	0.546	0.136	4.010***
RDR	匹配前	0.066	0.070	−0.004	0.005	−0.820
	匹配后	0.066	0.058	0.008	0.008	0.980
Mix_s						
RDE	匹配前	9.287	8.864	0.424	0.078	5.450***
	匹配后	9.287	9.259	0.028	0.110	0.260***
RDR	匹配前	0.066	0.095	−0.029	0.007	−4.140***
	匹配后	0.066	0.089	−0.023	0.013	−1.760*
Mix_t						
RDE	匹配前	9.287	8.840	0.448	0.058	7.770***
	匹配后	9.287	9.031	0.256	0.085	3.00***
RDR	匹配前	0.066	0.064	0.002	0.005	0.410
	匹配后	0.066	0.051	0.015	0.004	3.710***

5.3.2　静态视角下不同规模实证分析

按照第 4 章对企业规模的划分，可以将样本组分为大型企业、中型企业和小型企业三组，分别对每一样本组进行匹配分析，讨论政府 R&D 资助不同方式对不同规模企业的私人研发投入和研发投入强度的影响差异性。表 5 - 17 只展示了倾向得分匹配的结果，省略了过程部分。

表 5－17　　　　　　　　　不同规模 ATT 总结

企业规模	资助类型	被解释变量	类别	处理组	控制组	ATT 值	标准误差	t 值
大型企业	Sub	RDE	匹配前	10.868	9.539	1.329	0.274	4.86 ***
			匹配后	10.868	10.287	0.581	0.735	0.790
		RDR	匹配前	0.051	0.038	0.013	0.013	1.000
			匹配后	0.051	0.021	0.031	0.012	2.510 **
	Tax	RDE	匹配前	10.230	9.640	0.590	0.198	2.990 ***
			匹配后	10.230	9.876	0.354	0.371	0.960
		RDR	匹配前	0.039	0.045	−0.006	0.010	−0.610
			匹配后	0.039	0.045	−0.006	0.020	−0.310
	Mix	RDE	匹配前	10.693	9.640	1.053	0.208	5.070 ***
			匹配后	10.693	9.866	0.828	0.399	2.070 **
		RDR	匹配前	0.049	0.045	0.004	0.009	0.420
			匹配后	0.049	0.029	0.019	0.022	0.880
	Mix_s	RDE	匹配前	10.700	10.868	−0.168	0.214	−0.780
			匹配后	10.700	10.643	0.057	0.314	0.180
		RDR	匹配前	0.051	0.051	0.000	0.008	0.000
			匹配后	0.051	0.042	0.009	0.016	0.570
	Mix_t	RDE	匹配前	10.693	10.230	0.463	0.133	3.480 ***
			匹配后	10.693	10.171	0.523	0.221	2.360 **
		RDR	匹配前	0.049	0.039	0.010	0.006	1.750 *
			匹配后	0.049	0.036	0.013	0.004	2.840 ***
中型企业	Sub	RDE	匹配前	9.329	8.696	0.633	0.145	4.380 ***
			匹配后	9.329	8.922	0.407	0.160	2.540 **
		RDR	匹配前	0.055	0.061	−0.005	0.010	−0.530
			匹配后	0.055	0.064	−0.009	0.019	−0.490
	Tax	RDE	匹配前	9.350	8.696	0.654	0.114	5.730 ***
			匹配后	9.350	8.595	0.755	0.196	3.840 ***
		RDR	匹配前	0.050	0.061	−0.011	0.007	−1.520
			匹配后	0.050	0.075	−0.025	0.015	−1.610

企业规模	资助类型	被解释变量	类别	处理组	控制组	ATT 值	标准误差	t 值
中型企业	Mix	RDE	匹配前	9.620	8.696	0.923	0.096	9.580 ***
			匹配后	9.620	8.980	0.640	0.207	3.090 ***
		RDR	匹配前	0.059	0.061	−0.001	0.012	−0.120
			匹配后	0.059	0.046	0.013	0.018	0.720
	Mix_s	RDE	匹配前	9.620	9.329	0.290	0.091	3.180 ***
			匹配后	9.620	9.439	0.180	0.124	1.450
		RDR	匹配前	0.059	0.055	0.004	0.011	0.350
			匹配后	0.059	0.051	0.008	0.007	1.150
	Mix_t	RDE	匹配前	9.620	9.350	0.269	0.068	3.990 ***
			匹配后	9.620	9.490	0.129	0.123	1.060
		RDR	匹配前	0.059	0.050	0.009	0.007	1.330
			匹配后	0.059	0.046	0.013	0.007	1.900
小型企业	Sub	RDE	匹配前	8.381	7.747	0.634	0.100	6.310 ***
			匹配后	8.381	7.971	0.410	0.130	3.160 ***
		RDR	匹配前	0.121	0.076	0.045	0.012	3.700 ***
			匹配后	0.121	0.082	0.039	0.016	2.380 **
	Tax	RDE	匹配前	8.283	7.747	0.536	0.078	6.870 ***
			匹配后	8.283	8.008	0.275	0.117	2.340 **
		RDR	匹配前	0.078	0.076	0.002	0.008	0.190
			匹配后	0.078	0.072	0.005	0.010	0.560
	Mix	RDE	匹配前	8.565	7.747	0.818	0.077	10.610 ***
			匹配后	8.565	8.179	0.386	0.146	2.660 ***
		RDR	匹配前	0.078	0.076	0.002	0.006	0.300
			匹配后	0.078	0.066	0.012	0.010	1.160
	Mix_s	RDE	匹配前	8.565	8.381	0.184	0.079	2.350 **
			匹配后	8.565	8.618	−0.053	0.120	−0.440
		RDR	匹配前	0.078	0.121	−0.043	0.010	−4.160 ***
			匹配后	0.078	0.130	−0.051	0.021	−2.410 **

续表

企业规模	资助类型	被解释变量	类别	处理组	控制组	ATT 值	标准误差	t 值
小型企业	Mix_t	RDE	匹配前	8.565	8.283	0.282	0.063	4.500***
			匹配后	8.565	8.535	0.030	0.091	0.330
		RDR	匹配前	0.078	0.078	0.000	0.007	0.020
			匹配后	0.078	0.069	0.009	0.007	1.380

　　研究结果显示，在大企业的样本组中，基于企业私人研发支出分析，直接资助对企业私人研发支出的平均影响效应（ATT）为 0.581，无显著性影响，税收优惠对企业私人研发支出的平均影响效应（ATT）为 0.354，无显著性影响，在政策组合对企业私人研发支出的平均影响效应（ATT）为 0.828，存在 5% 正向显著性的影响。基于企业研发投入强度分析，直接资助对企业研发投入强度的平均影响效应（ATT）为 0.031，存在 5% 水平上的显著正相关，税收优惠对企业研发投入强度的平均影响效应（ATT）为 -0.006，无显著性影响，在政策组合对企业研发投入强度的平均影响效应（ATT）为 0.019，不存在显著影响。在政策组合和单一政策的对比中，政策组合与税收优惠相比，无论是从研发支出还是研发投入强度均存在显著的正相关关系。通过上述分析可知，在大企业中，政策组合有利于企业私人研发支出，直接资助有利于企业研发投入强度。

　　在中型企业的样本组中，基于企业私人研发支出分析，直接资助对企业私人研发支出的平均影响效应（ATT）为 0.407，存在 5% 水平上的显著正相关，税收优惠对企业私人研发支出的平均影响效应（ATT）为 0.756，存在 1% 水平上的显著正相关，在政策组合对企业私人研发支出的平均影响效应（ATT）为 0.640，存在 1% 正向显著性的影响。基于企业研发投入强度分析，直接资助对企业研发投入强度的平均影响效应（ATT）为 -0.009，无显著相关性，税收优惠对企业研发投入强度的平均影响效应（ATT）为 -0.025，无显著性影响，在政策组合对企业研发投入强度的平均影响效应（ATT）为 0.013，不存在显著影响。在政策组合和单一政策的对比中，无论是从研发支出还是研发投入强度均都不存在显著的差异性。通过上述分析，在中型企业中，政府 R&D 资助不同方式均有利于企业私人研发支出，但是对企业研发投入强度影响不敏感。

　　在小型企业的样本组中，基于企业私人研发支出分析，直接资助对企业私人研发支出的平均影响效应（ATT）为 0.130，存在 1% 水平上的显著正相关，税收优惠对企业私人研发支出的平均影响效应（ATT）为0.275，存在5%水平上的显著正相关，在政策组合对企业私人研发支出的平均影响效应（ATT）为0.386，存在1%正向显著性的影响。基于企业研发投入强度分析，直接资助对企业研发投入强度的平均影响效应（ATT）为0.0389，存在5%水平上的显著正相关，税收优惠对企业研发投入强度的平均影响效应（ATT）为0.005，无显著性影响，在政策组合对企业研发投入强度的平均影响效应（ATT）为0.012，不存在显著影响。在政策组合和单一政策的对比中，政策组合与直接资助的对比中发现政策组合反而对企业研发投入强度呈现挤出效应。通过上述分析，在小型企业中，政府 R&D 资助不同方式均有利于企业私人研发支出，并且直接资助有利于企业研发投入强度。

　　通过上述分析不同规模下政府 R&D 资助的效果，可以得知政府 R&D 资助不同方式在小企业中的适用效果是最强的。在大企业和中型企业中，直接资助和政策组合能够促进企业私人研发支出，但是对研发投入强度影响不显著。在小型企业中，直接资助、税收优惠以及政策组合均能促进企业私人研发支出，直接资助还有利于企业研发投入强度提升。

5.3.3　静态视角下不同行业属性实证分析

　　按照第 4 章对行业属性的划分，可以将样本组分为电子与信息、生物医药技术、新材料、光机电一体化、新能源高效节能、环境保护、航空航天，由于样本主要集中在电子与信息、生物医药技术、新材料、光机电一体化四个行业，因此本章主要基于这四个行业分析讨论政府 R&D 资助不同方式对企业私人研发投入和研发投入强度的影响。表 5 - 18 只展示了倾向得分匹配的结果，省略了过程部分。

表 5 - 18　　　　　　　　　　　不同行业属性 ATT 汇总

行业属性	资助类型	被解释变量	类别	处理组	控制组	ATT 值	标准误差	t 值
电子	Sub	RDE	匹配前	8.728	7.910	0.818	0.225	3.640 ***
			匹配后	8.728	8.051	0.677	0.313	2.160 **
		RDR	匹配前	0.101	0.070	0.031	0.017	1.810 *
			匹配后	0.101	0.075	0.026	0.038	0.670

续表

行业属性	资助类型	被解释变量	类别	处理组	控制组	ATT 值	标准误差	t 值
电子	Tax	RDE	匹配前	8.710	7.910	0.800	0.164	4.870 ***
			匹配后	8.710	8.351	0.359	0.214	1.680 *
		RDR	匹配前	0.072	0.070	0.003	0.012	0.220
			匹配后	0.072	0.068	0.005	0.021	0.230
	Mix	RDE	匹配前	9.488	7.910	1.578	0.165	9.570 ***
			匹配后	9.488	8.638	0.850	0.475	1.790 *
		RDR	匹配前	0.067	0.070	−0.003	0.011	−0.240
			匹配后	0.067	0.065	0.002	0.023	0.080
	Mix_s	RDE	匹配前	9.488	8.728	0.760	0.195	3.900 ***
			匹配后	9.488	9.354	0.134	0.352	0.380
		RDR	匹配前	0.067	0.101	−0.034	0.013	−2.590 ***
			匹配后	0.067	0.053	0.014	0.024	0.580
	Mix_t	RDE	匹配前	9.488	8.710	0.778	0.142	5.490 ***
			匹配后	9.488	9.286	0.202	0.366	0.550
		RDR	匹配前	0.067	0.072	−0.005	0.010	−0.540
			匹配后	0.067	0.058	0.009	0.017	0.500
生物医药	Sub	RDE	匹配前	8.609	7.876	0.733	0.214	3.430 ***
			匹配后	8.609	8.538	0.071	0.432	0.170
		RDR	匹配前	0.057	0.044	0.013	0.007	1.760 *
			匹配后	0.057	0.049	0.008	0.010	0.760
	Tax	RDE	匹配前	9.043	7.876	1.167	0.200	5.84 ***
			匹配后	9.043	8.567	0.476	0.301	1.580
		RDR	匹配前	0.066	0.044	0.022	0.011	1.930 *
			匹配后	0.066	0.063	0.003	0.012	0.230
	Mix	RDE	匹配前	9.179	7.876	1.304	0.170	7.660 ***
			匹配后	9.179	8.193	0.987	0.514	1.920 *
		RDR	匹配前	0.056	0.044	0.012	0.010	1.190
			匹配后	0.056	0.051	0.004	0.016	0.270

续表

行业属性	资助类型	被解释变量	类别	处理组	控制组	ATT 值	标准误差	t 值
生物医药	Mix_s	RDE	匹配前	9.179	8.609	0.571	0.191	2.990***
			匹配后	9.179	8.934	0.245	0.253	0.970
		RDR	匹配前	0.056	0.057	−0.001	0.012	−0.070
			匹配后	0.056	0.061	−0.006	0.011	−0.510
	Mix_t	RDE	匹配前	9.179	9.043	0.136	0.153	0.890
			匹配后	9.179	9.330	−0.151	0.233	−0.650
		RDR	匹配前	0.056	0.066	−0.010	0.010	−1.000
			匹配后	0.056	0.059	−0.004	0.018	−0.200
新材料	Sub	RDE	匹配前	8.961	8.235	0.727	0.210	3.460***
			匹配后	8.961	8.632	0.330	0.337	0.980
		RDR	匹配前	0.092	0.063	0.028	0.016	1.790*
			匹配后	0.092	0.068	0.024	0.020	1.170
	Tax	RDE	匹配前	9.027	8.235	0.793	0.166	4.770***
			匹配后	9.027	8.565	0.462	0.271	1.70*
		RDR	匹配前	0.063	0.063	0.000	0.015	0.000
			匹配后	0.063	0.060	0.004	0.013	0.280
	Mix	RDE	匹配前	9.309	8.235	1.075	0.173	6.210***
			匹配后	9.309	8.900	0.410	0.325	1.260
		RDR	匹配前	0.065	0.063	0.001	0.007	0.180
			匹配后	0.065	0.046	0.019	0.015	1.280
	Mix_s	RDE	匹配前	9.309	8.961	0.348	0.176	1.980*
			匹配后	9.309	9.330	−0.021	0.262	−0.080
		RDR	匹配前	0.065	0.092	−0.027	0.012	−2.240**
			匹配后	0.065	0.063	0.001	0.012	0.120
	Mix_t	RDE	匹配前	9.309	9.027	0.282	0.128	2.200**
			匹配后	9.309	8.844	0.465	0.194	2.400**
		RDR	匹配前	0.065	0.063	0.001	0.011	0.130
			匹配后	0.065	0.056	0.009	0.029	0.310

续表

行业属性	资助类型	被解释变量	类别	处理组	控制组	ATT 值	标准误差	t 值
光电一体化	Sub	RDE	匹配前	8.916	8.207	0.709	0.143	4.970 ***
			匹配后	8.916	8.377	0.539	0.217	2.480 **
		RDR	匹配前	0.107	0.084	0.022	0.016	1.440
			匹配后	0.107	0.074	0.033	0.019	1.720 *
	Tax	RDE	匹配前	8.735	8.207	0.528	0.105	5.030 ***
			匹配后	8.735	8.458	0.276	0.165	1.680 *
		RDR	匹配前	0.063	0.084	-0.022	0.008	-2.740 ***
			匹配后	0.063	0.082	-0.019	0.014	-1.370
	Mix	RDE	匹配前	9.258	8.207	1.051	0.104	10.110 ***
			匹配后	9.258	8.684	0.574	0.157	3.660 ***
		RDR	匹配前	0.069	0.084	-0.015	0.008	-1.820
			匹配后	0.069	0.074	-0.005	0.015	-0.320
	Mix_s	RDE	匹配前	9.258	8.916	0.342	0.116	2.960 ***
			匹配后	9.258	9.224	0.034	0.169	0.200
		RDR	匹配前	0.069	0.107	-0.038	0.012	-3.170 ***
			匹配后	0.069	0.093	-0.024	0.024	-1.020
	Mix_t	RDE	匹配前	9.258	8.735	0.523	0.082	6.370 ***
			匹配后	9.258	9.174	0.084	0.125	0.670
		RDR	匹配前	0.069	0.063	0.006	0.006	0.990
			匹配后	0.069	0.060	0.008	0.012	0.730

在电子信息行业的样本组中，基于企业私人研发支出分析，直接资助对企业私人研发支出的平均影响效应（ATT）为 0.677，在 5% 水平上显著正相关，税收优惠对企业私人研发支出的平均影响效应（ATT）为 0.359，在 10% 水平上显著正相关，在政策组合对企业私人研发支出的平均影响效应（ATT）为 0.850，存在 10% 正向显著性的影响。基于企业研发投入强度分析，直接资助对企业研发投入强度的平均影响效应（ATT）为 0.026，无显著相关性，税收优惠对企业研发投入强度的平均影响效应（ATT）为 0.005，无显著性影响，在政策组合对企业研发投入强度的平均

影响效应（ATT）为 0.002，不存在显著影响。在政策组合和单一政策的对比中，无论从研发支出还是研发投入强度均不存在显著的差异性。通过上述分析可知，在电子信息行业中，政府 R&D 资助不同方式有利于企业私人研发支出，但是对研发投入强度不敏感。

在生物医药行业的样本组中，基于企业私人研发支出分析，直接资助对企业私人研发支出的平均影响效应（ATT）为 0.071，不存在显著性影响，税收优惠对企业私人研发支出的平均影响效应（ATT）为 0.476，不存在显著性影响，政策组合对企业私人研发支出的平均影响效应（ATT）为 0.987，存在 10% 正向显著性的影响。基于企业研发投入强度分析，直接资助对企业研发投入强度的平均影响效应（ATT）为 0.008，无显著相关性，税收优惠对企业研发投入强度的平均影响效应（ATT）为 0.003，无显著性影响，政策组合对企业研发投入强度的平均影响效应（ATT）为 0.004，不存在显著影响。在政策组合和单一政策的对比中，无论从研发支出还是研发投入强度均不存在显著的差异性。通过上述分析可知，在生物医药行业中，政策组合方式有利于企业私人研发支出，但是对研发投入强度不敏感。

在新材料行业的样本组中，基于企业私人研发支出分析，直接资助对企业私人研发支出的平均影响效应（ATT）为 0.330，无显著影响，税收优惠对企业私人研发支出的平均影响效应（ATT）为 0.462，在 10% 水平上显著正相关，政策组合对企业私人研发支出的平均影响效应（ATT）为 0.410，无显著影响。基于企业研发投入强度分析，直接资助对企业研发投入强度的平均影响效应（ATT）为 0.024，无显著影响，税收优惠对企业研发投入强度的平均影响效应（ATT）为 0.004，无显著性影响，政策组合对企业研发投入强度的平均影响效应（ATT）为 0.019，不存在显著影响。在政策组合和单一政策的对比中，政策组合与税收优惠相比，对企业私人研发支出存在显著的正向影响。通过上述分析可知，在新材料行业中，税收优惠有利于企业私人研发支出，但是对研发投入强度不敏感。

在光机电一体化行业的样本组中，基于企业私人研发支出分析，直接资助对企业私人研发支出的平均影响效应（ATT）为 0.539，在 5% 水平上显著正相关，税收优惠对企业私人研发支出的平均影响效应（ATT）为 0.276，在 10% 水平上显著正相关，政策组合对企业私人研发支出的平均影响效应（ATT）为 0.574，存在 1% 正向显著性的影响。基于企业研发投入强度分析，直接资助对企业研发投入强度的平均影响效应（ATT）为

0.033，在 10% 水平上显著正相关，税收优惠对企业研发投入强度的平均影响效应（ATT）为 - 0.019，无显著性影响，政策组合对企业研发投入强度的平均影响效应（ATT）为 - 0.005，不存在显著影响。在政策组合和单一政策的对比中，无论从研发支出还是研发投入强度均不存在显著的差异性。通过上述分析可知，在光机电一体化行业中，政府 R&D 资助不同方式有利于企业私人研发支出，直接资助有利于企业研发投入强度。

通过上述分析不同行业属性下政府 R&D 资助的效果，政府 R&D 资助在生物医药行业和新材料行业中效果最差，仅存在一种资助方式能够影响企业私人研发支出，并且对企业研发投入强度影响均不显著。在电子信息行业和光机电一体化行业应用效果最佳，其可能的原因在于生物医药行业和新材料行业属于技术密集度较高的行业，其中研发投入高，风险性高，因而其研发行为存在一定的惯性，外界的刺激较难影响其研发行为。

5.3.4 动态视角下全样本实证分析

在实证分析政府 R&D 资助对企业研发投入行为的平均影响之上，需要回答的第二个问题是政府 R&D 资助对企业研发投入行为的动态性影响如何、是否存在持续性的诱导效应。首先通过观察匹配实施当年到第三年 ATT 的大小和显著性水平来检验政府 R&D 资助方式的影响。需要说明的是为了证明资助的持续性效应，进一步对样本进行了筛选，选择出在当年受到资助而在未来三年内无资助的企业，由此可以证明政府 R&D 资助存在的持续性诱导效应。表 5 - 19、表 5 - 20 和表 5 - 21 分别为直接资助、税收优惠和政策组合在 T + 1 年、T + 2 年、T + 3 年对企业研发投入行为的影响。根据结果可知，直接资助在滞后两年对企业私人研发支出存在 10% 水平上的显著正相关。但是在滞后一年和滞后三年无显著影响。税收优惠以及政策组合则在 T + 1 年、T + 2 年、T + 3 年均对企业私人研发支出存在显著的影响。说明税收优惠和政策组合对企业私人研发支出具有持续性的诱导效应。在投入强度方面，直接资助和政策组合在滞后三期存在显著影响，但是前两期无显著影响，说明对研发投入强度的影响存在滞后性，但是否存在持续性还需要今后不断探究。

表 5 – 19　　　　　　　　　直接资助的动态 ATT 分析

被解释变量	类别	处理组	控制组	ATT 值	标准误差	t 值
RDE_{t+1}	匹配前	8.716	8.318	0.398	0.177	2.250 **
	匹配后	8.716	8.284	0.432	0.273	1.580
RDE_{t+2}	匹配前	8.697	8.313	0.384	0.155	2.480 **
	匹配后	8.697	8.299	0.398	0.223	1.790 *
RDE_{t+3}	匹配前	8.644	8.348	0.296	0.166	1.780 **
	匹配后	8.644	8.280	0.364	0.230	1.580
RDR_{t+1}	匹配前	0.082	0.066	0.016	0.012	1.340
	匹配后	0.082	0.070	0.012	0.018	0.680
RDR_{t+2}	匹配前	0.074	0.071	0.003	0.015	0.230
	匹配后	0.074	0.059	0.015	0.012	1.280
RDR_{t+3}	匹配前	0.097	0.059	0.038	0.018	2.190 **
	匹配后	0.097	0.059	0.039	0.022	1.770 *

表 5 – 20　　　　　　　　　税收优惠的动态 ATT 分析

被解释变量	类别	处理组	控制组	ATT 值	标准误差	t 值
RDE_{t+1}	匹配前	8.777	8.318	0.459	0.156	2.950 **
	匹配后	8.777	8.282	0.494	0.237	2.080 **
RDE_{t+2}	匹配前	8.794	8.313	0.481	0.146	3.290 ***
	匹配后	8.794	8.305	0.489	0.221	2.210 **
RDE_{t+3}	匹配前	8.837	8.348	0.489	0.154	3.180 ***
	匹配后	8.837	8.330	0.507	0.232	2.190 **
RDR_{t+1}	匹配前	0.059	0.066	− 0.007	0.006	− 1.140
	匹配后	0.059	0.053	0.006	0.008	0.690
RDR_{t+2}	匹配前	0.057	0.071	− 0.014	0.011	− 1.310
	匹配后	0.057	0.069	− 0.012	0.024	− 0.520
RDR_{t+3}	匹配前	0.059	0.059	0.000	0.007	0.020
	匹配后	0.059	0.053	0.007	0.008	0.820

表 5 -21　　　　　　　　　　政策组合的 ATT 动态分析

被解释变量	类别	处理组	控制组	ATT 值	标准误差	t 值
RDE_{t+1}	匹配前	9.382	8.318	1.064	0.138	7.70***
	匹配后	9.382	8.837	0.545	0.283	1.920*
RDE_{t+2}	匹配前	9.389	8.313	1.076	0.135	7.980***
	匹配后	9.389	8.825	0.565	0.243	2.320**
RDE_{t+3}	匹配前	9.354	8.348	1.006	0.142	7.070***
	匹配后	9.354	8.835	0.519	0.239	2.170**
RDR_{t+1}	匹配前	0.058	0.066	-0.008	0.006	-1.300
	匹配后	0.058	0.060	-0.002	0.008	-0.220
RDR_{t+2}	匹配前	0.072	0.071	0.001	0.017	0.070
	匹配后	0.072	0.071	0.001	0.033	0.020
RDR_{t+3}	匹配前	0.072	0.059	0.013	0.010	1.350
	匹配后	0.072	0.052	0.020	0.009	2.240**

　　由于探究动态效应，倾向得分匹配采用当期值进行匹配，在滞后几年后，样本的基本特征可能与当初发生了较大的变化，因而有必要控制这些特征因素，在此基础之上进行多元回归分析，在回归中通过加入可能影响企业研发行为的变量来控制上述问题。表 5 -22 为综合不同资助方式对企业研发投入的动态影响，碍于文章篇幅，省略了控制变量部分，只对研究结果进行汇报。根据结果可知，在研发投入层面上，政府 R&D 资助不同方式对企业研发投入支出均存在持续性的激励效应，并且政策组合对企业研发投入的系数高于税收优惠与直接资助，说明政策组合的激励效果最优，直接资助效果较弱。在投入强度层面。直接资助和税收优惠无法显著刺激企业持续性的增加投入强度。政策组合在滞后三期呈现显著正相关，说明政策组合对研发投入强度的影响呈现滞后效应，但是是否存在持续性效应还需要进一步的分析。

表 5 - 22　　　　不同资助方式对企业研发投入行为的动态影响分析

变量	RDE	RDR	RDE	RDR	RDE	RDR
Sub_{t-1}	0. 319 * (0. 170)	0. 00234 (0. 0163)				
Sub_{t-2}	0. 316 ** (0. 131)	0. 0128 (0. 0110)				
Sub_{t-3}	0. 277 * (0. 148)	0. 0282 (0. 0245)				
Tax_{t-1}			0. 356 *** (0. 123)	- 0. 00171 (0. 00666)		
Tax_{t-2}			0. 332 *** (0. 116)	- 0. 0156 (0. 0111)		
Tax_{t-3}			0. 344 *** (0. 126)	0. 00201 (0. 00695)		
Mix_{t-1}					0. 660 *** (0. 115)	0. 00693 (0. 00578)
Mix_{t-2}					0. 604 *** (0. 115)	0. 00929 (0. 0226)
Mix_{t-3}					0. 563 *** (0. 127)	0. 0239 * (0. 0126)
Constant	4. 310 *** (0. 497)	0. 141 * (0. 0824)	4. 610 *** (0. 375)	0. 126 *** (0. 0207)	4. 045 *** (0. 379)	0. 191 *** (0. 0377)
Observations	123	123	237	237	241	241
Adj Rsquared	0. 473	0. 111	0. 439	0. 088	0. 555	0. 088

　　根据加入时间变量的倾向得分匹配结果以及多元回归结果可知，政府 R&D 资助不同方式均对企业私人研发支出存在持续性的诱导效应，但对研发投入强度不存在明显的持续性。其可能的原因在于，企业存在自身的研发运营模式，资助的增加表明企业整体可用资金资源的增加，因而可以增加企业研发投入规模，但企业自身的研发倾向具有稳定性，不会随外界的冲击而轻易改变。

5.3.5　动态视角下不同规模实证分析

由于在本书的样本中，主要为中小企业，大企业的样本数量较少，不适合滞后模型，因此本章主要针对中小企业来分析政府 R&D 资助不同方式对企业研发投入行为的持续性诱导效应。表 5 – 23、表 5 – 24 以及表 5 – 25 分别为直接资助、税收优惠以及政策组合对企业研发投入行为的影响。

表 5 – 23　　不同企业规模下直接资助对企业研发投入行为的动态影响分析

变量	中型企业		小型企业	
	RDE	RDR	RDE	RDR
Sub_{t-1}	0.781 * (0.384)	0.0149 ** (0.00699)	0.457 ** (0.188)	0.0278 (0.0218)
Sub_{t-2}	0.501 (0.360)	0.000424 (0.00830)	0.424 ** (0.165)	0.0150 (0.0172)
Sub_{t-3}	0.552 (0.414)	0.00415 (0.0139)	0.405 * (0.213)	0.0267 (0.0363)
Constant	– 1.216 (3.961)	0.114 (0.133)	4.933 *** (0.917)	0.108 (0.157)
Observations	29	29	82	82
Adj Rsquared	0.377	0.409	0.205	0.183

表 5 – 24　　不同企业规模下政策组合对企业研发投入行为的动态影响分析

变量	中型企业		小型企业	
	RDE	RDR	RDE	RDR
Tax_{t-1}	0.585 ** (0.251)	– 0.0110 (0.0112)	0.0977 (0.181)	– 0.0130 (0.0124)
Tax_{t-2}	0.570 ** (0.227)	0.00679 (0.0103)	0.164 (0.182)	– 0.0363 (0.0229)
Tax_{t-3}	0.654 *** (0.238)	0.00378 (0.00783)	0.159 (0.184)	0.00311 (0.0129)

变量	中型企业		小型企业	
	RDE	RDR	RDE	RDR
Constant	4. 022 * (2. 095)	0. 141 ** (0. 0689)	3. 635 *** (0. 757)	0. 146 *** (0. 0534)
Observations	65	65	112	112
Adj Rsquared	0. 371	0. 182	0. 295	0. 049

表 5 - 25　　不同企业规模下政策组合对企业研发投入行为的动态影响分析

变量	中型企业		小型企业	
	RDE	RDR	RDE	RDR
Mix_{t-1}	0. 937 *** (0. 206)	− 0. 00953 (0. 0101)	0. 264 * (0. 157)	0. 0126 (0. 00986)
Mix_{t-2}	0. 804 *** (0. 211)	− 0. 000552 (0. 00906)	0. 259 * (0. 151)	0. 0126 (0. 0503)
Mix_{t-3}	0. 736 *** (0. 232)	0. 00880 (0. 0183)	0. 163 (0. 166)	0. 0266 (0. 0244)
Constant	3. 898 ** (1. 753)	0. 0778 (0. 138)	3. 195 *** (0. 732)	0. 194 * (0. 108)
Observations	107	107	100	100
Adj Rsquared	0. 254	0. 028	0. 452	0. 080

实证结果显示，直接资助对小型企业私人研发支出具有持续性的显著影响，而税收优惠和政策组合则显著影响中型企业的私人研发支出的持续性。表 5 - 23 的实证结果显示，直接资助对中型企业研发投入和投入强度在滞后一期存在显著影响，但是滞后两期和滞后三期下无显著影响。直接资助对小型企业私人研发支出在滞后三期均存在显著影响，且影响系数逐步降低，但是直接资助对投入强度不存在持续性影响。表 5 - 24 的实证结果表明，税收优惠对中型企业私人研发支出在三期均存在显著的影响，但是对研发投入强度不存在显著的影响。税收优惠对小型企业研发投入支出和研发投入强度均不存在显著影响。表 5 - 25 的实证结果表明，政策组合对中型企业的私人研发支出在三期均存在显著的影响，对小型企业滞后一期和滞后两期存在显著影响，但是在滞后三期无显著影响，政策组合无论

是对中型企业还是小型企业的投入强度均不具有显著影响。

上述分析表明，企业规模的调节作用随政府 R&D 资助方式不同而不同，直接资助下，政府 R&D 资助的持续性影响效果随企业规模增加而减小，税收优惠和政策组合方式下，政府 R&D 资助效果随企业规模增加而增加。其中可能的原因在于，直接资助为资金资助，小企业由于存在融资约束的情况，即使存在研发意愿，但受制于研发资金的不足，而无法展开创新活动，直接资助缓解了小企业的融资约束状况，从而促进了企业研发投入，而大企业本身具有充足的资金，因而对直接资助不敏感。税收优惠是预期收益，需要根据企业纳税情况进行资助，纳税越多则资助力度越大，因而对大企业的刺激更强烈。

5.3.6　动态视角下不同行业实证分析

由于在本书的样本中，主要集中于新材料行业和光机电一体化行业，而两类行业具有不同的属性，其中新材料行业中技术密集度高。研发投入大、研发风险高、光机电一体化行业技术密集度较低、企业研发投入刚性较弱。因此本书主要针对这两类行业分析政府 R&D 资助不同方式对企业研发投入行为的持续性诱导效应。表 5 - 26、表 5 - 27 以及表 5 - 28 分别为直接资助、税收优惠以及政策组合对企业研发投入行为的动态影响。

表 5 - 26　　不同行业属性下直接资助对企业研发投入行为的动态影响分析

变量	新材料		光机电一体化	
	RDE	RDR	RDE	RDR
Sub_{t-1}	0.804 (0.469)	0.0131 (0.00845)	0.647 *** (0.212)	0.0391 * (0.0224)
Sub_{t-2}	0.558 (0.417)	-0.000645 (0.0194)	0.339 * (0.185)	0.00461 (0.0140)
Sub_{t-3}	1.037 * (0.547)	-0.0208 (0.0286)	0.265 (0.185)	0.0135 (0.0189)
Constant	5.877 *** (1.844)	0.0768 (0.0964)	5.030 *** (0.582)	0.186 *** (0.0594)
Observations	25	25	56	56
Adj Rsquared	0.338	0.437	0.611	0.265

表 5 - 27　　不同行业属性下税收优惠对企业研发投入行为的动态影响分析

变量	新材料		光机电一体化	
	RDE	RDR	RDE	RDR
Tax_{t-1}	0.346 (0.291)	0.00741 (0.00859)	0.274 (0.183)	-0.0156 (0.0101)
Tax_{t-2}	0.387 (0.282)	0.00947 (0.00780)	0.0792 (0.193)	-0.0207 (0.0141)
Tax_{t-3}	0.401 (0.274)	0.00823 (0.0101)	0.147 (0.219)	-0.0207 (0.0172)
Constant	4.526 *** (0.624)	0.0998 *** (0.0230)	4.832 *** (0.683)	0.240 *** (0.0536)
Observations	44	44	85	85
Adj Rsquared	0.675	0.254	0.402	0.142

表 5 - 28　　不同行业属性下政策组合对企业研发投入行为的动态影响分析

变量	新材料		光机电一体化	
	RDE	RDR	RDE	RDR
Mix_{t-1}	0.292 (0.269)	0.0164 (0.0108)	0.577 *** (0.140)	0.00521 (0.00821)
Mix_{t-2}	0.304 (0.250)	0.0215 (0.0147)	0.423 *** (0.154)	0.0338 (0.0398)
Mix_{t-3}	0.311 (0.269)	0.0234 (0.0161)	0.348 ** (0.175)	0.0150 (0.0214)
Constant	4.063 *** (0.763)	0.129 *** (0.0456)	4.331 *** (0.543)	0.236 *** (0.0666)
Observations	61	61	113	113
Adj Rsquared	0.688	0.172	0.531	0.124

实证研究结果表明，政府 R&D 资助效果随着行业属性的差异而呈现差异性。具体表现为直接资助对光机电一体化行业中企业研发投入的持续性影响显著，在滞后一期和滞后两期均存在显著影响。但是对新材料行业中的企业研发投入不存在显著的影响。税收优惠无论是对新材料领域还是

对光机电一体化领域均无显著的影响。政策组合对光机电一体化行业中的企业研发投入具有显著的持续性影响。上述分析表明政府 R&D 资助效果对光机电一体化行业的影响效果优于对新材料行业的影响效果。其可能的原因在于新材料领域本身研发投入较高，其研发行为存在一定的刚性，外部的刺激很难影响企业研发投入行为。

5.3.7　稳健性检验

为检验政府资助对研发投入行为影响的准确性，本书选择用半径匹配法、核匹配以及 Heckman 两阶段模型进行稳健性检验，为了节省篇幅选择只报告 ATT 值以及相应的 t 值，Heckman 两阶段模型只展示直接资助对企业研发投入行为的影响，其中税收优惠和政策组合的影响碍于篇幅进行省略，根据表 5 - 29 和表 5 - 30 可以看出结果与最近邻匹配一致，结果稳健。

表 5 - 29　　　　　　　　半径匹配以及核匹配的稳健性检验

被解释变量	类别	处理组	控制组	ATT 值	标准误差	t 值
Sub						
半径匹配						
RDE	匹配前	8.864	8.091	0.773	0.095	8.150***
	匹配后	8.854	8.314	0.540	0.109	4.940***
RDR	匹配前	0.086	0.068	0.018	0.010	1.820*
	匹配后	0.088	0.073	0.015	0.012	1.290
核匹配						
RDE	匹配前	8.864	8.091	0.773	0.095	8.150***
	匹配后	8.864	8.353	0.510	0.102	4.980***
RDR	匹配前	0.086	0.068	0.018	0.010	1.820*
	匹配后	0.086	0.070	0.016	0.011	1.510
Tax						
半径匹配						
RDE	匹配前	8.840	8.091	0.749	0.074	10.130***
	匹配后	8.821	8.359	0.462	0.093	4.970***
RDR	匹配前	0.060	0.068	-0.007	0.007	-1.110
	匹配后	0.061	0.064	-0.003	0.010	-0.320

续表

被解释变量	类别	处理组	控制组	ATT 值	标准误差	t 值
核匹配						
RDE	匹配前	8.840	8.091	0.749	0.074	10.130***
	匹配后	8.840	8.334	0.506	0.089	5.700***
RDR	匹配前	0.060	0.068	−0.007	0.007	−1.110
	匹配后	0.060	0.064	−0.003	0.009	−0.340
Mix						
半径匹配						
RDE	匹配前	9.287	8.091	1.197	0.072	16.730***
	匹配后	9.278	8.720	0.558	0.130	4.280***
RDR	匹配前	0.064	0.068	−0.003	0.006	−0.590
	匹配后	0.065	0.063	0.001	0.014	0.090
核匹配						
RDE	匹配前	9.287	8.091	1.197	0.072	16.730***
	匹配后	9.278	8.720	0.558	0.130	4.280***
RDR	匹配前	0.064	0.068	−0.003	0.006	−0.590
	匹配后	0.065	0.063	0.001	0.014	0.090

表 5 – 30　　　　Heckman 两阶段模型稳健性检验结果

变量	(1) 第二阶段 RDE	(2) 第一阶段 Sub	(4) 第二阶段 RDR	(5) 第一阶段 Sub
Sub	5.642*** (0.453)		0.336*** (0.0558)	
l_RDE		0.445*** (0.129)		
l_Sub		1.218*** (0.189)		1.309*** (0.187)
ES	0.581*** (0.0982)	−0.216 (0.156)	−0.0357*** (0.0121)	0.157 (0.126)

续表

变量	(1)	(2)	(4)	(5)
	第二阶段	第一阶段	第二阶段	第一阶段
	RDE	Sub	RDR	Sub
EXP	0.0146 (0.0754)	−0.100 (0.0935)	−0.00442 (0.00935)	−0.0938 (0.0935)
ED	0.134 (0.339)	−0.714* (0.385)	−0.0215 (0.0418)	−0.567 (0.369)
RDP	−0.0107 (0.0625)	−0.00357 (0.0770)	−0.00252 (0.00774)	−0.00399 (0.0770)
EC	0.288 (0.222)	0.169 (0.286)	0.0261 (0.0272)	0.312 (0.277)
TC	0.544** (0.252)	0.305 (0.323)	0.0214 (0.0310)	0.397 (0.313)
EP	0.161 (0.210)	−0.236 (0.252)	−0.0102 (0.0259)	−0.283 (0.252)
lambda		−0.475*** (0.163)		−0.0546*** (0.0190)
l_RDR				4.134** (1.939)
Constant		−2.782*** (0.765)		−1.477** (0.588)
Observations	266	266	266	266

5.4　结果讨论

5.4.1　研究假设检验部分

上书围绕第 3 章得出的研究假设，实证检验了政府 R&D 资助对企业研发投入行为的影响,首先基于倾向得分匹配的方式构建了政府 R&D 资助对企业研发投入行为的影响模型,并分析不同资助模式下对不同规模、不同行业的企业研发投入行为的影响,得出了相应的研究结果。其次,基于动态效应,构建政府 R&D 资助对企业研发投入行为的持续性诱导效应模型,并实证分析政府 R&D 资助不同方式对不同规模、不同行业属性下企业研发投入行为的持续性诱导效应,并得出实证结果。具体结果如表 5 – 31 所示,其中 H13 实证结果的支持,H1、H2、H3、H10、H11、H12 获得了部分支持。

表 5 – 31   假设检验结果汇总

序号	假设	验证结果	备注
H1	政府 R&D 资助对企业研发投入行为(规模、行为倾向)具有显著的正向影响	部分支持	政府 R&D 资助对企业研发投入规模具有显著的正向影响
			政府 R&D 资助对企业研发投入倾向无显著的正向影响
H2	直接资助相比税收优惠来说,更能够激发企业的研发投入行为(规模、行为倾向)	部分支持	静态效应下,直接资助相比税收优惠更能促进企业研发支出规模
			动态效应下,税收优惠对企业私人研发支出的持续性影响效应高于直接资助
H3	政府 R&D 资助对企业研发投入行为(规模、行为倾向)存在积极显著的持续性影响	部分支持	政府 R&D 资助对企业研发投入规模的持续性具有积极显著的影响
			政府 R&D 资助对企业研发投入倾向的持续性无积极显著的影响
H10	政策组合相比于单一政策更能够积极显著地影响企业的创新行为(规模、行为倾向)	部分支持	政策组合与单一政策的对比存在复杂的影响
H11	企业规模对政府 R&D 资助与企业创新行为(规模、行为倾向)之间的调节作用呈现显著的负相关影响	部分支持	静态效应而言,政府 R&D 资助的效果随企业规模增加而降低
			动态效应而言,不同资助方式存在差异化,其中直接资助对小企业研发支出存在持续性影响,税收优惠资助和政策组合在中型企业中对研发支出存在持续性影响

序号	假设	验证结果	备注
H12	行业差异能显著调节政府 R&D 资助对企业创新行为（规模、行为倾向）的影响	支持	不同行业属性中政府 R&D 资助效果存在差异

5.4.2　主要结论与讨论

通过实证探究政府 R&D 资助不同方式对企业研发投入行为的影响，其中既包括采用倾向得分匹配的方式探究政府 R&D 资助对企业私人研发投入的影响，也包括基于动态效应下探究政府 R&D 资助对企业研发投入行为的持续性的诱导效应，并对样本进一步从不同规模、不同行业属性进行分析，其结果如下：

静态效应分析，政府 R&D 资助不同方式均能有效地增加企业的私人研发支出规模，但是对投入强度的影响较弱。实证结果显示：政府 R&D 资助不同方式能够显著增加企业的私人研发投入，但是政府 R&D 资助对企业研发投入强度的影响较小。这也符合当前研究认为政府 R&D 资助呈现的是挤入效应而非挤出效应。但是政府 R&D 资助虽然增加了企业研发投入规模，但是对企业研发投入强度的影响较弱，究其原因，可能在于企业获得资助本质上在于增加了企业可支配资金的总量，因而可以增加研发支出的规模，但是研发倾向上，企业存在其自身的平衡性，因而可以保持企业稳定发展，而外界刺激较难打破这种平衡。

动态效应分析，政府 R&D 资助不同方式均对企业研发支出规模存在持续性的诱导效应，但是对投入强度的持续性诱导效应较弱。实证结果显示，政府 R&D 资助不同方式对企业研发支出规模存在持续性的诱导效应，这也符合研究假设部分，即政府 R&D 资助带来的资源和良好的制度环境有利于企业持续性增加研发投入。但是对研发投入强度持续性的诱导效应不存在显著影响，基于平均效应分析结果显示，政府 R&D 资助对企业投入强度影响较弱，在于企业稳定的运行模式，很难被短暂的外界刺激打破，因而更不会对研发投入强度的持续性存在显著影响。

直接资助与税收优惠对企业研发行为的影响存在差异性。根据实证结果显示，对于静态效应而言，直接资助对企业研发投入行为（规模、行为倾向）的 ATT 为 0.417、0.031，税收优惠对企业研发投入行为（规模、行为倾向）的 ATT 为 0.30、0.001，可以看出直接资助的效果优于税收优惠。在动态效应分析中，税收优惠在对企业研发投入规模的影响中三期系数分别为 0.356、0.332、0.334，且均在 1% 水平上显著正相关。直接资助对企业研发投入规模影响的系数分别为 0.319、0.316、0.227。并且滞后一期和滞后三期的系数在 10% 水平上显著正相关，滞后两期在 5% 水平上显著正相关。由此可知，税收优惠相比直接资助更有利于企业持续性的研发支出。其中可能的原因在于企业是否享受税收优惠与企业研发投入直接相关，例如高企认定则需要企业研发投入达到一定的门槛，因而有些企业能够利用这一制度，将与研发活动模糊相关的其他商业活动标记为研发活动，从而增加企业的研发投入规模，使得企业持续性地享受税收优惠。

政策组合相比单一政策未必更有效。实证研究结果表明，政策组合相比单一政策而言，能够显著地增加企业的私人研发支出，但是对研发投入强度的影响不存在显著的差异性，并且在政策组合与直接资助的对比中，对企业研发投入强度甚至呈现显著的负相关关系，说明政策组合的效力不是单一政策效力间的叠加，两者会产生一定的反应。当前研究探究政策组合的效用也并未得出一致性的结论。其中在科尔丘埃洛和马丁内斯 – 罗斯（Corchuelo and Martinez – Ros，2009）对西班牙，杜盖（Duguet，2012）对法国，莫嫩（Mohnen，2009）对加拿大，海格兰和摩恩（Haegeland and Møen，2007）对挪威，恰尔尼茨基和洛佩斯 – 本托（Czarnitzki Lopes – Bento，2014）对德国的实证分析下，政策组合存在积极影响。也有其他研究表明，一种政策方式的应用因另一种政策方式引入而降低其影响效果。马里诺等（Marino et al.，2016）以法国企业为例分析存在以及不存在税收优惠的情况下，直接资助的影响，结果表明，税收优惠呈现挤出效应。杜蒙（Dumont，2017）对比利时案例进行分析，当直接资助与多种税收优惠联合，对企业研发投入的影响反而降低。因而认为两者之间存在复杂的关系，而非简单的叠加效应。

企业规模在政府 R&D 资助效果的调节中存在复杂的影响。实证研究结果表明，在静态效应分析中，政府 R&D 资助效果随企业规模减小而提升。符合假设部分，即政府 R&D 资助对企业雪中送炭的作用要高于锦上添花的作用。但是在动态效应分析中，其中直接资助对小企业研发支出规模存在显著的持续性影响，税收优惠资助和政策组合在中型企业中对研发支出规模存在显著的持续性影响。究其原因可能在于，直接资助为资金资助，小企业由于存在融资约束的情况，即使存在研发意愿，但受制于研发资金的不足，而无法展开创新活动，直接资助缓解了小企业的融资约束状况，从而促进了企业研发投入，而大企业本身具有充足的资金，因而对直接资助不敏感。税收优惠是预期收益，需要根据企业纳税情况进行资助，纳税越多则资助力度越大，因而对大企业的刺激更强烈。

政府R&D资助不同方式的影响效果在不同行业中存在差异性。根据实证部分可知，对于静态效应而言，政府R&D资助效果在不同行业中呈现差异性，其中在电子信息行业、光机电一体化的影响效果优于在生物医药行业以及新材料行业的影响效果。在动态效应分析中，政府R&D资助对光机电一体化行业的影响源于新材料行业。其可能的原因在于生物医药行业和新材料行业属于技术密集度较高的行业，其中研发投入高，风险性高，因而其研发行为存在一定的惯性，外界的刺激较难影响其研发行为。

综上所述，政府直接资助、税收优惠以及政策组合均能提升企业的研发投入规模，但是对企业研发倾向转变影响较弱。首先，从研发投入规模来分析符合当前大部分研究认为政府R&D资助对企业研发投入呈现挤入效应的影响。其次，从研发倾向转变来看，政府R&D资助不同方式的效果并不明显。说明政府R&D资助的冲击不足以打破企业的研发平衡状态。可能存在两类原因导致上述结果：一为政策资助力度。本书选用是否接受R&D资助政策作为解释变量，未曾涉及政府R&D资助力度问题，那么是否由于资助力度不够导致企业难以打破当前平衡，在本书研究存在局限性的情况下不能给出明确答复，也是未来进一步研究的方向。二为企业的组织惯性。企业运营存在一定的组织惯性，能够保护企业有效应对外部环境冲击，保证企业稳定运行，但也会使得企业缺乏灵活性，不能对外界刺激及时作出改变。究竟是外界刺激力度不足还是企业内部组织惯性导致的R&D资助对企业研发倾向效果不佳在未来还需要做进一步的探究。若未来的研究中证实是政府资助力度不足导致企业研发倾向无显著性改变，则政府应不断加大资助力度，若未来证实资助不佳的效果是由于企业组织惯性导致，那么未来政府在选择资助对象时应该重点考察企业的组织惯性因素，保证政策实施效率。

5.5　本章小结

本章主要对政府R&D资助不同方式对企业研发投入行为进行了实证

研究：第一，一方面利用倾向得分匹配的方式构建政府 R&D 资助不同方式对企业研发投入行为模型，另一方面考虑时间因素构建政府 R&D 资助不同方式对企业研发投入行为影响的持续性诱导效应模型，并对相关变量进行定义；第二，对变量进行了描述性统计分析，根据享受资助方式的差异性，分为不同样本进行分析，并且对变量进行了相关性以及平稳性的检验；第三，分别针对政府 R&D 资助不同方式对全样本、不同企业规模、不同行业属性等进行倾向得分匹配分析以及回归分析，并初步得出了结果；第四，对结果进行归纳分析与讨论，得出本章的主要研究结论。

第6章

政府 R&D 资助不同方式对企业 R&D 活动风险承担行为的影响

6.1 研究设计

6.1.1 变量测量

在本章中通过倾向得分匹配模型来探究政府 R&D 资助不同方式对企业 R&D 活动风险承担行为的影响。在第 5 章中已经介绍了倾向得分匹配模型，在此便不再赘述。倾向得分匹配所需要的样本变量主要包括三种：结果变量、处理变量和协变量。其中结果变量为企业共性技术项目数量和共性技术偏好度。处理变量为虚拟变量，按照企业享受不同资助情况，分为五组分析。协变量是代表企业特征的变量。在本章的研究中，分别采用企业规模、企业研发人员数量、企业出口规模、企业研发资金支出、资产负债率以及企业资质作为协变量。以上变量定义均在前文具有详细的分析，在此不再赘述。

6.1.2 模型设定

首先，采用倾向得分匹配的方法检验政府 R&D 资助对企业 R&D 活动风险承担行为的影响，在第 5 章的实证方法中已经详细介绍了倾向得分匹配的方法，在此不再赘述。本书中采用最近邻匹配 1:1 验证政府 R&D 资助的静态效用，并采用半径匹配、核匹配以及 Heckman 两阶段模型进行稳健性检验。但是通过倾向得分匹配方法得出的结果是平均意义上的，无法显示政府 R&D 资助效果的动态效应，政府 R&D 资助的激励效应是否存在持续性，以及时间分布上存在何种特征是本书更为关注的问题，因此本书不仅基于倾向得分匹配的方法探究政府 R&D 资助对企业研发投入行为的平均影响效应，还进一步考察政府 R&D 资助实施当年到滞后三年，政府 R&D 资助对企业 R&D 活动风险承担行为的动态影响。以下就动态情境下的回归模型进行介绍。

根据前面的理论假设，将企业共性技术项目承担数量（EGP）以及共性技术偏好度（EGPP）作为被解释变量，将企业享受的不同资助方式（subsidy）作为解释变量。同时加入企业规模、企业研发人员数量、出口规模、资产负债率、研发资金投入、企业资质等作为控制变量（X），构建模型，i 表示企业样本，变量 ε 代表企业差异的随机误差项探究持续性的诱导效应，需要引入时间变量 t，构建政府 R&D 资助对企业研发风险承担行为的回归模型。

$$EGP_{it} = \alpha_1 + \beta_1 subsidy_{it} + \beta_2 X_{it} + \varepsilon_{it} \qquad (6-1)$$

$$EGPP_{it} = \alpha_2 + \sum_1^3 \beta_3 subsidy\_year_{it} + \beta_4 X_{it} + \varepsilon_{it} \qquad (6-2)$$

其中，模型（6-1）用来检验政府 R&D 资助的整理激励效应，模型（6-2）用来检验政府 R&D 资助的动态激励效应。我们将模型（6-2）中的 subsidy 哑变量分解成一组实施之后的年份哑变量，分别刻画政府 R&D 资助实施之后第一年到第三年对企业研发风险承担行为的影响。

6.2　数据处理与相关检验

6.2.1　样本描述性统计

表 6-1 和表 6-2 为样本的描述性统计分析，其中采用双尾 t 检验的方式考察接受政府 R&D 资助与未接受政府 R&D 资助的差异性。表 6-1 为直接资助、税收优惠以及政策组合子样本中，接受政府 R&D 资助与不接受资助的描述性统计分析。可以看到在只接受直接资助与不接受任何资助的企业组成的子样本中，资产负债率、研发人员、研发中心、技术中心、企业研发投入以及企业共性技术偏好度之间均存在显著的差异性，而

企业出口规模、企业规模、企业承担共性技术项目三个变量不存在显著的差异性。在税收优惠和不接受任何资助的企业组成的子样本中，控制变量与因变量均存在显著的差异性。在政策组合与不接受任何资助政策的企业组成的样本中，控制变量与因变量均存在显著的差异性。表 6 – 2 为政策组合与单一政策对比的描述性统计分析。结果显示，政策组合与单一政策对比控制变量和因变量均存在显著的差异性。

表 6 – 1   政府 R&D 资助不同方式的描述性统计分析

变量名称	直接资助 vs 没有资助		间接资助 vs 没有资助		政策组合 vs 没有资助	
	平均数	标准差	平均数	标准差	平均数	标准差
ES	4.877	1.152	5.036 ***	1.177	5.161 ***	1.187
EXP	3.217	4.113	3.386 **	4.256	3.717 ***	4.297
ED	0.561 ***	0.284	0.51 ***	0.273	0.515 ***	0.264
RDP	2.639 ***	1.541	2.708 ***	1.7	2.983 ***	1.621
EC	0.116 ***	0.327	0.11 **	0.617	0.252 ***	2.027
TC	0.088 ***	0.291	0.098 ***	0.63	0.174 ***	0.388
RDE	8.118 ***	1.382	8.266 ***	1.56	8.539 ***	1.371
因变量						
EGP	0.172	0.939	0.451 ***	1.659	0.326 ***	1.591
EGPP	0.044 ***	0.202	0.113 ***	0.312	0.07 ***	0.252

表 6 – 2   政策组合与单一政策对比的描述性统计分析

变量名称	政策组合 vs 直接资助		政策组合 vs 税收优惠	
	平均数	标准差	平均数	标准差
ES	5.258 ***	1.168	5.273 ***	1.169
EXP	3.916 ***	4.338	3.829 ***	4.385
ED	0.48 ***	0.236	0.462 *	0.236
RDP	3.264 ***	1.501	3.111 ***	1.675
EC	0.329 *	2.245	0.25 ***	1.898
TC	0.231 ***	0.429	0.191 ***	0.663

续表

变量名称	政策组合 vs 直接资助		政策组合 vs 税收优惠	
	平均数	标准差	平均数	标准差
RDE	8.809 ***	1.205	8.708 ***	1.438
因变量				
EGP	0.353 ***	1.7	0.547 **	1.967
EGPP	0.07 ***	0.251	0.124 ***	0.326

6.2.2　变量及模型检验

为了提高模型的有效性对数据进行了如下处理：（1）对主要的连续变量取对数降低异方差的影响。（2）对主要的连续变量在 1% 水平上进行缩尾，减少异常值干扰。（3）为避免变量之间的多重共线性，进行了方差膨胀因子检验，检验结果如表 6-3 所示。可以看到其中变量的平均 VIF 为 1.450，小于 5，可以判定变量之间不存在严重的多重共线性，对因变量不造成显著的影响。

表 6-3　　　　　　　方差膨胀因子检验

变量	VIF	1/VIF
ES	2.420	0.414
RDE	1.880	0.531
RDP	1.410	0.711
EXP	1.330	0.753
TC	1.090	0.918
ED	1.030	0.973
EC	1.010	0.986
Mean VIF	1.450	

表 6-4 为变量之间的相关性分析。因为分为五个子样本，分别列出太占篇幅，因此主要以税收优惠为例进行分析，税收优惠与企业共性项目承担数量以及共性技术偏好度之间存在正相关的关系。企业规模与共性技

术项目承担数量以及共性技术偏好度之间存在负相关关系，在其他子样本中也进行了相关性检验，并不存在显著的相关性。

表 6 - 4　　　　　　　　　　相关性分析

变量	1	2	3	4	5	6	7	8	9	10
EGP	1.000									
EGP	0.727	1.000								
Tax	0.130	0.162	1.000							
ES	-0.062	-0.150	0.131	1.000						
EXP	-0.127	-0.182	0.044	0.490	1.000					
ED	-0.122	-0.191	-0.216	0.150	0.107	1.000				
RDP	-0.170	-0.213	0.103	0.493	0.313	0.061	1.000			
EC	0.031	0.008	0.044	0.129	0.085	-0.027	0.135	1.000		
TC	-0.032	-0.046	0.054	0.121	0.079	-0.034	0.087	0.115	1.000	
RDE	-0.033	-0.109	0.164	0.630	0.316	0.080	0.382	0.106	0.108	1.000

面板数据模型的平稳性检验。由于在匹配企业项目信息之后，只保留了 3 年的面板数据，T 太小，使用 LLC、ADF - Fisher、IPS 等方式均无法检验数据的平稳性。也有学者认为对于大 N 小 T（其中 N 是指截面单位的个数，T 是指时期数）的面板数据无须进行单位根检验和协整检验（Baltagi，2008），由于本书研究分析的面板时期很小（T = 3），而截面单位个数很大（N = 381），因而本章节无须对面板数据进行单位根检验和协整检验。

6.3　政府 R&D 资助对企业 R&D 活动风险承担行为的实证分析

6.3.1　静态视角下全样本实证分析

前面已经对数据变量进行了检验，以下为倾向得分匹配模型的步骤分析计算结果。根据企业享受资助方式的不同，本书将全样本分为五个子样本。分别对每一子样本进行倾向得分匹配分析，分析结果如下：

1. 直接资助与没有资助

基于模型设计部分介绍的方法，首先基于直接资助决策方程，计算每一个企业享受直接资助的倾向性得分（propensity score），并根据该得分对参与企业和未参与企业进行匹配，匹配方式采用文献中最为常用的最近邻匹配方法。表6-5为影响直接资助的 Probit 回归结果。可知企业规模、资产负债率对企业是否获得税收优惠存在显著的负向影响，研发人员、企业资质与研发支出存在显著的正向影响。

表6-5　　　　　　　　　直接资助的 Probit 回归分析

变量	(1) Sub
ES	-0.288 *** (0.0530)
EXP	0.00308 (0.0102)
ED	-0.448 *** (0.136)
RDP	0.103 *** (0.0289)
EC	0.395 *** (0.132)
TC	0.264 * (0.148)
RDE	0.237 *** (0.0404)
Constant	-0.952 *** (0.257)
Observations	1294

进行倾向得分匹配的第二步为共同支撑检验。即证明匹配结果的有效性，在匹配之后，测试组与控制组在企业特征方面不存在显著的差异性。表6-6为共同支撑假设检验结果，根据结果看各控制变量均不存在显著

的差异性，即证明匹配效果良好。

表6-6　　　　　　　　　　直接资助的共同支撑假设

变量	类别	均值		偏差占比（%）	偏差减少比例（%）	t-test		V(T)/V(C)
		处理组	控制组			t	p > |t|	
ES	匹配前	4.926	4.858	5.900		1.030	0.303	0.970
	匹配后	4.926	4.918	0.700	87.600	0.110	0.910	0.900
EXP	匹配前	3.348	3.200	3.600		0.620	0.533	1.020
	匹配后	3.348	3.381	-0.800	77.000	-0.130	0.898	1.000
ED	匹配前	0.523	0.585	-22.200		-3.810	0.000	0.780 *
	匹配后	0.523	0.512	4.200	81.000	0.690	0.490	0.920
RDP	匹配前	2.951	2.539	27.900		4.810	0.000	0.83 *
	匹配后	2.951	2.978	-1.800	93.400	-0.300	0.766	0.920
EC	匹配前	0.185	0.078	31.300		5.700	0.000	2.010 *
	匹配后	0.185	0.220	-10.100	67.600	-1.300	0.194	0.810 *
TC	匹配前	0.145	0.057	28.500		5.220	0.000	2.170 *
	匹配后	0.145	0.151	-2.000	93.000	-0.270	0.791	0.970
RDE	匹配前	8.402	7.944	34.000		5.860	0.000	0.780 *
	匹配后	8.402	8.295	8.000	76.500	1.310	0.191	0.930

表6-7为直接资助对企业 R&D 活动风险承担行为的平均影响效应结果。结果显示，直接资助对企业共性技术项目承担数量的平均影响效应（ATT）为 0.00611，不存在显著的影响，直接资助对企业共性技术偏好度的平均影响效应（ATT）为 -0.0077，不存在显著的影响。上述结果表明，直接资助对企业 R&D 活动风险承担行为无显著影响。

表6-7　　　　　　　　　　直接资助的 ATT 分析

被解释变量	类别	处理组	控制组	ATT 值	标准误差	t 值
EGP	匹配前	0.159	0.181	-0.022	0.054	-0.400
	匹配后	0.159	0.153	0.006	0.068	0.090
EGPP	匹配前	0.035	0.049	-0.014	0.012	-1.200
	匹配后	0.035	0.043	-0.008	0.016	-0.490

2. 税收优惠与没有资助

以下通过倾向得分匹配方法探究政策组合对企业 R&D 活动风险承担行为的影响。表 6 - 8 为 Probit 回归模型分析结果，企业规模、研发资金投入对企业获得税收优惠具有显著的正相关关系，资产负债率与企业获得税收优惠存在显著的负相关关系。

表 6 - 8　　　　　　　　税收优惠的 Probit 回归分析

变量	（1）
	Tax
ES	0. 0940 ***
	（0. 0361）
EXP	- 0. 00683
	（0. 00782）
ED	- 1. 236 ***
	（0. 116）
RDP	0. 0278
	（0. 0201）
EC	0. 0139
	（0. 0557）
TC	0. 130
	（0. 114）
RDE	0. 105 ***
	（0. 0230）
Constant	- 0. 475 ***
	（0. 171）
Observations	2074

表 6 - 9 为共同支撑假设检验结果，根据结果可知，匹配之后各控制变量均不存在显著的差异性，即证明匹配效果良好。

表 6 - 9　　　　　　　　税收优惠的共同支撑假设检验

变量	类别	均值		偏差占比（%）	偏差减少比例（%）	t-test		V(T)/V(C)
		处理组	控制组			t	p > |t|	
ES	匹配前	5. 174	4. 858	27. 200		6. 030	0. 000	1. 010
	匹配后	5. 174	5. 291	− 10. 100	63. 000	− 2. 330	0. 020	0. 730 *
EXP	匹配前	3. 582	3. 200	9. 000		1. 980	0. 047	1. 130 *
	匹配后	3. 582	3. 498	2. 000	78. 000	0. 490	0. 625	1. 030
ED	匹配前	0. 464	0. 585	− 44. 600		− 10. 090	0. 000	0. 700 *
	匹配后	0. 464	0. 473	− 3. 400	92. 500	− 0. 920	0. 359	0. 950
RDP	匹配前	2. 893	2. 539	21. 500		4. 690	0. 000	1. 280 *
	匹配后	2. 893	2. 825	4. 100	80. 900	1. 010	0. 311	1. 160 *
EC	匹配前	0. 135	0. 078	9. 700		1. 990	0. 047	7. 610 *
	匹配后	0. 135	0. 146	− 1. 900	80. 400	− 0. 460	0. 645	4. 250 *
TC	匹配前	0. 128	0. 057	12. 100		2. 470	0. 014	10. 590 *
	匹配后	0. 128	0. 109	3. 400	72. 300	0. 820	0. 414	5. 630 *
RDE	匹配前	8. 470	7. 944	34. 600		7. 570	0. 000	1. 280 *
	匹配后	8. 470	8. 479	− 0. 600	98. 200	− 0. 150	0. 880	1. 190 *

表 6 - 10 为税收优惠对企业 R&D 活动风险承担行为的平均影响效应结果。根据表可知，税收优惠对企业共性技术项目承担数量的平均影响效应（ATT）为 0. 437，在 1% 水平上显著正相关，税收优惠对企业共性技术项目偏好度的平均影响效应（ATT）为 0. 104，在 1% 水平上显著正相关。以上的实证结果表明，税收优惠对风险承担行为无论是从规模还是倾向上均存在显著的正向影响。

表 6 - 10　　税收优惠对企业 R&D 活动风险承担行为影响的 ATT 分析

被解释变量	类别	处理组	控制组	ATT 值	标准误差	t 值
EGP	匹配前	0. 628	0. 181	0. 447	0. 075	5. 970 ***
	匹配后	0. 628	0. 191	0. 437	0. 080	5. 460 ***
EGPP	匹配前	0. 152	0. 049	0. 103	0. 014	7. 460 ***
	匹配后	0. 152	0. 048	0. 104	0. 016	6. 520 ***

3. 政策组合与没有资助

以下通过倾向得分匹配方法探究政策组合对企业研发投入行为的影响。表 6 – 11 为影响政策组合的 Probit 回归模型分析，企业规模、资产负债率对企业获得政策组合具有显著的负向影响，研发人员、企业资质以及研发资金与企业获得政策组合存在显著的负相关关系。

表 6 – 11　　　　　　　　政策组合的 Probit 回归分析

变量	(1) Mix
ES	- 0. 233 *** (0. 0475)
EXP	0. 00484 (0. 00870)
ED	- 1. 254 *** (0. 136)
RDP	0. 116 *** (0. 0242)
EC	0. 386 *** (0. 103)
TC	0. 369 *** (0. 114)
RDE	0. 453 *** (0. 0400)
Constant	- 2. 341 *** (0. 249)
Observations	1830

表 6 – 12 为共同支撑假设检验结果，根据结果可知，匹配之后各控制变量均不存在显著的差异性，即证明匹配效果良好。

表 6 – 12　　　　　　　　政策组合的共同支撑假设检验

变量	类别	均值		偏差占比（%）	偏差减少比例（%）	t-test		V（T）/V（C）
		处理组	控制组			t	p > |t|	
ES	匹配前	5.417	4.858	48.400		10.290	0.000	0.980
	匹配后	5.417	5.522	-9.100	81.200	-1.690	0.092	0.490 *
EXP	匹配前	4.188	3.200	23.200		4.900	0.000	1.150 *
	匹配后	4.188	4.455	-6.300	73.000	-1.310	0.190	0.840 *
ED	匹配前	0.460	0.585	-48.200		-10.420	0.000	0.570 *
	匹配后	0.460	0.496	-14.000	70.900	-3.460	0.001	0.750 *
RDP	匹配前	3.414	2.539	57.100		12.130	0.000	0.970
	匹配后	3.414	3.149	17.300	69.700	1.560	0.303	0.840 *
EC	匹配前	0.397	0.078	16.500		3.310	0.001	95.20 *
	匹配后	0.397	0.311	4.500	72.800	1.010	0.314	32.31 *
TC	匹配前	0.272	0.057	58.900		12.100	0.000	3.490 *
	匹配后	0.272	0.298	-7.200	87.700	-1.220	0.221	0.770 *
RDE	匹配前	9.004	7.944	82.500		17.760	0.000	0.630 *
	匹配后	9.004	9.204	-15.600	81.100	-2.940	0.003	0.360 *

　　表 6 – 13 为政策组合对企业风险承担影响的影响结果。其中政策组合对企业共性技术项目承担数量的平均影响效应（ATT）为 0.178，不存在显著影响，政策组合对企业共性技术偏好度的平均影响效应（ATT）为 0.034，在 10% 水平上显著正相关。综上结果所述，政策组合可能会影响企业的共性技术项目偏好度，但是对企业共性技术项目承担数量不存在显著的影响。

表 6 – 13　　政策组合影响企业 R&D 活动风险承担行为的 ATT 分析

被解释变量	类别	处理组	控制组	ATT 值	标准误差	t 值
EGP	匹配前	0.446	0.181	0.265	0.075	3.520 ***
	匹配后	0.446	0.268	0.178	0.113	1.580
EGPP	匹配前	0.087	0.049	0.038	0.012	3.200 ***
	匹配后	0.087	0.053	0.034	0.020	1.710 *

表 6 - 14 为探究政策组合与单一政策的影响效果。根据结果可知，政策组合与直接资助的对比，对企业 R&D 活动风险承担行为存在显著的正向影响，政策组合与税收优惠对比，对企业 R&D 活动风险承担行为不存在显著的影响。进一步说明税收优惠是影响企业风险承担的关键因素。

表 6 - 14　　　　　　　　政策组合对比单一政策的 ATT 分析

被解释变量	类别	处理组	控制组	ATT 值	标准误差	t 值
			Mix_s			
EGP	匹配前	0.446	0.159	0.287	0.093	3.090 ***
	匹配后	0.446	0.195	0.251	0.089	2.820 ***
EGPP	匹配前	0.087	0.035	0.052	0.014	3.770 ***
	匹配后	0.087	0.052	0.035	0.016	2.160 ***
			Mix_t			
EGP	匹配前	0.446	0.628	-0.182	0.083	-2.200 **
	匹配后	0.446	0.419	0.027	0.108	0.250
EGPP	匹配前	0.087	0.152	-0.065	0.014	-4.830 ***
	匹配后	0.087	0.103	-0.017	0.018	-0.910

表 6 - 15 为综合上述五组子样本的实证结果，可知直接资助对企业 R&D 活动风险承担行为的影响较小，而税收优惠政策对企业 R&D 活动风险承担行为的影响更为显著。原假设并未得到验证。可能的原因在于承担共性技术项目的企业通常研发实力雄厚，因而对直接资助的感知力较弱，而税收优惠则是根据企业纳税多少决定资助强度，进行共性技术项目研发，研发投入较高，所享受的资助力度更大，因而对企业 R&D 活动风险承担行为的刺激效应更强烈。

表 6 - 15　　　　政府 R&D 资助不同方式影响企业 R&D 活动
　　　　　　　　　　　　风险承担行为的 ATT 分析汇总

被解释变量	类别	处理组	控制组	ATT 值	标准误差	t 值
			Sub			
EGP	匹配前	0.159	0.181	-0.022	0.054	-0.400
	匹配后	0.159	0.153	0.006	0.068	0.090

被解释变量	类别	处理组	控制组	ATT 值	标准误差	t 值
Sub						
EGPP	匹配前	0.035	0.049	−0.014	0.012	−1.200
	匹配后	0.035	0.043	−0.008	0.016	−0.490
Tax						
EGP	匹配前	0.628	0.181	0.447	0.075	5.970 ***
	匹配后	0.628	0.191	0.437	0.080	5.460 ***
EGPP	匹配前	0.152	0.049	0.103	0.014	7.460 ***
	匹配后	0.152	0.048	0.104	0.016	6.520 ***
Mix						
EGP	匹配前	0.446	0.181	0.265	0.075	3.520 ***
	匹配后	0.446	0.268	0.178	0.113	1.580
EGPP	匹配前	0.087	0.049	0.038	0.012	3.200 ***
	匹配后	0.087	0.053	0.034	0.020	1.710 *
Mix_s						
EGP	匹配前	0.446	0.159	0.287	0.093	3.090 ***
	匹配后	0.446	0.195	0.251	0.089	2.820 ***
EGPP	匹配前	0.087	0.035	0.052	0.014	3.770 ***
	匹配后	0.087	0.052	0.035	0.016	2.160 **
Mix_t						
EGP	匹配前	0.446	0.628	−0.182	0.083	−2.200 **
	匹配后	0.446	0.419	0.027	0.108	0.250
EGPP	匹配前	0.087	0.152	−0.065	0.014	−4.830 ***
	匹配后	0.087	0.103	−0.017	0.018	−0.910

6.3.2　静态视角下不同规模实证分析

按照第 4 章对企业规模的划分，可以将样本组分为大型企业、中型企业和小型企业三组，分别对每一样本组进行匹配分析，讨论政府 R&D 资助不同方式对不同规模企业的风险承担行为影响差异性。表 6-16 只展示了倾向得分匹配的结果，省略了过程部分。

表 6 – 16　　　　　不同规模下政府 R&D 资助不同方式的 ATT 分析

企业规模	资助类型	被解释变量	类别	处理组	控制组	ATT 值	标准误差	t 值
大型企业	Sub	EGP	匹配前	0.108	0.178	– 0.070	0.058	– 1.200
			匹配后	0.108	0.072	0.036	0.065	0.550
		EGPP	匹配前	0.028	0.052	– 0.024	0.013	– 1.790
			匹配后	0.028	0.028	0.000	0.017	0.030
	Tax	EGP	匹配前	0.708	0.178	0.530	0.085	6.270 ***
			匹配后	0.708	0.210	0.498	0.099	5.050 ***
		EGPP	匹配前	0.180	0.052	0.128	0.017	7.470 ***
			匹配后	0.180	0.053	0.127	0.021	6.030 ***
	Mix	EGP	匹配前	0.443	0.178	0.265	0.080	3.330 ***
			匹配后	0.443	0.349	0.093	0.132	0.710
		EGPP	匹配前	0.097	0.052	0.045	0.015	3.00 ***
			匹配后	0.097	0.084	0.013	0.027	0.480
	Mix_s	EGP	匹配前	0.443	0.108	0.335	0.096	3.490 ***
			匹配后	0.443	0.110	0.333	0.081	4.130 ***
		EGPP	匹配前	0.097	0.028	0.068	0.017	4.090 ***
			匹配后	0.097	0.044	0.053	0.018	2.990 ***
	Mix_t	EGP	匹配前	0.443	0.708	– 0.265	0.098	– 2.700 ***
			匹配后	0.443	0.611	– 0.169	0.132	– 1.280
		EGPP	匹配前	0.097	0.180	– 0.083	0.018	– 4.550 ***
			匹配后	0.097	0.141	– 0.044	0.025	– 1.740 *
中型企业	Sub	EGP	匹配前	0.343	0.075	0.268	0.134	2.010 ***
			匹配后	0.343	0.000	0.343	0.139	2.470 **
		EGPP	匹配前	0.061	0.012	0.049	0.022	2.200 **
			匹配后	0.061	0.000	0.061	0.023	2.630 ***
	Tax	EGP	匹配前	0.408	0.075	0.332	0.184	1.810 *
			匹配后	0.408	0.016	0.392	0.118	3.310 ***
		EGPP	匹配前	0.072	0.012	0.060	0.023	2.620 ***
			匹配后	0.072	0.004	0.068	0.015	4.600 ***
	Mix	EGP	匹配前	0.363	0.075	0.288	0.154	1.870 *
			匹配后	0.363	0.251	0.113	0.175	0.640
		EGPP	匹配前	0.068	0.012	0.056	0.022	2.520 **
			匹配后	0.068	0.021	0.047	0.027	1.740 *

企业规模	资助类型	被解释变量	类别	处理组	控制组	ATT 值	标准误差	t 值
中型企业	Mix_s	EGP	匹配前	0.363	0.343	0.020	0.191	0.100
			匹配后	0.363	0.476	−0.113	0.252	−0.450
		EGPP	匹配前	0.068	0.061	0.007	0.028	0.240
			匹配后	0.068	0.087	−0.020	0.041	−0.480
	Mix_t	EGP	匹配前	0.363	0.408	−0.044	0.153	−0.290
			匹配后	0.363	0.334	0.029	0.285	0.100
		EGPP	匹配前	0.068	0.072	−0.005	0.020	−0.220
			匹配后	0.068	0.042	0.026	0.029	0.890
小型企业	Sub	EGP	匹配前	0.227	0.550	−0.323	0.441	−0.730
			匹配后	0.227	1.000	−0.773	0.552	−1.400
		EGPP	匹配前	0.045	0.100	−0.055	0.073	−0.750
			匹配后	0.045	0.227	−0.182	0.138	−1.320
	Tax	EGP	匹配前	0.543	0.550	−0.007	0.368	−0.020
			匹配后	0.543	0.809	−0.266	0.532	−0.500
		EGPP	匹配前	0.100	0.100	0.000	0.056	0.000
			匹配后	0.100	0.191	−0.091	0.080	−1.140
	Mix	EGP	匹配前	0.737	0.550	0.187	0.591	0.320
			匹配后	0.737	2.958	−2.221	1.022	−2.170 **
		EGPP	匹配前	0.076	0.100	−0.024	0.052	−0.470
			匹配后	0.076	0.611	−0.535	0.224	−2.380 **
	Mix_s	EGP	匹配前	0.737	0.227	0.510	0.761	0.670
			匹配后	0.737	1.474	−0.737	0.625	−1.180
		EGPP	匹配前	0.076	0.045	0.030	0.060	0.500
			匹配后	0.076	0.295	−0.219	0.106	−2.070 **
	Mix_t	EGP	匹配前	0.737	0.543	0.194	0.416	0.470
			匹配后	0.737	0.284	0.453	0.457	0.990
		EGPP	匹配前	0.076	0.100	−0.024	0.041	−0.600
			匹配后	0.076	0.058	0.018	0.063	0.290

在大企业的样本组中，基于企业共性技术项目数量分析，直接资助对企业共性技术项目承担数量不存在显著的影响，税收优惠对企业共性技术项目在 1% 水平上显著正相关，政策组合对企业共性技术项目承担数量无显著影响。基于企业共性技术偏好度分析，直接资助对企业共性技术偏好度不存在显著影响，税收优惠对企业共性技术偏好度在 1% 水平上显著正相关。政策组合对企业共性技术偏好度不存在显著的影响。在政策组合和单一政策的对比中发现，政策组合与直接资助对比，对企业 R&D 活动风险承担行为呈现显著的正向影响，政策组合与税收优惠对比，对企业 R&D 活动风险承担行为呈现负向影响，并且对企业共性技术偏好度呈现显著的负向影响。

在中型企业的样本中，基于企业共性技术项目数量分析，直接资助对企业共性技术项目承担数量存在 5% 水平上的显著正相关，税收优惠对企业共性技术项目承担数量存在 1% 水平上的显著正相关，政策组合对企业共性技术项目承担数量不存在显著的正相关。基于企业共性技术偏好度分析，直接资助和税收优惠对企业共性技术偏好度均存在显著的正向影响。政策组合对企业共性技术偏好度在 10% 水平上显著正相关。在政策组合与单一政策的对比中，政策组合与单一政策之间不存在显著的差异性关系。

在小型企业中，基于企业共性技术项目数量分析，直接资助、税收优惠以及政策组合对企业共性技术项目承担数量呈现负向影响，其影响结果不显著。基于企业共性技术偏好度进行分析，直接资助、税收优惠对企业共性技术偏好度不存在显著的影响，政策组合对企业共性技术偏好度存在显著的负向影响。在政策组合和单一政策的对比中，政策组合相比直接资助存在负向影响，其中对共性技术偏好度存在显著的负向影响。政策组合相比税收优惠无显著差异性。

综上所述，可知税收优惠对企业 R&D 活动风险承担行为的影响在大型企业和中型企业中更为显著，对小型企业的影响效果较差。这与假设部分不符，可能的原因在于，一方面，小企业较少有能力承担共性技术项目；另一方面，税收优惠力度是根据企业投入和产出量进行衡量的。而小企业自身更多的是存在融资约束，在研发投入本身受到限制的影响下，税收优惠的效果相对较弱，而大企业资金实力雄厚，对政府直接资助的资金并不敏感，因而税收优惠在大型企业和中型企业中对企业 R&D 活动风险承担行为的影响更为显著。

6.3.3　静态视角下不同行业实证分析

按照第 4 章对行业属性的划分，可以将样本组分为电子与信息、生物医药技术、新材料、光机电一体化、新能源高效节能、环境保护、航空航天，由于样本主要集中在生物医药技术、新材料、光机电一体化三个行业，因此主要基于这个行业进行分析讨论政府 R&D 资助不同方式对不同行业的企业 R&D 活动风险承担行为影响差异性。表 6 - 17 只展示了倾向得分匹配的结果，省略了过程部分。

表 6 - 17　　不同行业属性下政府 R&D 资助不同方式的 ATT 分析

行业属性	资助类型	被解释变量	类别	处理组	控制组	ATT 值	标准误差	t 值
电子信息	Sub	EGP	匹配前	0.250	0.284	-0.034	0.138	-0.240
			匹配后	0.250	0.417	-0.167	0.229	-0.730
		EGPP	匹配前	0.065	0.079	-0.013	0.030	-0.450
			匹配后	0.065	0.133	-0.068	0.045	-1.510
	Tax	EGP	匹配前	0.716	0.284	0.432	0.166	2.610 **
			匹配后	0.716	0.261	0.454	0.197	2.310 **
		EGPP	匹配前	0.156	0.079	0.077	0.031	2.470 **
			匹配后	0.156	0.084	0.072	0.046	1.570
	Mix	EGP	匹配前	0.652	0.284	0.368	0.225	1.630
			匹配后	0.652	1.006	-0.354	0.373	-0.950
		EGPP	匹配前	0.129	0.079	0.051	0.031	1.610
			匹配后	0.129	0.213	-0.084	0.072	-1.170
	Mix_s	EGP	匹配前	0.652	0.250	0.402	0.273	1.470
			匹配后	0.652	0.663	-0.011	0.321	-0.030
		EGPP	匹配前	0.129	0.065	0.064	0.036	1.800
			匹配后	0.129	0.152	-0.022	0.058	-0.390
	Mix_t	EGP	匹配前	0.652	0.716	-0.064	0.244	-0.260
			匹配后	0.652	0.888	-0.236	0.341	-0.690
		EGPP	匹配前	0.129	0.156	-0.026	0.035	-0.750
			匹配后	0.129	0.199	-0.069	0.050	-1.370

行业属性	资助类型	被解释变量	类别	处理组	控制组	ATT 值	标准误差	t 值
生物医药	Sub	EGP	匹配前	0.355	0.114	0.241	0.284	0.850
			匹配后	0.355	0.000	0.355	0.273	1.300
		EGPP	匹配前	0.065	0.029	0.036	0.052	0.690
			匹配后	0.065	0.000	0.065	0.045	1.440
	Tax	EGP	匹配前	0.363	0.114	0.248	0.247	1.000
			匹配后	0.363	0.100	0.263	0.387	0.680
		EGPP	匹配前	0.063	0.029	0.034	0.045	0.750
			匹配后	0.063	0.025	0.038	0.093	0.410
	Mix	EGP	匹配前	0.345	0.114	0.231	0.233	0.990
			匹配后	0.345	0.035	0.310	0.518	0.600
		EGPP	匹配前	0.068	0.029	0.040	0.044	0.900
			匹配后	0.068	0.009	0.060	0.128	0.470
	Mix_s	EGP	匹配前	0.345	0.355	-0.010	0.277	-0.040
			匹配后	0.345	0.097	0.248	0.424	0.580
		EGPP	匹配前	0.068	0.065	0.004	0.050	0.080
			匹配后	0.068	0.018	0.051	0.070	0.720
	Mix_t	EGP	匹配前	0.345	0.363	-0.017	0.197	-0.090
			匹配后	0.345	0.186	0.159	0.265	0.600
		EGPP	匹配前	0.068	0.063	0.006	0.036	0.160
			匹配后	0.068	0.027	0.042	0.043	0.980
新材料	Sub	EGP	匹配前	0.135	0.229	-0.094	0.104	-0.900
			匹配后	0.135	0.226	-0.090	0.142	-0.640
		EGPP	匹配前	0.032	0.065	-0.033	0.024	-1.370
			匹配后	0.032	0.075	-0.043	0.038	-1.130
	Tax	EGP	匹配前	1.186	0.229	0.956	0.183	5.230 ***
			匹配后	1.186	0.262	0.924	0.177	5.220 ***
		EGPP	匹配前	0.291	0.065	0.226	0.031	7.180 ***
			匹配后	0.291	0.056	0.235	0.036	6.520 ***

续表

行业属性	资助类型	被解释变量	类别	处理组	控制组	ATT 值	标准误差	t 值
新材料	Mix	EGP	匹配前	0.775	0.229	0.546	0.179	3.060 ***
			匹配后	0.775	0.188	0.587	0.211	2.780 ***
		EGPP	匹配前	0.136	0.065	0.071	0.027	2.670 **
			匹配后	0.136	0.042	0.094	0.037	2.530 **
	Mix_s	EGP	匹配前	0.775	0.135	0.640	0.228	2.810 ***
			匹配后	0.775	0.181	0.594	0.210	2.830 ***
		EGPP	匹配前	0.136	0.032	0.104	0.031	3.340 **
			匹配后	0.136	0.052	0.085	0.035	2.440 **
	Mix_t	EGP	匹配前	0.775	1.186	−0.410	0.199	−2.060 **
			匹配后	0.775	0.757	0.018	0.234	0.080
		EGPP	匹配前	0.136	0.291	−0.154	0.031	−4.980 ***
			匹配后	0.136	0.201	−0.065	0.043	−1.500
光机电一体化	Sub	EGP	匹配前	0.171	0.095	0.076	0.112	0.680
			匹配后	0.171	0.073	0.098	0.130	0.750
		EGPP	匹配前	0.029	0.034	−0.005	0.025	−0.210
			匹配后	0.029	0.061	−0.032	0.046	−0.680
	Tax	EGP	匹配前	0.103	0.095	0.008	0.063	0.120
			匹配后	0.103	0.090	0.013	0.101	0.130
		EGPP	匹配前	0.060	0.034	0.026	0.026	0.980
			匹配后	0.060	0.038	0.022	0.035	0.620
	Mix	EGP	匹配前	0.222	0.095	0.127	0.108	1.180
			匹配后	0.222	0.049	0.173	0.152	1.140
		EGPP	匹配前	0.045	0.034	0.010	0.024	0.430
			匹配后	0.045	0.019	0.026	0.043	0.610
	Mix_s	EGP	匹配前	0.222	0.171	0.051	0.141	0.360
			匹配后	0.222	0.198	0.025	0.273	0.090
		EGPP	匹配前	0.045	0.029	0.015	0.026	0.600
			匹配后	0.045	0.033	0.011	0.045	0.260

续表

行业属性	资助类型	被解释变量	类别	处理组	控制组	ATT 值	标准误差	t 值
光机电一体化	Mix_t	EGP	匹配前	0.222	0.103	0.120	0.093	1.290
			匹配后	0.222	0.031	0.191	0.086	2.230 **
		EGPP	匹配前	0.045	0.060	-0.016	0.025	-0.630
			匹配后	0.045	0.031	0.014	0.025	0.560

在电子信息行业中，税收优惠对企业共性技术项目承担数量存在显著影响。根据实证结果可知，直接资助对企业 R&D 活动风险承担行为无显著影响，税收优惠对企业共性技术项目承担数量存在显著影响，但是对企业共性技术项目偏好度不存在显著影响。在政策组合和单一政策的对比中，对企业 R&D 活动风险承担行为也不存在显著性的差异。

在生物医药行业中。政府 R&D 资助不同方式对企业 R&D 活动风险承担行为的影响不显著。根据实证结果可知，无论是从企业承担共性技术项目数量还是共性技术项目偏好度而言，直接资助、税收优惠以及政策组合均不存在显著的影响。在政策组合和单一政策的对比中，对企业 R&D 活动风险承担行为也不存在显著性的差异。

在新材料领域中，税收优惠和政策组合对企业 R&D 活动风险承担行为呈现显著的正向影响。基于企业承担共性技术项目数量而言，直接资助对企业承担共性技术项目数量无显著影响，税收优惠和政策组合对企业承担共性技术项目数量均在 1% 水平上显著正相关。基于企业共性技术偏好度而言，直接资助无显著影响，税收优惠和政策组合存在显著的正向影响。在政策组合和单一政策的对比中，政策组合相比直接资助而言，对企业 R&D 活动风险承担行为存在显著的差异性，政策组合相比税收优惠而言，对企业 R&D 活动风险承担行为的影响无显著差异。

在光机电一体化行业中，政府 R&D 资助不同方式对企业 R&D 活动风险承担行为均不存在显著影响。根据实证结果显示，直接资助、税收优惠以及政策组合的方式对企业共性技术项目承担数量以及企业共性技术偏好度之间均不存在显著的影响。在政策组合和单一政策的对比中，政策组合与税收优惠的对比中，对企业共性技术项目承担数量之间存在显著的差异性。

综合上述对不同行业的分析可知，税收优惠均是对企业 R&D 活动风险承担行为影响最有效的资助方式。根据实证结果显示，在新材料行业中，税收优惠对企业 R&D 活动风险承担行为具有显著的正向影响，而在生物医药、光机电一体化行业中，显著性检验未通过。

6.3.4　动态视角下全样本实证分析

在实证分析政府 R&D 资助对企业 R&D 活动风险承担行为的平均影响之上，需要回答的第二个问题是政府 R&D 资助对企业 R&D 活动风险承担行为的动态性影响如何？是否存在持续性的诱导效应？首先通过观察匹配实施当年到第二年 ATT 的大小和显著性水平来检验政府 R&D 资助方式的影响。在探究政府 R&D 资助对企业 R&D 活动风险承担行为的影响中，由于需要匹配企业的项目信息，因此数据样本只匹配到了 2011～2013 年的381 家样本企业，在滞后项方面只能滞后两期。并且进一步需要说明的是为了证明资助的持续性效应，进一步对样本进行了筛选，选择出在当年受到资助而在未来两年内无资助的企业，由此可以证明政府 R&D 资助存在的持续性诱导效应。表 6 - 18、表 6 - 19 和表 6 - 20 分别为直接资助、税收优惠和政策组合在 T + 1 年、T + 2 年对企业 R&D 活动风险承担行为的影响。根据结果可知，直接资助、税收优惠以及政策组合在 T + 1 年、T + 2 年对企业 R&D 活动风险承担行为规模和倾向均不存在显著的影响。说明政府 R&D 资助对企业 R&D 活动风险承担行为改变并不存在显著的持续性影响。

表 6 - 18　　　　直接资助对企业共性风险承担行为的动态影响

被解释变量	类别	处理组	控制组	ATT 值	标准误差	t 值
EGP_{t+1}	匹配前	2.652	2.231	0.421	0.577	0.730
	匹配后	2.652	2.101	0.551	1.070	0.510
EGP_{t+2}	匹配前	2.406	2.308	0.098	0.539	0.180
	匹配后	2.406	1.957	0.449	0.917	0.490
$EGPP_{t+1}$	匹配前	0.644	0.713	- 0.069	0.207	- 0.330
	匹配后	0.644	0.734	- 0.090	0.363	- 0.250
$EGPP_{t+2}$	匹配前	0.417	0.368	0.049	0.067	0.740
	匹配后	0.417	0.325	0.093	0.117	0.790

表 6 - 19   税收优惠对企业 R&D 活动风险承担行为的动态影响

被解释变量	类别	处理组	控制组	ATT 值	标准误差	t 值
EGP_{t+1}	匹配前	3.622	2.231	1.391	0.900	1.550
	匹配后	3.622	2.267	1.356	1.005	1.350
EGP_{t+2}	匹配前	3.522	2.308	1.215	0.860	1.410
	匹配后	3.522	2.756	0.767	1.018	0.750
$EGPP_{t+1}$	匹配前	0.875	0.713	0.162	0.387	0.420
	匹配后	0.875	0.547	0.328	0.390	0.840
$EGPP_{t+2}$	匹配前	0.420	0.368	0.052	0.063	0.830
	匹配后	0.420	0.415	0.005	0.096	0.050

表 6 - 20   政策组合对企业 R&D 活动风险承担行为的动态影响

被解释变量	类别	处理组	控制组	ATT 值	标准误差	t 值
EGP_{t+1}	匹配前	3.243	2.231	1.012	0.524	1.93 *
	匹配后	3.243	3.590	-0.347	1.283	-0.270
EGP_{t+2}	匹配前	3.292	2.308	0.984	0.557	1.770
	匹配后	3.292	3.854	-0.563	1.062	-0.530
$EGPP_{t+1}$	匹配前	0.750	0.713	0.037	0.162	0.230
	匹配后	0.750	0.820	-0.070	0.520	-0.130
$EGPP_{t+2}$	匹配前	0.449	0.368	0.081	0.058	1.410
	匹配后	0.449	0.541	-0.091	0.128	-0.710

由于探究动态效应，倾向得分匹配采用当期值进行匹配，在滞后几年后，样本的基本特征可能与当初发生了较大的变化，因而有必要控制这些特征因素，在此基础之上进行多元回归分析，在回归中通过加入可能影响企业 R&D 活动风险承担行为的变量来控制上述问题。表 6 - 21 为综合不同资助方式对企业风险承担的动态影响，碍于文章篇幅，省略了控制变量部分，只对研究结果进行汇报。根据结果可知，政府 R&D 资助不同方式对企业 R&D 活动风险承担行为均不存在显著的持续性诱导效应，这与倾向得分匹配方法的估计一致，说明了结果的稳健性。

表 6-21   政府 R&D 资助不同方式对企业 R&D 活动
风险承担行为的动态影响

变量	EGP	EGPP	EGP	EGPP	EGP	EGPP
Sub_{t-1}	0.395 (0.627)	0.0218 (0.228)				
Sub_{t-2}	0.199 (0.587)	0.0835 (0.0744)				
Tax_{t-1}			0.118 (0.955)	−0.176 (0.418)		
Tax_{t-2}			−0.0809 (0.907)	0.0685 (0.0722)		
Mix_{t-1}					0.380 (0.577)	−0.0474 (0.187)
Mix_{t-2}					0.273 (0.611)	0.101 (0.0661)
Constant	−2.236 (1.767)	−0.839 (0.644)	−5.545 ** (2.433)	−1.698 (1.065)	−3.274 * (1.686)	−0.455 (0.545)
Observations	147	147	168	168	222	222
Adj Rsquared	0.108	0.078	0.182	0.139	0.125	0.032

根据加入时间变量的倾向得分匹配结果以及多元回归结果可知，政府 R&D 资助不同方式对企业 R&D 活动风险承担行为不存在显著的持续性诱导效应。可能的原因在于，共性技术项目本身风险高、研发投入高，周期长，通常企业承担共性技术项目之后需要在今后的几年内进行技术攻关，在较短时间内企业不会持续地增加共性技术项目承担量，一方面企业自身研发资金、研发人员存在限制；另一方面，企业需要保持市场份额，需要不断地进行渐进式创新，而不会在较短时间内持续性增加共性技术项目研发。在今后的研究中需要政府 R&D 资助对企业风险承担的中长期影响，例如 5~10 年以及 10 年以上。

6.3.5 动态视角下不同规模实证分析

由于在本书的样本中，主要为中小企业，大企业的样本数量较少，不适合滞后模型，因此本章主要针对中小企业来分析政府 R&D 资助不同方式对企业 R&D 活动风险承担行为的持续性诱导效应。表 6-22、表 6-23 以及表 6-24 为政府 R&D 资助不同方式对不同规模企业 R&D 活动风险承担行为的动态影响效果。结果显示，无论中型企业还是小型企业，政府 R&D 资助不同方式对企业风险承担均不存在显著的持续性影响。说明企业规模不是影响政府 R&D 资助持续效应的关键因素。上述分析中认为政府 R&D 资助不同方式对企业 R&D 活动风险承担行为的影响均不存在持续性的可能性原因在于共性技术项目的性质，而企业规模并不是关键的影响因素。

表 6-22　　　　不同企业规模下直接资助对企业 R&D 活动风险承担行为的动态影响分析

变量	中型企业		小型企业	
	EGP	EGPP	EGP	EGPP
Sub_{t-1}	1.691 (1.839)	0.840 (0.717)	-0.0427 (0.660)	-0.280 (0.236)
Sub_{t-2}	0.464 (2.107)	0.143 (0.208)	0.287 (0.584)	0.0957 (0.0851)
Constant	-12.94 (13.05)	-3.677 (5.088)	-5.410** (2.451)	-0.731 (0.876)
Observations	32	32	107	107
Adj Rsquared	0.203	0.152	0.147	0.091

表 6-23　　　　不同企业规模下税收优惠对企业 R&D 活动风险承担行为的动态影响分析

变量	中型企业		小型企业	
	EGP	EGPP	EGP	EGPP
Tax_{t-1}	0.623 (1.272)	0.00777 (0.363)	-0.214 (0.798)	-0.250 (0.261)
Tax_{t-2}	-1.453 (1.154)	-0.0808 (0.135)	0.383 (0.628)	0.161* (0.0928)
Constant	-2.087 (10.14)	0.273 (2.894)	-3.501 (2.878)	-0.139 (0.942)
Observations	48	48	104	104
Adj Rsquared	0.162	0.011	0.119	0.049

表 6 – 24   不同企业规模下政策组合对企业 R&D 活动
风险承担行为的动态影响分析

变量	中型企业		小型企业	
	EGP	EGPP	EGP	EGPP
Mix_{t-1}	2. 174 * (1. 295)	0. 509 (0. 387)	– 0. 0157 (0. 615)	– 0. 295 (0. 218)
Mix_{t-2}	0. 700 (1. 430)	0. 0662 (0. 121)	0. 354 (0. 548)	0. 143 (0. 0868)
Constant	– 15. 95 (10. 25)	– 1. 058 (3. 060)	– 3. 920 * (2. 212)	– 0. 0662 (0. 785)
Observations	76	76	128	128
Adj Rsquared	0. 225	0. 068	0. 117	0. 074

6.3.6   动态视角下不同行业实证分析

由于在本书的样本中，主要集中于新材料行业和光机电一体化行业，而这两类行业具有不同的属性，其中新材料行业技术密集度高，研发投入大，研发风险高；光机电一体化行业技术密集度较低，企业研发投入刚性较弱。因此本书主要针对这两类行业分析政府 R&D 资助不同方式对企业 R&D 活动风险承担行为的持续性诱导效应。表 6 – 25、表 6 – 26 以及表 6 – 27 为政府 R&D 资助不同方式对不同行业中企业 R&D 活动风险承担行为的动态影响结果。根据结果可知，行业属性在政府 R&D 资助的持续性效应中并未起到显著的影响作用。

表 6 – 25   不同行业属性下直接资助对企业 R&D 活动
风险承担行为的动态影响分析

变量	新材料		光机电一体化	
	EGP	EGPP	EGP	EGPP
Sub_{t-1}	0. 378 (1. 246)	0. 0407 (0. 375)	0. 990 (1. 182)	– 0. 118 (0. 520)
Sub_{t-2}	– 0. 245 (0. 926)	0. 196 (0. 146)	0. 836 (1. 167)	0. 123 (0. 120)

变量	新材料		光机电一体化	
	EGP	EGPP	EGP	EGPP
Constant	0.848 (3.695)	0.277 (1.112)	−1.651 (3.777)	−0.228 (1.663)
Observations	40	40	51	51
Adj Rsquared	0.075	0.176	0.130	0.103

表 6 – 26　　　不同行业属性下税收优惠对企业 **R&D** 活动
风险承担行为的动态影响分析

变量	新材料		光机电一体化	
	EGP	EGPP	EGP	EGPP
Tax_{t-1}	−0.349 (1.411)	0.0940 (0.313)	0.505 (1.176)	−0.00997 (0.552)
Tax_{t-2}	0.154 (1.260)	0.188 (0.139)	0.593 (1.101)	0.0993 (0.130)
Constant	−1.305 (3.637)	1.281 (0.807)	−2.697 (2.853)	−0.458 (1.338)
Observations	52	52	49	49
Adj Rsquared	0.094	0.034	0.167	0.114

表 6 – 27　　　不同行业属性下税收优惠对企业 **R&D** 活动
风险承担行为的动态影响分析

变量	新材料		光机电一体化	
	EGP	EGPP	EGP	EGPP
Mix_{t-1}	1.266 (0.995)	0.195 (0.274)	1.340 (1.206)	0.105 (0.442)
Mix_{t-2}	0.473 (0.921)	0.209 (0.127)	1.087 (1.122)	0.210* (0.117)
Constant	−0.259 (2.822)	0.789 (0.776)	−4.437 (3.757)	−0.430 (1.378)
Observations	62	62	72	72
Adj Rsquared	0.139	0.080	0.183	0.077

6.3.7 稳健性检验

为检验政府资助对研发投入行为影响的准确性，本书选择用半径匹配法、核匹配以及 Heckman 两阶段模型进行稳健性检验，为了节省篇幅选择只报告 ATT 值以及相应的 t 值，Heckman 两阶段模型只展示直接资助对企业 R&D 活动风险承担行为的影响，其中税收优惠和政策组合的影响碍于文章篇幅进行省略，根据表 6-28 和表 6-29 可以看出结果与最近邻匹配一致，结果稳健。

表 6-28　　　　　　　　基于半径匹配以及核匹配的稳健性检验

被解释变量	类别	处理组	控制组	ATT 值	标准误差	t 值
Sub						
半径匹配						
EGP	匹配前	0.159	0.180	-0.021	0.053	-0.390
EGP	匹配后	0.153	0.187	-0.034	0.061	-0.560
EGPP	匹配前	0.035	0.049	-0.014	0.011	-1.220
EGPP	匹配后	0.033	0.049	-0.015	0.013	-1.190
核匹配						
EGP	匹配前	0.159	0.180	-0.021	0.053	-0.390
EGP	匹配后	0.159	0.177	-0.018	0.059	-0.310
EGPP	匹配前	0.035	0.049	-0.014	0.011	-1.220
EGPP	匹配后	0.035	0.047	-0.012	0.012	-0.950
Tax						
半径匹配						
EGP	匹配前	0.628	0.180	0.448	0.073	6.140 ***
EGP	匹配后	0.630	0.225	0.405	0.069	5.900 ***
EGPP	匹配前	0.154	0.049	0.105	0.014	7.710 ***
EGPP	匹配后	0.155	0.053	0.102	0.014	7.460 ***

续表

被解释变量	类别	处理组	控制组	ATT 值	标准误差	t 值
			Tax			
			核匹配			
EGP	匹配前	0.628	0.180	0.448	0.073	6.140 ***
	匹配后	0.628	0.219	0.409	0.067	6.080 ***
EGPP	匹配前	0.154	0.049	0.105	0.014	7.710 ***
	匹配后	0.154	0.053	0.101	0.013	7.620 ***
			Mix			
			半径匹配			
EGP	匹配前	0.446	0.180	0.266	0.074	3.610 ***
	匹配后	0.438	0.283	0.155	0.092	1.690 ***
EGPP	匹配前	0.087	0.049	0.038	0.012	3.220 ***
	匹配后	0.085	0.064	0.021	0.017	1.230
			核匹配			
EGP	匹配前	0.446	0.180	0.266	0.074	3.610 ***
	匹配后	0.446	0.274	0.172	0.087	1.970 *
EGPP	匹配前	0.087	0.049	0.038	0.012	3.220 ***
	匹配后	0.087	0.064	0.023	0.016	1.380

表 6 - 29   Heckman 两阶段模型稳健性检验结果

变量	(1)	(2)	(4)	(5)
	第二阶段	第一阶段	第二阶段	第一阶段
	EGP	Sub	EGPP	Sub
Sub	-3.695 (4.764)		-0.377 (0.580)	
ES	-0.372 (0.649)	-0.296 *** (0.0518)	-0.0353 (0.0788)	-0.296 *** (0.0518)
EXP	-0.000657 (0.0232)	0.00316 (0.0102)	-0.000479 (0.00269)	0.00316 (0.0102)

续表

变量	(1)	(2)	(4)	(5)
	第二阶段	第一阶段	第二阶段	第一阶段
	EGP	Sub	EGPP	Sub
ED	-0.634 (1.027)	-0.445*** (0.136)	-0.0656 (0.125)	-0.445*** (0.136)
RDP	0.119 (0.240)	0.103*** (0.0288)	0.00610 (0.0293)	0.103*** (0.0288)
EC	0.601 (0.845)	0.394*** (0.132)	0.0458 (0.102)	0.394*** (0.132)
TC	0.230 (0.581)	0.261* (0.148)	0.00612 (0.0694)	0.261* (0.148)
RDE	0.410 (0.539)	0.247*** (0.0375)	0.0507 (0.0652)	0.247*** (0.0375)
Lambda		2.222** (3.195)		0.180** (0.392)
Constant		-1.004*** (0.247)		-1.004*** (0.247)
Observations	1331	1331	1331	1331

6.4　结果讨论

6.4.1　研究假设检验部分

前面围绕第 3 章得出的研究假设，实证检验了政府 R&D 资助对企业 R&D 活动风险承担行为的影响，首先基于倾向得分匹配的方式构建了政府 R&D 资助对企业 R&D 活动风险承担行为的影响模型。其次，基于动态效应，构建政府 R&D 资助对风险承担行为的持续性诱导效应模型；最后实证分析政府 R&D 资助不同方式对不同规模、不同行业属性等方面对企业 R&D 活动风险承担行为的影响，并得出实证结果。具体结果如表 6 – 30 所示，其中 H4、H10、H12 获得了部分支持，H5、H6

和 H11 实证结果不支持。

表 6 – 30   假设检验结果的汇总

序号	研究假设	验证结果	备注
H4	政府 R&D 资助对企业 R&D 活动风险承担行为（规模、行为倾向）具有显著的正向影响	部分支持	直接资助和政策组合对企业 R&D 活动风险承担行为不具有显著的正向影响
			税收优惠对企业 R&D 活动风险承担行为具有显著的正向影响
H5	直接资助方式相比于税收优惠来说，更能够提升企业 R&D 活动风险承担行为（规模、行为倾向）	不支持	税收优惠的相比直接资助更能提升企业的风险承担行为
H6	政府 R&D 资助对企业 R&D 活动风险承担行为（规模、行为倾向）存在积极显著的持续性影响	不支持	政府 R&D 资助不同方式对企业 R&D 活动风险承担行为均不具有显著的持续性影响
H10	政策组合相比于单一政策更能够积极显著地影响企业的创新行为（规模、行为倾向）	部分支持	政策组合与直接政策相比，对企业 R&D 活动风险承担行为具有积极显著的正向影响
			政策组合与税收优惠相比，对企业 R&D 活动风险承担行为不具有显著的影响
H11	企业规模对政府 R&D 资助与企业创新行为（规模、行为倾向）之间的调节作用呈现显著的负相关影响	不支持	静态效应下，企业规模对税收优惠与企业 R&D 活动风险承担行为之间存在显著的正向调节
			动态效应下，企业规模不存在显著的调节作用
H12	行业差异能显著调节政府 R&D 资助对企业创新行为（规模、行为倾向）的影响	部分支持	静态效应下，行业属性能显著调节政府 R&D 资助对企业 R&D 活动风险承担行为的影响
			动态效应下，行业属性不具有显著的调节作用

6.4.2 主要结论与讨论

通过实证探究政府 R&D 资助不同方式对企业 R&D 活动风险承担行为的影响，其中既包括采用倾向得分匹配的方式探究政府 R&D 资助对企业

R&D 活动风险承担行为的影响，也包括基于动态效应下探究政府 R&D 资助对企业 R&D 活动风险承担行为持续性的诱导效应。并对样本进一步地进行分类，分为不同规模以及不同行业进行分析，其结果如下。

税收优惠对企业 R&D 活动风险承担行为具有显著的影响。实证结果表明：税收优惠能够显著地增加企业共性技术项目以及企业共性技术偏好度。而直接资助和政策组合对企业 R&D 活动风险承担行为无显著的影响，这与假设部分不符，其可能的原因在于，承担共性技术项目的企业通常研发实力雄厚，因而对直接资助的感知力较弱，而税收优惠则是根据企业纳税多少决定资助强度，进行共性技术项目研发，研发投入较高，所享受的资助力度更大，因而对企业 R&D 活动风险承担行为的刺激效应更强烈。

政府 R&D 资助不同方式对企业 R&D 活动风险承担行为的影响均不存在持续性。根据实证结果显示，虽然税收优惠对企业 R&D 活动风险承担行为具有显著的正向影响，但这种影响不存在持续性。其可能的原因在于，共性技术项目本身风险高、研发投入高，周期长，通常企业承担共性技术项目之后需要在今后的几年内进行技术攻关，在较短时间内企业不会持续地增加共性技术项目承担量，一方面企业自身研发资金、研发人员存在限制；另一方面，企业需要保持市场份额，需要不断地进行渐进式创新，而不会在较短时间内持续性增加共性技术项目研发。在今后的研究中需要政府 R&D 资助对企业风险承担的中长期影响，例如 5～10 年以及 10 年以上。

政策组合效应不是单一政策效应的简单叠加，而是呈现复杂的影响。实证结果显示，在政策组合和单一政策的对比中发现，政策组合与直接资助相比在企业 R&D 活动风险承担行为中存在显著的正向影响，但是政策组合与税收优惠政策相比，呈现负向影响，说明政策组合弱化了资助效果。由此表明政策组合并不呈现多种政策效应的叠加，而是会存在内在反应。

企业规模在政府 R&D 资助效果的调节中存在复杂的影响。静态效应分析，税收优惠在大企业和中型企业中对企业 R&D 活动风险承担行为的影响效果高于小企业。在动态效应分析中，发现企业规模并不是影响政府 R&D 资助持续性效应的关键因素。其可能的原因在于：一方面而言，小企业较少有能力承担共性技术项目；另一方面，税收优惠力度是根据企业投入和产出量进行衡量的。而小企业自身更多的是存在融资约束，在研发投入本身受到限制的影响下，税收优惠的效果相对较弱，而大企业资金实力雄厚，对政府直接资助的资金并不敏感，因而税收优惠在大型企业和中型企业中对企业 R&D 活动风险承担行为的影响更为显著。

行业属性差异会造成政府 R&D 资助效果的差异。静态效应分析，税收优惠在新材料行业中对企业 R&D 活动风险承担行为的影响最佳，而在生物医药和光机电一体化行业中，显著性检验未通过。动态效应分析，行业属性对政府 R&D 资助的持续性诱导效应影响不显著。

综上所述，税收优惠对企业 R&D 活动风险承担行为起到显著影响，而其他 R&D 资助方式则无明显作用。经过多种稳健性检验，其结果依然如此，说明现实情境下税收优惠相比直接资助更能刺激企业 R&D 活动风险承担行为。在假设部分本书基于融资强度以及决策方式的差异认为直接资助优于税收优惠，而未考虑能够承担共性技术项目的企业一般来说为大企业，而大企业本身研发资金充裕，因而直接资助的"锦上添花"作用并不明显。因此在今后政府制定相关政策时需要加大税收优惠的力度，以此转变企业 R&D 活动风险承担行为。并且进一步的研究发现税收优惠对企业 R&D 活动风险承担行为并无明显的持续性影响，可以从两方面来分析这个问题：一方面可能是源于资助力度的问题，由于在本书的研究并未考虑资助力度，而只是标记为是否存在，因此无法探究是否是因为资助力度不足无法诱导企业 R&D 风险承担行为的持续性增长。另一方面是企业是否有足够的能力持续增加共性技术项目研发，由于企业的共性技术项目研发周期长，是否是在研发周期结束之后继续承担等都需要进行深入的研究。

6.5　本章小结

本章主要针对政府 R&D 资助不同方式对企业 R&D 活动风险承担行为的影响进行实证研究。首先，一方面在静态背景下利用倾向得分匹配的方式构建政府 R&D 资助不同方式对企业 R&D 活动风险承担行为的模型；另一方面在动态背景下，加入时间因素构建政府 R&D 资助不同方式对企业 R&D 活动风险承担行为的模型，并对相关变量进行定义。其次，对变量进行描述性统计分析，按照企业享受不同资助方式进行分组，通过双尾 t 检验探究不同组别变量间的差异，并对变量进行相关性以及稳定性的检验。再次，分别针对政府 R&D 资助不同方式对全样本、不同企业规模、不同行业属性等进行回归分析，初步得到分析结果。最后，对回归结果进行归纳分析与讨论，得出本章的主要研究结论。

第 7 章

政府 R&D 资助不同方式对企业外部技术获取行为的影响

7.1 研究设计

7.1.1 变量测量

在本章中探究的主要问题为政府 R&D 资助对企业外部技术获取行为的影响。首先利用倾向得分匹配的方式探究政府 R&D 资助对企业外部技术获取行为的平均影响效应；其次基于动态效应下分析，政府 R&D 资助对企业外部技术获取模式的影响是否存在持续性；最后分析不同规模、不同行业属性在政府 R&D 资助效果中的调节作用。

基于倾向得分匹配方法需要三种样本变量：结果变量、处理变量和协变量。结果变量分别研究外部技术获取行为规模和倾向的改变，采用相对值和绝对值表示，其中分别为基于科学的合作经费支出、基于市场的合作经费支出、引进购买经费支出、基于科学的外部技术获取率、基于市场的外部技术获取率和引进购买率。处理变量为虚拟变量，按照企业享受不同资助情况，分为五组分析。协变量：代表企业特征的变量。在本章的研究中，分别采用企业规模、企业研发人员数量、企业出口规模、资产负债率以及企业资质作为协变量。以上变量定义均在前文具有详细的分析，在此不再赘述。

7.1.2　模型设定

首先，采用倾向得分匹配的方法检验政府 R&D 资助对企业外部技术获取行为的影响，分析政府 R&D 资助是否增加每一种外部技术获取方式的规模，是否使得企业转变其外部技术获取模式等，其中倾向得分匹配的方法已经在第 5 章的实证方法中做了详细介绍，在此不再赘述。本书中采用最近邻匹配 1∶1 验证政府 R&D 资助对企业外部技术获取行为的平均影响效应，并采用半径匹配、核匹配以及 Heckman 两阶段模型进行稳健性检验。其次，加入时间变量探究政府 R&D 资助的激励效应是否存在持续性，本书采用两种方式探究政府 R&D 资助的持续性诱导效应。其一为在倾向得分匹配的基础上加入时间变量，考察政府 R&D 资助实施当年到滞后三年对企业外部技术获取行为的影响。其二，由于相隔几年，当年企业匹配的特征可能发生改变，因此采用多元回归的方式加入可能影响的变量加以控制，进一步检验政府 R&D 资助对企业外部技术获取的动态影响。以下主要介绍动态情境下的回归模型。

动态情境下的回归模型。根据前面的理论假设，本书将要探究两方面的内容，其一为外部技术获取规模的改变，即政府 R&D 资助是否增加了每一种外部技术获取方式的经费支出；其二为企业外部技术获取方式的转变，因变量主要采用绝对值和相对值表示。分别为基于科学的合作经费支出、基于市场的合作经费支出、引进购买经费支出、基于科学的外部技术获取率、基于市场的外部技术获取率以及引进购买率，将企业享受的不同资助方式（subsidy）作为解释变量。同时加入企业规模、企业研发人员数量、出口规模、资产负债率、研发资金投入、企业资质等作为控制变量（X），构建模型，i 表示企业样本，变量 ε 代表企业差异的随机误差项探究持续性的诱导效应，需要引入时间变量 t，构建政府 R&D 资助对企业研发投入行为的回归模型。

$$SC_{it} = \alpha_1 + \beta_1 subsidy_{it} + \beta_2 X_{it} + \varepsilon_{it} \qquad (7-1)$$

$$SC_{it} = \alpha_2 + \sum_1^3 \beta_3 subsidy\_year_{it} + \beta_4 X_{it} + \varepsilon_{it} \qquad (7-2)$$

其中，模型（7-1）用来检验政府 R&D 资助的整体激励效应，模型（7-2）用来检验政府 R&D 资助的动态激励效应。我们将模型（7-2）中的 subsidy 哑变量分解成一组实施之后的年份哑变量，分别刻画政府 R&D 资助实施之后第一年到第三年对企业外部技术获取模式的影响。

7.2　数据处理与相关检验

7.2.1　样本描述性统计

表 7 - 1 和表 7 - 2 为样本的描述性统计分析，其中采用双尾 t 检验的方式考察接受政府 R&D 资助与未接受政府 R&D 资助的差异性。表 7 - 1 为直接资助、税收优惠以及政策组合子样本中，接受政府 R&D 资助与不接受资助的描述性统计分析。可以看到在只接受直接资助与不接受任何资助的企业组成的子样本中，企业规模、研发人员、企业资质以及企业外部技术获取费用支出及外部技术获取率均存在显著差异。而企业出口规模、资产负债率以及是否在科技园三个变量不存在显著的差异性。在税收优惠和不接受任何资助的企业组成的子样本中，企业外部技术获取费用支出以及企业外部技术获取率均不存在显著差异。在政策组合与不接受任何资助政策的企业组成的样本中，企业出口规模、是否位于科技园、不存在显著的差异性，而其他的变量之间均存在显著的差异性。综上所述，出口规模在接受政府 R&D 资助的企业中和未接受资助的企业中均不存在显著的差异性。另外可以发现，税收优惠可能对企业外部技术获取行为影响较小。

表 7 - 1　　　　　　政府 R&D 资助不同方式的描述性统计分析

变量名称	直接资助 vs 没有资助		间接资助 vs 没有资助		政策组合 vs 没有资助	
	平均数	标准差	平均数	标准差	平均数	标准差
ES	5. 348 ***	1. 064	5. 465 ***	1. 033	5. 650 ***	1. 054
EXP	1. 322	1. 091	1. 314	1. 113	1. 344	1. 108
ED	0. 561	0. 252	0. 521 ***	0. 239	0. 501 ***	0. 230
RDP	3. 115 ***	1. 454	3. 328 ***	1. 405	3. 622 ***	1. 383
EC	0. 203 ***	0. 403	0. 163 **	0. 370	0. 339 ***	0. 494
TC	0. 177 ***	0. 386	0. 159 ***	0. 371	0. 324 ***	0. 489
EP	0. 185	0. 389	0. 133 ***	0. 340	0. 175	0. 380
因变量						
SC	1. 146 ***	2. 349	0. 630	1. 794	1. 784 ***	2. 752

续表

变量名称	直接资助 vs 没有资助		间接资助 vs 没有资助		政策组合 vs 没有资助	
	平均数	标准差	平均数	标准差	平均数	标准差
MA	1.751 ***	2.779	0.991	2.211	2.392 ***	3.052
IN	0.414 ***	1.620	0.283	1.358	0.621 ***	2.031
SCR	0.011 ***	0.032	0.006	0.023	0.011 ***	0.027
MAR	0.024 ***	0.058	0.015	0.049	0.022 ***	0.048
INR	0.008 *	0.048	0.005	0.035	0.008 *	0.041

　　表 7-2 探究政策组合与单一政策相比变量之间的差异性。结果表明，控制变量层面，出口规模依然不存在显著的差异性。研发资金投入这一变量在政策组合与直接资助的对比中不存在显著的差异性，而在政策组合与税收优惠的对比中存在显著的差异性。在因变量层面，政策组合与直接资助的对比中，基于市场的外部技术获取费用支出、引进购买的外部费用支出、基于科学的外部技术获取率以及均不存在显著的差异性，而在政策组合与税收优惠的对比中，因变量层面均存在显著差异，也进一步说明直接资助对企业外部技术获取支出的作用更强。

表 7-2　　　　　　　政策组合与单一政策对比的描述性统计分析

变量名称	政策组合 vs 直接资助		政策组合 vs 税收优惠	
	平均数	标准差	平均数	标准差
ES	5.750 ***	1.012	5.722 ***	0.997
EXP	1.330	1.102	1.322	1.115
ED	0.486 ***	0.215	0.478 **	0.212
RDP	3.789 ***	1.294	3.755 ***	1.283
EC	0.410 ***	0.514	0.323 ***	0.485
TC	0.383 ***	0.507	0.313 ***	0.481
EP	0.176	0.381	0.141 ***	0.348
因变量				
SC	2.244 **	2.925	1.568 ***	2.635
MA	3.016	3.175	2.118 ***	2.970
IN	0.751	2.216	0.563 ***	1.946
SCR	0.014	0.030	0.010 ***	0.025

变量名称	政策组合 vs 直接资助		政策组合 vs 税收优惠	
	平均数	标准差	平均数	标准差
MAR	0. 028 ***	0. 053	0. 020 ***	0. 048
INR	0. 011 **	0. 048	0. 008 ***	0. 039

7.2.2　变量及模型检验

为了提高模型的有效性对数据进行了如下处理：（1）对主要的连续变量取对数降低异方差的影响。（2）对主要的连续变量在1%水平上进行缩尾，减少异常值干扰。（3）为避免变量之间的多重共线性，进行了方差膨胀因子检验，检验结果如表 7 – 3 所示。可以看到其中变量的平均 VIF 为 1. 37，小于 5，可以判定变量之间不存在严重的多重共线性，对因变量不造成显著的影响。

表 7 – 3　　　　　　　　　　方差膨胀因子检验

变量	VIF	1/VIF
ES	2. 060	0. 486
RDP	1. 650	0. 605
TC	1. 510	0. 661
EC	1. 370	0. 732
EXP	1. 220	0. 820
ED	1. 040	0. 958
EP	1. 030	0. 968
Mean VIF	1. 370	

表 7 – 4 为变量之间的相关性分析。因为分为五个子样本，分别列出太占篇幅，因此主要以直接资助为例进行分析，通过分析结果可知，直接资助与基于科学的合作经费支出、基于市场的合作经费支出以及引进购买经费支出之间存在正相关的关系，基于科学的合作经费支出和基于市场的经费支出两者之间的相关系数较高，但是在后续的回归模型中，两者并不

会存在同一个模型中，因而不存在影响。

表 7 - 4　　　　　　　　　　　相关性分析

变量	1	2	3	4	5	6	7	8	9	10	11
SC	1.000										
MA	0.773	1.000									
IN	0.132	0.203	1.000								
Sub	0.276	0.332	0.111	1.000							
ES	0.183	0.141	0.043	0.105	1.000						
EXP	0.037	0.010	0.009	-0.024	0.405	1.000					
ED	-0.033	-0.037	-0.024	-0.060	0.125	0.043	1.000				
RDP	0.194	0.149	0.018	0.128	0.612	0.238	0.048	1.000			
EC	0.339	0.286	0.087	0.232	0.346	0.068	-0.033	0.249	1.000		
TC	0.300	0.244	0.028	0.186	0.449	0.186	-0.061	0.382	0.465	1.000	
EP	0.001	0.057	-0.034	0.013	-0.102	-0.112	-0.089	-0.116	-0.052	-0.011	1.000

面板数据模型的平稳性检验。由于面板数据反应时间和截面，因而也可能存在单位根，需要在进行回归前进行面板的平稳性检验。本书的数据属于大 N 小 T 的短而宽的面板。本书将采用 ADF - Fisher、Harris - Tzavalis 两种方式进行面板的平稳性检验，如果各种方式检验均拒绝存在单位根的原假设，则认为序列是平稳的，可以避免伪回归的情况。表 7 - 5 为检验结果。经过对各个指标的检验，除了 EC 以外其余指标均拒绝原假设，即不存在单位根，其中 EC 进行 ADF - Fisher 检验发现大于 0.1 无法拒绝原假设，进而对其进行 IPS、LLC 检验均发现不存在单位根，因而认为指标序列是平稳的。

表 7 - 5　　　　　　　　　　　平稳性检验

变量	ADF - Fisher	ht
SC	1076.756	-0.198
	0.038	0.000

续表

变量	ADF – Fisher	ht
MA	1186.835	− 0.152
	0.000	0.000
IN	1313.508	− 0.257
	0.000	0.000
SCR	1126.100	− 0.193
	0.003	0.000
MAR	1644.663	− 0.148
	0.000	0.000
INR	2052.615	− 0.090
	0.000	0.000
ES	1751.801	− 0.054
	0.000	0.000
EXP	1966.605	− 0.076
	0.000	0.000
ED	1877.480	− 0.006
	0.000	0.000
RDP	2171.372	− 0.175
	0.000	0.000
EC	870.064	− 0.169
	0.998	0.000
TC	2887.805	− 0.084
	0.000	0.000

7.3　政府 R&D 资助对企业外部技术获取行为的实证分析

7.3.1　静态视角下全样本实证分析

前面已经对数据变量进行到了检验，以下倾向得分匹配模型的步骤分析计算结果。根据企业享受资助方式的不同，本书将全样本分为五个子样本。分别对每一子样本进行倾向得分匹配分析，分析结果如下。

1. 直接资助与没有资助子样本

基于模型设计部分介绍的方法，首先基于直接资助决策方程，计算每一个企业享受直接资助的倾向性得分（propensity score），并根据该得分对参与企业和未参与企业进行匹配，匹配方式采用文献中最为常用的最近邻匹配方法。表7－6为影响直接资助的 Probit 回归结果。可知企业资质对企业获得直接资助具有显著的影响，而其他的变量均不存在显著的影响。

表7－6　　　　　　　　直接资助的 Probit 分析

变量	(1) Sub
ES	−0.00907 (0.0713)
EXP	−0.0764 (0.0528)
ED	−0.251 (0.213)
RDP	0.0686 (0.0465)
EC	0.567 *** (0.148)
TC	0.288 * (0.163)
EP	0.0653 (0.135)
Constant	−0.332 (0.313)
Observations	610

进行倾向得分匹配的第二步为共同支撑检验。即证明匹配结果的有效性，在匹配之后，测试组与控制组在企业特征方面不存在显著的差异性。表7－7为共同支撑假设检验结果，根据结果看各控制变量均不存在显著

的差异性，即证明匹配效果良好。

表 7 - 7　　　　　　　　　直接资助的共同支撑假设

变量	类别	均值		偏差占比（%）	偏差减少比例（%）	t-test		V(T)/V(C)
		处理组	控制组			t	p > |t|	
ES	匹配前	5.482	5.255	21.500		2.610	0.009	0.920
	匹配后	5.482	5.546	- 6.000	72.000	- 0.670	0.504	0.890
EXP	匹配前	1.290	1.344	- 4.900		- 0.600	0.549	0.950
	匹配后	1.290	1.347	- 5.300	- 6.200	- 0.580	0.559	0.930
ED	匹配前	0.542	0.573	- 12.400		- 1.490	0.136	0.820
	匹配后	0.542	0.528	5.700	54.400	0.630	0.527	0.820
RDP	匹配前	3.337	2.959	26.300		3.180	0.002	0.920
	匹配后	3.337	3.363	- 1.800	93.300	- 0.200	0.842	0.930
EC	匹配前	0.315	0.125	46.900		5.870	0.000	1.970 *
	匹配后	0.315	0.295	4.900	89.500	0.480	0.629	1.040
TC	匹配前	0.263	0.117	37.500		4.670	0.000	1.780 *
	匹配后	0.263	0.295	- 8.200	78.200	- 0.800	0.427	0.930
EP	匹配前	0.191	0.181	2.600		0.320	0.751	1.040
	匹配后	0.191	0.215	- 6.100	- 134.900	- 0.660	0.507	0.920

　　表 7 - 8 是采用倾向得分匹配的运算结果。根据结果可知，首先基于外部技术获取经费支出的绝对值来看，直接资助对基于科学的合作经费支出的平均影响效应（ATT）为 0.979，在 1% 水平上显著正相关，对基于市场的合作经费支出的平均影响效应（ATT）为 1.629，在 1% 水平上显著正相关。对引进购买的经费支出的平均影响效应（ATT）为 1.629，不存在显著影响。其次基于外部技术获取率的相对值分析，直接资助对基于科学的外部技术获取率的平均影响效应（ATT）为 0.003，不存在显著影响，直接资助对基于市场的外部技术获取率的平均影响效应（ATT）为 0.017，在 5% 水平上显著正相关。直接资助对基于引进购买的外部技术获取率的平均影响效应（ATT）为 - 0.00023，不存在显著影响。

表7-8　　　　　　　　　　直接资助的ATT分析

被解释变量	类别	处理组	控制组	ATT值	标准误差	t值
SC	匹配前	1.922	0.603	1.319	0.186	7.09***
	匹配后	1.922	0.943	0.979	0.270	3.62***
SCR	匹配前	0.015	0.007	0.008	0.003	3.14***
	匹配后	0.015	0.012	0.003	0.004	0.750
MA	匹配前	2.854	0.980	1.874	0.216	8.680***
	匹配后	2.854	1.226	1.629	0.310	5.260***
MAR	匹配前	0.036	0.015	0.020	0.005	4.310***
	匹配后	0.036	0.019	0.017	0.007	2.440**
IN	匹配前	0.629	0.264	0.366	0.133	2.760***
	匹配后	0.629	0.604	0.026	0.222	0.120
INR	匹配前	0.012	0.005	0.007	0.004	1.780*
	匹配后	0.012	0.013	0.000	0.007	-0.030

通过以上分析可知，直接资助能够有效地增加企业合作经费支出，对引进购买经费支出的影响不显著。说明直接资助能够增加企业外部技术获取行为的规模。直接资助对企业基于市场的外部技术获取率存在显著的影响，而对基于科学的外部技术获取率以及基于引进购买的外部技术获取率不存在显著影响，说明直接资助能够改变企业外部技术获取行为的实施方式，其改变模式为使得企业更加偏向于企业之间的合作。

2. 税收优惠与没有资助

以下通过倾向得分匹配方法研究税收优惠对企业外部技术获取行为的影响。表7-9为影响税收优惠的Probit回归分析，其结果可知企业规模、研发人员对企业获得税收优惠具有显著的正相关关系，出口规模、资产负债率以及是否位于产业园区与企业获得税收优惠存在显著的负相关关系。

表7-9　　　　　　　　　　税收优惠的Probit分析

变量	(1)
	Tax
ES	0.155***
	(0.0553)

续表

变量	(1) Tax
EXP	-0.119 *** (0.0416)
ED	-1.018 *** (0.180)
RDP	0.129 *** (0.0365)
EC	0.0486 (0.138)
TC	0.0113 (0.141)
EP	-0.343 *** (0.122)
Constant	-0.171 (0.250)
Observations	994

表 7 - 10 为共同支撑假设检验结果，根据结果可知，匹配之后各控制变量均不存在显著的差异性，即证明匹配效果良好。

表 7 - 10　　　　　　　税收优惠的共同支撑假设检验

变量	类别	均值		偏差占比 (%)	偏差减少比例 (%)	t-test		V(T)/ V(C)
		处理组	控制组			t	p>|t|	
ES	匹配前	5.583	5.255	31.800		4.870	0.000	0.840 *
	匹配后	5.583	5.636	-5.100	84.000	-0.920	0.359	0.890
EXP	匹配前	1.297	1.344	-4.200		-0.630	0.527	1.030
	匹配后	1.297	1.297	0.000	99.600	0.000	0.998	0.980
ED	匹配前	0.491	0.573	-34.000		-5.270	0.000	0.700 *
	匹配后	0.491	0.486	2.200	93.600	0.410	0.685	0.81 *

续表

变量	类别	均值		偏差占比（%）	偏差减少比例（%）	t-test		V(T)/V(C)
		处理组	控制组			t	p > |t|	
RDP	匹配前	3.537	2.959	41.300		6.350	0.000	0.810*
	匹配后	3.537	3.478	4.200	89.700	0.780	0.436	0.910
EC	匹配前	0.184	0.125	16.300		2.420	0.016	1.370*
	匹配后	0.184	0.178	1.700	89.300	0.290	0.771	1.030
TC	匹配前	0.183	0.117	18.200		2.690	0.007	1.400*
	匹配后	0.183	0.191	-2.200	88.000	-0.360	0.722	0.970
EP	匹配前	0.106	0.181	-21.700		-3.390	0.001	0.640*
	匹配后	0.106	0.124	-5.400	75.000	-1.060	0.291	0.870

表 7-11 是税收优惠对企业外部技术获取行为的运算结果。整体来看，无论是基于规模的改变还是基于实施方式的改变，税收优惠均不具有显著影响。

表 7-11　　　　　　　　　税收优惠的 ATT 分析

被解释变量	类别	处理组	控制组	ATT 值	标准误差	t 值
SC	匹配前	0.646	0.603	0.043	0.119	0.360
	匹配后	0.646	0.669	-0.023	0.185	-0.130
SCR	匹配前	0.005	0.007	-0.002	0.002	-1.420
	匹配后	0.005	0.007	-0.002	0.003	-0.590
MA	匹配前	0.998	0.980	0.018	0.146	0.120
	匹配后	0.998	1.001	-0.003	0.219	-0.010
MAR	匹配前	0.014	0.015	-0.002	0.003	-0.470
	匹配后	0.014	0.011	0.003	0.004	0.770
IN	匹配前	0.294	0.264	0.030	0.090	0.340
	匹配后	0.294	0.293	0.001	0.134	0.010
INR	匹配前	0.005	0.005	-0.001	0.002	-0.230
	匹配后	0.005	0.004	0.000	0.003	0.090

3. 政策组合与没有资助

表 7 - 12 为影响政策组合的 Probit 回归分析，其结果可知企业规模、研发人员对企业获得税收优惠具有显著的正相关关系，出口规模、资产负债率以及是否位于产业园区与企业获得税收优惠存在显著的负相关关系。

表 7 - 12　　　　　　　　　政策组合的 Probit 分析

变量	(1)
	Mix
ES	0.107 * (0.0603)
EXP	- 0.143 *** (0.0428)
ED	- 1.197 *** (0.190)
RDP	0.222 *** (0.0406)
EC	0.556 *** (0.116)
TC	0.351 *** (0.120)
EP	- 0.0180 (0.113)
Constant	- 0.346 (0.262)
Observations	1106

表 7 - 13 为共同支撑假设检验结果，根据结果可知各控制变量均基本不存在显著的差异性，即证明匹配效果良好。

表 7 - 13　　　　　　　　　政策组合的共同支撑假设

变量	类别	均值		偏差占比 （%）	偏差减少比例 （%）	t-test		V(T)/ V(C)
		处理组	控制组			t	p > |t|	
ES	匹配前	5.840	5.255	56.600		8.950	0.000	0.840 *
	匹配后	5.840	5.898	- 5.600	90.100	- 0.990	0.322	0.620 *

变量	类别	均值		偏差占比（%）	偏差减少比例（%）	t-test		V(T)/V(C)
		处理组	控制组			t	p > |t|	
EXP	匹配前	1.344	1.344	0.000		0.000	1.000	1.020
	匹配后	1.344	1.244	9.000	84.100	1.690	0.091	0.920
ED	匹配前	0.467	0.573	−45.400		−7.400	0.000	0.600*
	匹配后	0.467	0.450	7.200	84.100	1.430	0.153	0.650*
RDP	匹配前	3.940	2.959	72.700		11.710	0.000	0.690*
	匹配后	3.940	3.990	−3.700	94.900	−0.760	0.446	0.880
EC	匹配前	0.442	0.125	72.000		10.450	0.000	2.510*
	匹配后	0.442	0.336	24.100	66.600	4.090	0.000	1.240*
TC	匹配前	0.423	0.117	70.200		10.190	0.000	2.480*
	匹配后	0.423	0.427	−0.900	98.700	−0.150	0.880	1.060
EP	匹配前	0.171	0.181	−2.500		−0.400	0.691	0.960
	匹配后	0.171	0.165	1.800	31.000	0.350	0.730	1.030

表 7 - 14 是政策组合对企业外部技术获取行为的影响结果。首先根据外部技术获取支出的绝对值层面分析，政策组合能够显著影响合作研发费用支出和引进购买费用支出。其中对基于科学的合作经费支出的平均影响效应（ATT）为 1.235，在 1% 水平上显著正相关，对基于市场的合作经费支出的平均影响效应（ATT）为 1.603，在 1% 水平上显著正相关，对基于引进购买经费支出的平均影响效应（ATT）为 1.235，在 5% 水平上显著正相关。其次根据外部技术获取率的相对值层面分析，政策组合对基于科学的外部技术获取率、基于市场的外部技术获取率以及引进购买率均不存在显著影响。

表 7 - 14　　　　　　　　政策组合的 ATT 分析

被解释变量	类别	处理组	控制组	ATT 值	标准误差	t 值
SC	匹配前	2.352	0.603	1.749	0.169	10.360**
	匹配后	2.352	1.117	1.235	0.253	4.890***

被解释变量	类别	处理组	控制组	ATT 值	标准误差	t 值
SCR	匹配前	0.013	0.007	0.006	0.002	3.530 ***
	匹配后	0.013	0.010	0.004	0.003	1.120
MA	匹配前	3.070	0.980	2.090	0.186	11.250 ***
	匹配后	3.070	1.468	1.603	0.294	5.440 ***
MAR	匹配前	0.025	0.015	0.010	0.003	3.140 ***
	匹配后	0.025	0.015	0.010	0.007	1.500
IN	匹配前	0.792	0.264	0.528	0.130	4.080 ***
	匹配后	0.792	0.378	0.414	0.182	2.280 **
INR	匹配前	0.010	0.005	0.005	0.003	1.780 *
	匹配后	0.010	0.007	0.003	0.005	0.700

　　基于上述分析可知，政策组合显著地增加了每一种外部技术获取方式的费用支出，说明政策组合有利于改变企业外部技术获取支出规模，但是对企业外部技术获取率的影响不显著，说明政策组合对企业外部技术获取实施方式的转变影响较小。可能的原因在于，企业外部技术获取方式之间存在一种平衡，外力的影响可能很难打破这种平衡。

　　4. 政策组合与单一政策对比

　　表 7-15 为政策组合与单一政策之间影响企业外部技术获取行为的效果差异。为了减少篇幅，将匹配过程部分省略，这部分仅对结果进行展示。通过结果可知，在政策组合与直接资助的对比中发现，政策组合对企业外部技术获取行为的影响与直接资助的影响无论是从经费支出还是外部技术获取率均不存在显著的差异性。甚至政策组合对企业基于科学的外部技术获取率相比直接资助而言，存在显著的负相关。在政策组合与税收优惠的对比中发现，政策组合对企业外部技术获取费用支出存在显著的差异性，政策组合对企业基于科学的外部技术获取率和基于市场的外部技术获取率均存在显著差异，但是对企业引进购买率的影响不存在显著的差异。

表 7 – 15　　　　　　　　　　政策组合对比单一政策的 ATT 分析

被解释变量	类别	处理组	控制组	ATT 值	标准误差	t 值
			Mix_s			
SC	匹配前	2.352	1.922	0.430	0.213	2.020 **
	匹配后	2.352	2.732	– 0.380	0.300	– 1.270
SCR	匹配前	0.013	0.015	– 0.002	0.002	– 0.900
	匹配后	0.013	0.021	– 0.008	0.004	– 2.070 **
MA	匹配前	3.070	2.854	0.216	0.232	0.930
	匹配后	3.070	3.537	– 0.467	0.325	– 1.430
MAR	匹配前	0.025	0.036	– 0.011	0.004	– 2.740 ***
	匹配后	0.025	0.035	– 0.009	0.006	– 1.630
IN	匹配前	0.792	0.629	0.163	0.162	1.010
	匹配后	0.792	0.624	0.168	0.190	0.880
INR	匹配前	0.010	0.012	– 0.002	0.004	– 0.670
	匹配后	0.010	0.010	0.000	0.005	– 0.010
			Mix_t			
SC	匹配前	2.352	0.646	1.706	0.135	12.670 ***
	匹配后	2.352	1.030	1.322	0.181	7.310 ***
SCR	匹配前	0.013	0.005	0.008	0.001	6.380 ***
	匹配后	0.013	0.006	0.007	0.002	3.870 ***
MA	匹配前	3.070	0.998	2.072	0.150	13.780 ***
	匹配后	3.070	1.427	1.643	0.209	7.880 ***
MAR	匹配前	0.025	0.014	0.011	0.003	4.320 ***
	匹配后	0.025	0.015	0.010	0.004	2.760 ***
IN	匹配前	0.792	0.294	0.498	0.104	4.780 ***
	匹配后	0.792	0.468	0.324	0.140	2.310 **
INR	匹配前	0.010	0.005	0.005	0.002	2.490 **
	匹配后	0.010	0.007	0.003	0.003	0.720

　　通过上述的分析可知，政策组合的效力并非高于单一政策，甚至可能会弱于单一政策。在政策组合与直接资助的对比中发现，政策组合对企业

基于科学的外部技术获取率弱于直接资助的影响。

　　表 7 - 16 为政府 R&D 资助不同方式影响企业外部技术获取行为的汇总表。综上所述，直接资助有利于促进企业外部技术获取合作经费的支出，并且使企业更加偏向于基于市场的合作研发。税收优惠对企业外部技术获取行为不存在显著影响。政策组合对企业外部技术获取支出规模具有显著的影响，但是对外部技术获取倾向的转变无显著影响。

表 7 - 16　　　　　　　　　政府不同方式的 ATT 汇总分析

被解释变量	类别	处理组	控制组	ATT 值	标准误差	t 值
Sub						
SC	匹配前	1. 922	0. 603	1. 319	0. 186	7. 090***
	匹配后	1. 922	0. 943	0. 979	0. 270	3. 620***
SCR	匹配前	0. 015	0. 007	0. 008	0. 003	3. 140***
	匹配后	0. 015	0. 012	0. 003	0. 004	0. 750
MA	匹配前	2. 854	0. 980	1. 874	0. 216	8. 680***
	匹配后	2. 854	1. 226	1. 629	0. 310	5. 260***
MAR	匹配前	0. 036	0. 015	0. 020	0. 005	4. 310***
	匹配后	0. 036	0. 019	0. 017	0. 007	2. 440**
IN	匹配前	0. 629	0. 264	0. 366	0. 133	2. 760***
	匹配后	0. 629	0. 604	0. 026	0. 222	0. 120
Tax						
INR	匹配前	0. 012	0. 005	0. 007	0. 004	1. 780*
	匹配后	0. 012	0. 013	0. 000	0. 007	- 0. 030
SC	匹配前	0. 646	0. 603	0. 043	0. 119	0. 360
	匹配后	0. 646	0. 669	- 0. 023	0. 185	- 0. 130
SCR	匹配前	0. 005	0. 007	- 0. 002	0. 002	- 1. 420
	匹配后	0. 005	0. 007	- 0. 002	0. 003	- 0. 590
MA	匹配前	0. 998	0. 980	0. 018	0. 146	0. 120
	匹配后	0. 998	1. 001	- 0. 003	0. 219	- 0. 010
MAR	匹配前	0. 014	0. 015	- 0. 002	0. 003	- 0. 470
	匹配后	0. 014	0. 011	0. 003	0. 004	0. 770

被解释变量	类别	处理组	控制组	ATT 值	标准误差	t 值
			Tax			
IN	匹配前	0.294	0.264	0.030	0.090	0.340
	匹配后	0.294	0.293	0.001	0.134	0.010
			Mix			
INR	匹配前	0.005	0.005	-0.001	0.002	-0.230
	匹配后	0.005	0.004	0.000	0.003	0.090
SC	匹配前	2.352	0.603	1.749	0.169	10.360 ***
	匹配后	2.352	1.117	1.235	0.253	4.890 ***
SCR	匹配前	0.013	0.007	0.006	0.002	3.530 ***
	匹配后	0.013	0.010	0.004	0.003	1.120
MA	匹配前	3.070	0.980	2.090	0.186	11.250 ***
	匹配后	3.070	1.468	1.603	0.294	5.440 ***
MAR	匹配前	0.025	0.015	0.010	0.003	3.140 ***
	匹配后	0.025	0.015	0.010	0.007	1.500
IN	匹配前	0.792	0.264	0.528	0.130	4.080 ***
	匹配后	0.792	0.378	0.414	0.182	2.280 **
INR	匹配前	0.010	0.005	0.005	0.003	1.780 *
	匹配后	0.010	0.007	0.003	0.005	0.700

7.3.2   静态视角下不同规模实证分析

按照第 4 章对企业规模的划分，可以将样本组分为大型企业、中型企业和小型企业三组，分别对每一样本组进行匹配分析，讨论政府 R&D 资助不同方式对不同规模企业的外部技术获取行为的影响差异性。表 7-17 只展示了倾向得分匹配的结果，省略了过程部分。

表 7-17   不同规模下政府 R&D 资助不同方式影响的 ATT 分析

企业规模	资助类型	被解释变量	类别	处理组	控制组	ATT 值	标准误差	t 值
大型企业	Sub	SC	匹配前	4.209	0.357	3.852	0.912	4.220 ***
			匹配后	4.209	3.193	1.016	1.642	0.620
		SCR	匹配前	0.022	0.001	0.021	0.009	2.260 **
			匹配后	0.022	0.008	0.014	0.010	1.450

企业规模	资助类型	被解释变量	类别	处理组	控制组	ATT 值	标准误差	t 值
大型企业	Sub	MA	匹配前	5.192	0.709	4.483	0.942	4.760 ***
			匹配后	5.192	3.508	1.684	1.963	0.860
		MAR	匹配前	0.036	0.002	0.034	0.013	2.590 **
			匹配后	0.036	0.009	0.027	0.013	2.050 **
		IN	匹配前	0.415	0.541	-0.126	0.673	-0.190
			匹配后	0.415	0.000	0.415	0.415	1.000
		INR	匹配前	0.003	0.014	-0.011	0.014	-0.820
			匹配后	0.003	0.000	0.003	0.003	1.000
	Tax	SC	匹配前	0.293	0.276	0.017	0.327	0.050
			匹配后	0.293	0.000	0.293	0.170	1.720
		SCR	匹配前	0.001	0.001	0.000	0.001	-0.020
			匹配后	0.001	0.000	0.001	0.001	1.390
		MA	匹配前	0.555	0.548	0.007	0.491	0.010
			匹配后	0.555	0.899	-0.344	0.649	-0.530
		MAR	匹配前	0.003	0.001	0.002	0.005	0.480
			匹配后	0.003	0.002	0.002	0.003	0.560
		IN	匹配前	0.473	0.418	0.055	0.520	0.110
			匹配后	0.473	0.460	0.013	0.950	0.010
		INR	匹配前	0.009	0.011	-0.002	0.013	-0.170
			匹配后	0.009	0.012	-0.003	0.025	-0.130
	Mix	SC	匹配前	3.432	0.276	3.156	0.729	4.330 ***
			匹配后	3.432	0.805	2.627	0.798	3.290 ***
		SCR	匹配前	0.012	0.001	0.011	0.004	2.650 **
			匹配后	0.012	0.002	0.010	0.003	3.550 ***
		MA	匹配前	4.367	0.548	3.818	0.797	4.790 ***
			匹配后	4.367	2.334	2.033	1.036	1.960 *
		MAR	匹配前	0.028	0.001	0.027	0.012	2.200 **
			匹配后	0.028	0.005	0.023	0.006	3.730 ***

续表

企业规模	资助类型	被解释变量	类别	处理组	控制组	ATT值	标准误差	t值
大型企业	Mix	IN	匹配前	1.392	0.418	0.975	0.688	1.420
			匹配后	1.392	0.750	0.642	1.138	0.560
		INR	匹配前	0.012	0.011	0.000	0.010	0.050
			匹配后	0.012	0.020	-0.008	0.029	-0.280
	Mix_s	SC	匹配前	3.579	4.209	-0.630	0.856	-0.740
			匹配后	3.579	6.014	-2.435	1.841	-1.320
		SCR	匹配前	0.012	0.022	-0.010	0.006	-1.590
			匹配后	0.012	0.057	-0.044	0.021	-2.120**
		MA	匹配前	4.357	5.192	-0.835	0.915	-0.910
			匹配后	4.357	7.436	-3.079	1.768	-1.740
		MAR	匹配前	0.029	0.036	-0.007	0.015	-0.470
			匹配后	0.029	0.113	-0.084	0.030	-2.830***
		IN	匹配前	1.434	0.415	1.019	0.750	1.360
			匹配后	1.434	0.649	0.785	1.047	0.750
		INR	匹配前	0.013	0.003	0.010	0.010	0.970
			匹配后	0.013	0.005	0.008	0.009	0.940
	Mix_t	SC	匹配前	3.432	0.293	3.139	0.454	6.920***
			匹配后	3.432	0.186	3.246	0.533	6.090***
		SCR	匹配前	0.012	0.001	0.011	0.003	4.350***
			匹配后	0.012	0.000	0.011	0.002	4.780***
		MA	匹配前	4.367	0.555	3.812	0.513	7.440***
			匹配后	4.367	0.346	4.020	0.764	5.260***
		MAR	匹配前	0.028	0.003	0.025	0.008	3.210***
			匹配后	0.028	0.002	0.026	0.009	2.780***
		IN	匹配前	1.392	0.473	0.920	0.453	2.030**
			匹配后	1.392	0.318	1.074	0.745	1.440
		INR	匹配前	0.012	0.009	0.003	0.007	0.360
			匹配后	0.012	0.009	0.003	0.018	0.160

续表

企业规模	资助类型	被解释变量	类别	处理组	控制组	ATT 值	标准误差	t 值
中型企业	Sub	SC	匹配前	2.557	0.869	1.687	0.384	4.390 ***
			匹配后	2.557	1.913	0.643	0.566	1.140
		SCR	匹配前	0.022	0.001	0.021	0.009	2.260 **
			匹配后	0.022	0.008	0.014	0.010	1.450
		MA	匹配前	3.158	1.329	1.829	0.429	4.260 ***
			匹配后	3.158	2.524	0.634	0.626	1.010
		MAR	匹配前	0.036	0.002	0.034	0.013	2.590 ***
			匹配后	0.036	0.009	0.027	0.013	2.050 **
		IN	匹配前	0.622	0.640	-0.018	0.305	-0.060
			匹配后	0.622	0.854	-0.232	0.490	-0.470
		INR	匹配前	0.003	0.014	-0.011	0.014	-0.820
			匹配后	0.003	0.000	0.003	0.003	1.000
	Tax	SC	匹配前	0.831	0.869	-0.038	0.252	-0.150
			匹配后	0.831	1.023	-0.192	0.343	-0.560
		SCR	匹配前	0.001	0.001	0.000	0.001	-0.020
			匹配后	0.001	0.000	0.001	0.001	1.390
		MA	匹配前	1.136	1.329	-0.193	0.299	-0.650
			匹配后	1.136	1.389	-0.252	0.391	-0.650
		MAR	匹配前	0.003	0.001	0.002	0.005	0.480
			匹配后	0.003	0.002	0.002	0.003	0.560
		IN	匹配前	0.428	0.640	-0.212	0.219	-0.970
			匹配后	0.428	0.747	-0.319	0.339	-0.940
		INR	匹配前	0.009	0.011	-0.002	0.013	-0.170
			匹配后	0.009	0.012	-0.003	0.025	-0.130
	Mix	SC	匹配前	2.891	0.869	2.022	0.340	5.950 ***
			匹配后	2.891	2.547	0.344	0.482	0.710
		SCR	匹配前	0.012	0.001	0.011	0.004	2.650 ***
			匹配后	0.012	0.002	0.010	0.003	3.550 ***

续表

企业规模	资助类型	被解释变量	类别	处理组	控制组	ATT 值	标准误差	t 值
中型企业	Mix	MA	匹配前	3.623	1.329	2.294	0.362	6.340 ***
			匹配后	3.623	2.796	0.828	0.539	1.540
		MAR	匹配前	0.028	0.001	0.027	0.012	2.200 **
			匹配后	0.028	0.005	0.023	0.006	3.730 ***
		IN	匹配前	1.024	0.640	0.384	0.295	1.300
			匹配后	1.024	1.202	−0.178	0.505	−0.350
		INR	匹配前	0.012	0.011	0.000	0.010	0.050
			匹配后	0.012	0.020	−0.008	0.029	−0.280
	Mix_s	SC	匹配前	2.891	2.557	0.335	0.382	0.880
			匹配后	2.891	2.896	−0.004	0.522	−0.010
		SCR	匹配前	0.012	0.022	−0.010	0.006	−1.590
			匹配后	0.012	0.057	−0.044	0.021	−2.120 **
		MA	匹配前	3.623	3.158	0.465	0.403	1.150
			匹配后	3.623	3.252	0.371	0.552	0.670
		MAR	匹配前	0.029	0.036	−0.007	0.015	−0.470
			匹配后	0.029	0.113	−0.084	0.030	−2.830 ***
		IN	匹配前	1.024	0.622	0.402	0.313	1.280
			匹配后	1.024	0.437	0.587	0.362	1.620
		INR	匹配前	0.013	0.003	0.010	0.010	0.970
			匹配后	0.013	0.005	0.008	0.009	0.940
	Mix_t	SC	匹配前	2.891	0.831	2.060	0.234	8.820 ***
			匹配后	2.891	1.002	1.889	0.340	5.560 ***
		SCR	匹配前	0.012	0.001	0.011	0.003	4.350 ***
			匹配后	0.012	0.000	0.011	0.002	4.780 ***
		MA	匹配前	3.623	1.136	2.487	0.253	9.830 ***
			匹配后	3.623	1.389	2.234	0.387	5.780 ***
		MAR	匹配前	0.028	0.003	0.025	0.008	3.210 ***
			匹配后	0.028	0.002	0.026	0.009	2.780 ***

企业规模	资助类型	被解释变量	类别	处理组	控制组	ATT 值	标准误差	t 值
中型企业	Mix_t	IN	匹配前	1.024	0.428	0.596	0.197	3.030***
			匹配后	1.024	0.775	0.249	0.273	0.910
		INR	匹配前	0.012	0.009	0.003	0.007	0.360
			匹配后	0.012	0.009	0.003	0.018	0.160
小型企业	Sub	SC	匹配前	1.318	0.524	0.794	0.208	3.830***
			匹配后	1.318	0.543	0.775	0.290	2.670***
		SCR	匹配前	0.013	0.008	0.005	0.003	1.510
			匹配后	0.013	0.009	0.004	0.005	0.830
		MA	匹配前	2.412	0.883	1.529	0.256	5.960***
			匹配后	2.412	0.919	1.493	0.355	4.200***
		MAR	匹配前	0.038	0.018	0.020	0.007	3.050***
			匹配后	0.038	0.015	0.023	0.008	3.020***
		IN	匹配前	0.660	0.114	0.545	0.144	3.800***
			匹配后	0.660	0.000	0.660	0.164	4.020***
		INR	匹配前	0.014	0.001	0.013	0.004	2.970***
			匹配后	0.014	0.000	0.014	0.005	2.700***
	Tax	SC	匹配前	0.589	0.524	0.065	0.143	0.460
			匹配后	0.589	0.382	0.207	0.208	1.000
		SCR	匹配前	0.006	0.008	-0.002	0.002	-0.960
			匹配后	0.006	0.005	0.001	0.003	0.330
		MA	匹配前	0.986	0.883	0.103	0.178	0.580
			匹配后	0.986	0.706	0.280	0.267	1.050
		MAR	匹配前	0.017	0.018	-0.001	0.005	-0.190
			匹配后	0.017	0.015	0.003	0.008	0.340
		IN	匹配前	0.180	0.114	0.065	0.076	0.860
			匹配后	0.180	0.156	0.023	0.105	0.220
		INR	匹配前	0.003	0.001	0.002	0.002	1.090
			匹配后	0.003	0.001	0.002	0.001	1.570

续表

企业规模	资助类型	被解释变量	类别	处理组	控制组	ATT 值	标准误差	t 值
小型企业	Mix	SC	匹配前	1.530	0.524	1.006	0.185	5.440 ***
			匹配后	1.530	0.525	1.005	0.268	3.740 ***
		SCR	匹配前	0.011	0.008	0.003	0.002	1.270
			匹配后	0.011	0.007	0.004	0.005	0.910
		MA	匹配前	2.173	0.883	1.290	0.211	6.110 ***
			匹配后	2.173	0.844	1.328	0.303	4.380 ***
		MAR	匹配前	0.021	0.018	0.003	0.004	0.650
			匹配后	0.021	0.018	0.003	0.006	0.490
		IN	匹配前	0.400	0.114	0.285	0.106	2.690 ***
			匹配后	0.400	0.108	0.292	0.132	2.200 **
		INR	匹配前	0.006	0.001	0.005	0.002	2.000 ***
			匹配后	0.006	0.001	0.005	0.002	2.730 ***
	Mix_s	SC	匹配前	1.530	1.318	0.212	0.242	0.870
			匹配后	1.530	1.400	0.130	0.387	0.340
		SCR	匹配前	0.011	0.013	−0.002	0.003	−0.750
			匹配后	0.011	0.014	−0.003	0.005	−0.490
		MA	匹配前	2.173	2.412	−0.239	0.277	−0.870
			匹配后	2.173	2.189	−0.017	0.463	−0.040
		MAR	匹配前	0.021	0.038	−0.017	0.005	−3.380 ***
			匹配后	0.021	0.035	−0.014	0.011	−1.270
		IN	匹配前	0.400	0.660	−0.260	0.166	−1.560
			匹配后	0.400	0.913	−0.513	0.313	−1.640
		INR	匹配前	0.006	0.014	−0.008	0.004	−1.770 *
			匹配后	0.006	0.020	−0.014	0.009	−1.510
	Mix_t	SC	匹配前	1.530	0.589	0.941	0.164	5.750 ***
			匹配后	1.530	0.489	1.041	0.211	4.940 ***
		SCR	匹配前	0.011	0.006	0.005	0.002	2.780 ***
			匹配后	0.011	0.004	0.008	0.002	3.490 ***

企业规模	资助类型	被解释变量	类别	处理组	控制组	ATT 值	标准误差	t 值
小型企业	Mix_t	MA	匹配前	2.173	0.986	1.187	0.189	6.290***
			匹配后	2.173	0.948	1.225	0.247	4.960***
		MAR	匹配前	0.021	0.017	0.004	0.004	0.960
			匹配后	0.021	0.013	0.008	0.005	1.590
		IN	匹配前	0.400	0.180	0.220	0.099	2.230**
			匹配后	0.400	0.248	0.152	0.143	1.060
		INR	匹配前	0.006	0.003	0.003	0.002	1.190
			匹配后	0.006	0.007	-0.001	0.003	-0.300

在大企业和中型企业的样本组中，政策组合对企业外部技术获取行为的影响效果最佳。首先基于绝对值层面分析，在大企业的样本中，直接资助和税收优惠基本对企业外部技术获取费用支出不存在显著的影响。政策组合对企业科学的合作经费支出和基于市场的合作经费支出具有显著的影响，对引进购买的经费支出不存在显著的影响。其次基于相对值层面分析，直接资助有利于企业基于市场的外部技术获取率，而对基于科学的外部技术获取率和引进购买率无显著影响。税收优惠对企业外部技术获取率均不存在显著的影响。政策组合对企业基于科学的外部技术获取率、基于市场的外部技术获取率存在显著的影响。在政策组合和单一政策的对比中发现，基于绝对值层面的分析中，政策组合与税收优惠对比能够显著增加企业的外部技术获取费用支出。基于相对值分析，政策组合与直接对比，能够负向显著影响企业基于科学的外部技术获取率和基于市场的外部技术获取率。政策组合与税收优惠相比，对企业基于科学的外部技术获取率和基于市场的外部技术获取率均存在显著的正向影响。

在小企业的样本中，直接资助和政策组合均有利于企业外部技术获取行为。首先基于绝对值层面分析，在小企业中，直接资助和政策组合均有利于每一项外部技术获取行为的费用支出，但是税收优惠对企业外部技术获取费用支出影响不显著。其次基于相对值层面分析，直接资助和政策组合有利于企业基于市场的外部技术获取率以及引进购买率，但对企业基于科学的外部技术获取率无显著影响。在政策组合和单一政策的对比中发现，政策组合与税收优惠对比，对企业基于科学的合作经费支出、基于市场的合作经费支出以及基于市场的外部技术获取率均存在显著差异，政策组合与直接资助对比，企业的外部技术获取行为不存在显著的差异性。

基于上述大中型、小型样本的实证结果中发现，政府 R&D 资助对小企业的影响更为显著。首先，基于绝对值层分析，直接资助对大中型样本的企业外部技术获取费用支出均不存在显著影响，而对小型企业的基于科学的外部技术获取支出和基于市场的外部技术获取支出存在显著的影响。另外，在大中型企业的样本中，仅有政策组合对企业外部技术获取行为产生影响，而在小型企业中，直接资助方式和政策组合方式均能够对企业外部技术获取行为产生影响。其次，基于相对值分析，在大中型企业中，直接资助有利于企业基于市场的外部技术获取率，在小型企业中直接资助有利于企业基于市场的外部技术获取率以及引进购买率。因此认为政府 R&D 资助政策对小企业的外部技术获取行为影响更为显著。

7.3.3　静态视角下不同行业实证分析

按照第 4 章对行业属性的划分，可以将样本组分为电子与信息、生物医药技术、新材料、光机电一体化、新能源高效节能、环境保护、航空航天，由于样本主要集中在生物医药技术、新材料、光机电一体化三个行业，因此主要基于这个行业进行分析讨论政府 R&D 资助不同方式对不同行业的外部技术获取行为影响差异性。表 7 - 18 展示了倾向得分匹配的结果，省略了过程部分。

表 7 - 18　不同行业属性下政府 R&D 资助不同方式影响的 ATT 分析

行业属性	资助类型	被解释变量	类别	处理组	控制组	ATT 值	标准误差	t 值
电子信息行业	Sub	SC	匹配前	1.407	0.281	1.126	0.418	2.700 ***
			匹配后	1.407	0.000	1.407	0.491	2.870 ***
		SCR	匹配前	0.019	0.003	0.016	0.007	2.340 **
			匹配后	0.019	0.000	0.019	0.008	2.330 **
		MA	匹配前	0.891	1.127	0.542	2.080	4.760 ***
			匹配后	0.711	1.307	0.905	1.440	0.860
		MAR	匹配前	0.031	0.016	0.015	0.012	1.250
			匹配后	0.031	0.020	0.010	0.027	0.380

行业属性	资助类型	被解释变量	类别	处理组	控制组	ATT 值	标准误差	t 值
电子信息行业	Sub	IN	匹配前	0.940	0.137	0.802	0.357	2.250 **
			匹配后	0.940	0.000	0.940	0.460	2.040 **
		INR	匹配前	0.029	0.001	0.028	0.013	2.110
			匹配后	0.029	0.000	0.029	0.019	1.550
	Tax	SC	匹配前	0.278	0.281	−0.003	0.213	−0.010
			匹配后	0.278	0.502	−0.225	0.224	−1.000
		SCR	匹配前	0.004	0.003	0.000	0.003	0.070
			匹配后	0.004	0.002	0.002	0.002	0.950
		MA	匹配前	0.630	0.891	−0.261	0.329	−0.790
			匹配后	0.630	1.057	−0.427	0.452	−0.940
		MAR	匹配前	0.017	0.016	0.001	0.010	0.120
			匹配后	0.017	0.010	0.007	0.009	0.760
		IN	匹配前	0.214	0.137	0.076	0.155	0.490
			匹配后	0.214	0.188	0.026	0.234	0.110
		INR	匹配前	0.001	0.001	0.000	0.001	0.450
			匹配后	0.001	0.001	0.000	0.001	0.090
	Mix	SC	匹配前	1.839	0.281	1.558	0.378	4.120 ***
			匹配后	1.839	0.804	1.035	0.902	1.150
		SCR	匹配前	0.014	0.003	0.011	0.005	2.400 **
			匹配后	0.014	0.009	0.005	0.013	0.410
		MA	匹配前	2.898	0.891	2.007	0.465	4.31 ***
			匹配后	2.898	0.949	1.949	1.138	1.710 *
		MAR	匹配前	0.031	0.016	0.015	0.010	1.570
			匹配后	0.031	0.014	0.017	0.033	0.520
		IN	匹配前	0.684	0.137	0.547	0.290	1.880 *
			匹配后	0.684	0.000	0.684	0.238	2.880 ***
		INR	匹配前	0.011	0.001	0.010	0.005	2.010 **
			匹配后	0.011	0.000	0.011	0.004	2.520 ***

行业属性	资助类型	被解释变量	类别	处理组	控制组	ATT 值	标准误差	t 值
电子信息行业	Mix_s	SC	匹配前	1.839	1.407	0.431	0.573	0.750
			匹配后	1.839	2.439	−0.600	0.850	−0.710
		SCR	匹配前	0.014	0.019	−0.005	0.008	−0.660
			匹配后	0.014	0.024	−0.009	0.013	−0.710
		MA	匹配前	3.623	3.158	0.465	0.403	1.150
			匹配后	3.623	3.252	0.371	0.552	0.670
		MAR	匹配前	0.031	0.031	0.001	0.013	0.040
			匹配后	0.031	0.044	−0.013	0.019	−0.680
		IN	匹配前	0.684	0.940	−0.256	0.478	−0.530
			匹配后	0.684	0.354	0.330	0.726	0.450
		INR	匹配前	0.011	0.029	−0.018	0.013	−1.380
			匹配后	0.011	0.011	0.000	0.028	0.000
	Mix_t	SC	匹配前	1.839	0.278	1.561	0.324	4.820 ***
			匹配后	1.839	0.251	1.588	0.474	3.350 ***
		SCR	匹配前	0.014	0.004	0.011	0.004	2.700 **
			匹配后	0.014	0.005	0.010	0.008	1.270
		MA	匹配前	2.898	0.630	2.268	0.397	5.720 ***
			匹配后	2.898	0.989	1.908	0.794	2.400 **
		MAR	匹配前	0.031	0.017	0.014	0.010	1.450
			匹配后	0.031	0.027	0.004	0.027	0.150
		IN	匹配前	0.684	0.214	0.470	0.256	1.830 *
			匹配后	0.684	0.092	0.592	0.385	1.540
		INR	匹配前	0.011	0.001	0.010	0.004	2.330 **
			匹配后	0.011	0.000	0.010	0.004	2.300 **
生物医药行业	Sub	SC	匹配前	2.076	0.824	1.252	0.549	2.280 **
			匹配后	2.076	0.481	1.595	0.964	1.660 *
		SCR	匹配前	0.020	0.020	0.001	0.011	0.040
			匹配后	0.020	0.013	0.007	0.026	0.280

续表

行业属性	资助类型	被解释变量	类别	处理组	控制组	ATT 值	标准误差	t 值
生物医药行业	Sub	MA	匹配前	2.788	1.188	1.600	0.612	2.610**
			匹配后	2.788	0.667	2.120	1.091	1.940*
		MAR	匹配前	0.035	0.032	0.003	0.015	0.200
			匹配后	0.035	0.019	0.015	0.032	0.480
		IN	匹配前	0.721	0.173	0.548	0.353	1.550
			匹配后	0.721	0.186	0.535	0.699	0.770
		INR	匹配前	0.017	0.005	0.013	0.011	1.120
			匹配后	0.017	0.007	0.011	0.024	0.450
	Tax	SC	匹配前	0.938	0.824	0.114	0.385	0.300
			匹配后	0.938	0.282	0.656	0.450	1.460
		SCR	匹配前	0.012	0.020	−0.008	0.008	−0.920
			匹配后	0.012	0.007	0.006	0.011	0.480
		MA	匹配前	1.442	1.188	0.254	0.456	0.560
			匹配后	1.442	0.871	0.570	0.592	0.960
		MAR	匹配前	0.020	0.032	−0.012	0.011	−1.080
			匹配后	0.020	0.022	−0.002	0.018	−0.090
		IN	匹配前	0.180	0.173	0.007	0.200	0.040
			匹配后	0.180	0.000	0.180	0.130	1.380
		INR	匹配前	0.004	0.005	−0.001	0.006	−0.170
			匹配后	0.004	0.000	0.004	0.003	1.210
	Mix	SC	匹配前	2.561	0.824	1.737	0.484	3.590***
			匹配后	2.561	0.697	1.864	1.127	1.650*
		SCR	匹配前	0.018	0.020	−0.001	0.007	−0.230
			匹配后	0.018	0.016	0.002	0.028	0.070
		MA	匹配前	3.516	1.188	2.328	0.516	4.510***
			匹配后	3.516	0.968	2.547	1.310	1.940*
		MAR	匹配前	0.035	0.032	0.003	0.010	0.330
			匹配后	0.035	0.025	0.010	0.040	0.250

行业属性	资助类型	被解释变量	类别	处理组	控制组	ATT 值	标准误差	t 值
生物医药行业	Mix	IN	匹配前	1.185	0.173	1.012	0.401	2.530 ***
			匹配后	1.185	0.116	1.069	0.637	1.680 *
		INR	匹配前	0.015	0.005	0.010	0.008	1.290
			匹配后	0.015	0.004	0.011	0.021	0.550
	Mix_s	SC	匹配前	2.561	2.076	0.485	0.591	0.820
			匹配后	2.561	2.740	− 0.179	0.802	− 0.220
		SCR	匹配前	0.018	0.020	− 0.002	0.006	− 0.310
			匹配后	0.018	0.016	0.002	0.012	0.210
		MA	匹配前	3.516	2.788	0.728	0.622	1.170
			匹配后	3.516	3.237	0.278	0.865	0.320
		MAR	匹配前	0.035	0.035	0.000	0.011	0.030
			匹配后	0.035	0.028	0.007	0.016	0.420
		IN	匹配前	1.185	0.721	0.463	0.498	0.930
			匹配后	1.185	0.618	0.567	0.637	0.890
		INR	匹配前	0.015	0.017	− 0.003	0.010	− 0.240
			匹配后	0.015	0.016	− 0.001	0.019	− 0.040
	Mix_t	SC	匹配前	2.561	0.938	1.623	0.398	4.070 ***
			匹配后	2.561	0.557	2.004	0.516	3.890 ***
		SCR	匹配前	0.035	0.020	0.015	0.008	2.010 **
			匹配后	0.035	0.011	0.024	0.011	2.280 **
		MA	匹配前	3.516	1.442	2.074	0.431	4.820 ***
			匹配后	3.516	1.003	2.513	0.594	4.230 ***
		MAR	匹配前	0.035	0.020	0.015	0.008	2.010 **
			匹配后	0.035	0.011	0.024	0.011	2.280 **
		IN	匹配前	1.185	0.180	1.005	0.321	3.130 ***
			匹配后	1.185	0.322	0.862	0.376	2.300 **
		INR	匹配前	0.015	0.004	0.011	0.006	1.790 *
			匹配后	0.015	0.008	0.007	0.008	0.800

行业属性	资助类型	被解释变量	类别	处理组	控制组	ATT 值	标准误差	t 值
新材料行业	Sub	SC	匹配前	1.928	0.564	1.365	0.362	3.770 ***
			匹配后	1.928	0.544	1.384	0.554	2.500 **
		SCR	匹配前	0.011	0.004	0.007	0.004	1.660
			匹配后	0.011	0.004	0.008	0.005	1.380
		MA	匹配前	2.890	0.893	1.997	0.426	4.680 ***
			匹配后	2.890	0.640	2.250	0.628	3.580 ***
		MAR	匹配前	0.034	0.011	0.023	0.009	2.600 **
			匹配后	0.034	0.005	0.028	0.011	2.540 **
		IN	匹配前	0.579	0.327	0.252	0.279	0.900
			匹配后	0.579	0.510	0.069	0.576	0.120
		INR	匹配前	0.009	0.005	0.004	0.006	0.710
			匹配后	0.009	0.010	−0.001	0.012	−0.070
	Tax	SC	匹配前	0.416	0.564	−0.147	0.211	−0.700
			匹配后	0.416	0.609	−0.193	0.384	−0.500
		SCR	匹配前	0.012	0.020	−0.008	0.008	−0.920
			匹配后	0.012	0.007	0.006	0.011	0.480
		MA	匹配前	0.543	0.893	−0.351	0.247	−1.420
			匹配后	0.543	0.794	−0.251	0.431	−0.580
		MAR	匹配前	0.020	0.032	−0.012	0.011	−1.080
			匹配后	0.020	0.022	−0.002	0.018	−0.090
		IN	匹配前	0.344	0.327	0.017	0.209	0.080
			匹配后	0.344	0.456	−0.112	0.386	−0.290
		INR	匹配前	0.004	0.005	−0.001	0.006	−0.170
			匹配后	0.004	0.000	0.004	0.003	1.210
	Mix	SC	匹配前	2.632	0.564	2.069	0.352	5.880 ***
			匹配后	2.632	0.649	1.984	0.525	3.780 ***
		SCR	匹配前	0.018	0.020	−0.001	0.007	−0.230
			匹配后	0.018	0.016	0.002	0.028	0.070

续表

行业属性	资助类型	被解释变量	类别	处理组	控制组	ATT 值	标准误差	t 值
新材料行业	Mix	MA	匹配前	3.237	0.893	2.343	0.367	6.390 ***
			匹配后	3.237	0.828	2.409	0.579	4.160 ***
		MAR	匹配前	0.035	0.032	0.003	0.010	0.330
			匹配后	0.035	0.025	0.010	0.040	0.250
		IN	匹配前	0.793	0.327	0.466	0.266	1.750
			匹配后	0.793	0.349	0.444	0.461	0.960
		INR	匹配前	0.015	0.005	0.010	0.008	1.290
			匹配后	0.015	0.004	0.011	0.021	0.550
	Mix_s	SC	匹配前	2.632	1.928	0.704	0.424	1.660
			匹配后	2.632	2.162	0.470	0.640	0.730
		SCR	匹配前	0.018	0.020	-0.002	0.006	-0.310
			匹配后	0.018	0.016	0.002	0.012	0.210
		MA	匹配前	3.237	2.890	0.346	0.444	0.780
			匹配后	3.237	2.812	0.425	0.739	0.570
		MAR	匹配前	0.035	0.035	0.000	0.011	0.030
			匹配后	0.035	0.028	0.007	0.016	0.420
		IN	匹配前	0.793	0.579	0.214	0.311	0.690
			匹配后	0.793	0.510	0.283	0.402	0.700
		INR	匹配前	0.015	0.017	-0.003	0.010	-0.240
			匹配后	0.015	0.016	-0.001	0.019	-0.040
	Mix_t	SC	匹配前	2.632	0.416	2.216	0.254	8.720 ***
			匹配后	2.632	0.965	1.667	0.345	4.830 ***
		SCR	匹配前	0.035	0.020	0.015	0.008	2.010 **
			匹配后	0.035	0.011	0.024	0.011	2.280 **
		MA	匹配前	3.237	0.543	2.694	0.264	10.190 ***
			匹配后	3.237	0.992	2.245	0.353	6.360 ***
		MAR	匹配前	0.035	0.020	0.015	0.008	2.010 **
			匹配后	0.035	0.011	0.024	0.011	2.280 **

行业属性	资助类型	被解释变量	类别	处理组	控制组	ATT 值	标准误差	t 值
新材料行业	Mix_t	IN	匹配前	0.793	0.344	0.449	0.205	2.190 **
			匹配后	0.793	0.123	0.670	0.243	2.750 ***
		INR	匹配前	0.015	0.004	0.011	0.006	1.790 *
			匹配后	0.015	0.008	0.007	0.008	0.800
光机电一体化行业	Sub	SC	匹配前	1.926	0.683	1.244	0.285	4.360 ***
			匹配后	1.926	0.825	1.101	0.389	2.830 ***
		SCR	匹配前	0.014	0.006	0.007	0.003	2.400 **
			匹配后	0.014	0.005	0.009	0.004	2.350 **
		MA	匹配前	3.022	0.955	2.067	0.325	6.370 ***
			匹配后	3.022	0.911	2.111	0.433	4.870 ***
		MAR	匹配前	0.038	0.013	0.025	0.007	3.590 ***
			匹配后	0.038	0.007	0.031	0.008	4.100 ***
		IN	匹配前	0.442	0.263	0.179	0.179	1.000
			匹配后	0.442	0.493	-0.051	0.312	-0.160
		INR	匹配前	0.007	0.008	-0.001	0.006	-0.220
			匹配后	0.007	0.016	-0.009	0.010	-0.950
	Tax	SC	匹配前	0.005	0.006	-0.002	0.002	-0.900
			匹配后	0.005	0.004	0.001	0.002	0.450
		SCR	匹配前	0.012	0.020	-0.008	0.008	-0.920
			匹配后	0.012	0.007	0.006	0.011	0.480
		MA	匹配前	1.227	0.955	0.272	0.232	1.170
			匹配后	1.227	0.838	0.389	0.292	1.330
		MAR	匹配前	0.017	0.013	0.004	0.005	0.770
			匹配后	0.017	0.006	0.010	0.004	2.350 **
		IN	匹配前	0.305	0.263	0.042	0.139	0.300
			匹配后	0.305	0.416	-0.111	0.233	-0.480
		INR	匹配前	0.005	0.008	-0.003	0.004	-0.700
			匹配后	0.005	0.012	-0.007	0.008	-0.850

续表

行业属性	资助类型	被解释变量	类别	处理组	控制组	ATT 值	标准误差	t 值
光机电一体化行业	Mix	SC	匹配前	2.340	0.683	1.658	0.258	6.430 ***
			匹配后	2.340	1.519	0.822	0.344	2.390 **
		SCR	匹配前	0.013	0.006	0.006	0.002	2.640 ***
			匹配后	0.013	0.012	0.000	0.003	0.130
		MA	匹配前	2.878	0.955	1.922	0.284	6.76 ***
			匹配后	2.878	1.658	1.220	0.378	3.22 ***
		MAR	匹配前	0.022	0.013	0.010	0.004	2.230 **
			匹配后	0.022	0.015	0.007	0.005	1.400
		IN	匹配前	0.722	0.263	0.459	0.195	2.350 **
			匹配后	0.722	0.574	0.148	0.250	0.590
		INR	匹配前	0.010	0.008	0.002	0.004	0.390
			匹配后	0.010	0.010	-0.001	0.008	-0.110
	Mix_s	SC	匹配前	2.340	1.926	0.414	0.316	1.310
			匹配后	2.340	2.610	-0.270	0.425	-0.630
		SCR	匹配前	0.013	0.014	-0.001	0.003	-0.350
			匹配后	0.013	0.020	-0.007	0.004	-1.600
		MA	匹配前	2.878	3.022	-0.145	0.347	-0.420
			匹配后	2.878	3.455	-0.578	0.467	-1.240
		MAR	匹配前	0.022	0.038	-0.016	0.006	-2.780 ***
			匹配后	0.022	0.039	-0.016	0.011	-1.560
		IN	匹配前	0.722	0.442	0.280	0.227	1.230
			匹配后	0.722	0.419	0.303	0.245	1.240
		INR	匹配前	0.010	0.007	0.003	0.005	0.620
			匹配后	0.010	0.005	0.005	0.008	0.620
	Mix_t	SC	匹配前	2.340	0.781	1.559	0.204	7.630 ***
			匹配后	2.340	0.960	1.381	0.293	4.710 ***
		SCR	匹配前	0.013	0.005	0.008	0.002	4.420 **
			匹配后	0.013	0.005	0.008	0.002	3.420 ***

续表

行业属性	资助类型	被解释变量	类别	处理组	控制组	ATT 值	标准误差	t 值
光机电一体化行业	Mix_t	MA	匹配前	2.878	1.227	1.651	0.232	7.120 ***
			匹配后	2.878	1.705	1.173	0.343	3.420 ***
		MAR	匹配前	0.022	0.017	0.006	0.004	1.470
			匹配后	0.022	0.019	0.003	0.006	0.580
		IN	匹配前	0.722	0.305	0.417	0.154	2.710 ***
			匹配后	0.722	0.753	−0.031	0.205	−0.150
		INR	匹配前	0.010	0.005	0.005	0.003	1.390
			匹配后	0.010	0.008	0.001	0.003	0.430

在电子信息行业中，直接资助对企业外部技术获取行为影响最优。基于绝对值层面分析，直接资助对企业基于科学的研发经费支出以及引进购买经费支出具有显著的影响。税收优惠对企业外部技术获取行为均不存在显著影响。政策组合对企业基于市场的外部技术获取费用支出存在影响。基于相对值层面分析，直接资助有利于企业基于科学的外部技术获取率，税收优惠对企业外部技术获取率无显著影响，政策组合对企业基于引进购买的外部技术获取率存在显著影响。在政策组合与单一政策的对比中发现，政策组合相比直接资助，对企业外部技术获取行为不存在显著的差异性，政策组合相比税收优惠，对企业合作研发费用存在显著的差异性。

在生物医药行业中，政府 R&D 资助对企业外部技术获取行为的影响较弱。在绝对值层面，直接资助对企业合作研发经费支出存在 10% 水平上的显著正相关，税收优惠对企业外部技术获取支出不存在显著的影响。政策组合对企业外部技术获取支出存在 10% 水平上的显著正相关。基于相对值层面分析，直接资助、税收优惠以及政策组合均对企业外部技术获取率不存在显著的影响。在政策组合和单一政策的分析中发现，政策组合与直接资助相比，对企业外部技术获取行为不存在显著的差异性，政策组合和税收优惠相比，对企业外部技术获取支出、基于科学的外部技术获取率、基于市场的外部技术获取率存在显著的影响。

在新材料行业中，直接资助和政策组合对企业外部技术获取行为的影响较强。在绝对值层面，直接资助和政策组合对企业合作研发的费用支出存在显著的影响，税收优惠无显著影响，在相对值层面，直接资助有利于企业基于市场的外部技术获取率，税收优惠和政策组合对企业外部技术获取率不存在显著的影响。在政策组合和单一政策的对比中，政策组合相比税收优惠，对企业外部技术获取支出、基于科学的外部技术获取率以及基于市场的外部技术获取率均存在显著的影响。

在光机电一体化行业中，直接资助对企业外部技术获取行为影响更佳。在绝对值层面，直接资助有利于企业的合作研发费用支出，税收优惠无显著影响，政策组合对企业基于科学的合作研发支出具有显著的影响，在相对值层面，直接资助对企业合作研发获取率具有显著影响，税收优惠无显著影响，政策组合对企业基于科学的外部技术获取率存在显著的影响。在政策组合和单一政策的对比中，政策组合相比税收优惠，对企业合作研发费用支出以及基于科学的外部技术获取率存在显著性的差异。

通过上述基于不同行业的分析，政府R&D资助对光机电一体化行业的外部技术获取行为影响较强、新材料行业和电子信息行业次之、生物医药行业最弱。首先基于绝对值层面分析，直接资助在新材料行业和光机电一体化行业中，均对企业合作研发费用支出存在显著的影响，在电子信息行业中，对基于科学的合作研发费用支出具有显著影响，在生物医药行业中存在10%水平上的显著正相关。其次基于相对值分析，直接资助在光机电一体化行业中，对企业基于科学和基于市场的外部技术获取率均存在显著的影响，在新材料和电子信息行业中仅对基于市场的外部技术获取率存在显著的影响，在生物医药行业中，直接资助对企业外部技术获取率无显著影响。

7.3.4 动态视角下全样本实证分析

在实证分析政府R&D资助对企业外部技术获取行为的平均影响效应之上，需要进一步探究政府R&D资助对企业外部技术获取行为的动态性影响如何，是否存在持续性的诱导效应？首先通过观察匹配实施当年到第三年ATT的大小和显著性水平来检验政府R&D资助方式的影响。需要说明的是为了证明资助的持续性效应，进一步对样本进行了筛选，选择出在当年受到资助而在未来三年内无资助的企业，由此可以证明政府R&D资助存在的持续性诱导效应。表7-19、表7-20和表7-21分别为直接资助、税收优惠和政策组合在 T + 1 年、T + 2 年、T + 3 年对企业外部技术获取行为的影响。表 7 - 19 的结果表明，基于经费支出总量来看，直接资助对基于科学的合作经费支出在滞后一期和滞后三期存在显著影响，而在滞后两期影响不显著。对基于市场的合作经费在滞后一期存在显著影响，对外部技术获取率而言，直接资助对基于科学和基于市场的外部技术获取率在滞后情况下均无显著影响，对引进购买的外部技术获取率在滞后两期存在显著的负向影响。由此可见直接资助对基于科学的经费支出的作用高于其他两种外部技术获取方式，但依然没有证据表明直接资助能够持续影响企业基于科学的合作经费支出。表 7 - 20 表明，税收优惠对企业外部技术获取行为在滞后情况下均无显著影响。表 7 - 21 表明，政策组合对基于科学的合作经费支出和基于市场的合作经费支出在滞后一期和滞后两期存在显著影响，但是在滞后三期无显著影响，说明政策组合对企业合作行为的影响也不存在持续性。

表 7 - 19　　　　　　　　　直接资助的动态 ATT 分析

被解释变量	类别	处理组	控制组	ATT 值	标准误差	t 值
SC_{t+1}	匹配前	1.782	0.792	0.990	0.348	2.850 ***
	匹配后	1.782	1.034	0.749	0.451	1.660 *
SC_{t+2}	匹配前	1.084	0.890	0.194	0.326	0.590
	匹配后	1.084	1.073	0.011	0.440	0.030
SC_{t+3}	匹配前	1.207	0.621	0.586	0.321	1.830 *
	匹配后	1.207	0.369	0.838	0.388	2.160 **
SCR_{t+1}	匹配前	0.013	0.006	0.007	0.004	1.99 **
	匹配后	0.013	0.012	0.001	0.005	0.190
SCR_{t+2}	匹配前	0.005	0.009	- 0.004	0.004	- 0.930
	匹配后	0.005	0.013	- 0.008	0.004	- 1.770
SCR_{t+3}	匹配前	0.007	0.007	0.001	0.004	0.120
	匹配后	0.007	0.002	0.005	0.003	1.550
MA_{t+1}	匹配前	2.343	1.244	1.098	0.399	2.760 ***
	匹配后	2.343	1.352	0.991	0.517	1.920 *

续表

被解释变量	类别	处理组	控制组	ATT 值	标准误差	t 值
MA_{t+2}	匹配前	1.656	1.391	0.265	0.394	0.670
	匹配后	1.656	1.549	0.108	0.519	0.210
MA_{t+3}	匹配前	1.721	1.341	0.381	0.405	0.940
	匹配后	1.721	1.478	0.244	0.527	0.460
MAR_{t+1}	匹配前	0.024	0.015	0.009	0.007	1.360
	匹配后	0.024	0.022	0.002	0.010	0.200
MAR_{t+2}	匹配前	0.016	0.020	-0.004	0.008	-0.470
	匹配后	0.016	0.028	-0.012	0.011	-1.070
MAR_{t+3}	匹配前	0.017	0.018	-0.001	0.007	-0.140
	匹配后	0.017	0.019	-0.002	0.010	-0.200
IN_{t+1}	匹配前	0.507	0.355	0.152	0.248	0.610
	匹配后	0.507	0.145	0.362	0.281	1.290
IN_{t+2}	匹配前	0.238	0.396	-0.158	0.203	-0.780
	匹配后	0.238	0.574	-0.336	0.246	-1.370
IN_{t+3}	匹配前	0.616	0.369	0.247	0.277	0.890
	匹配后	0.616	0.353	0.263	0.367	0.720
INR_{t+1}	匹配前	0.010	0.005	0.005	0.007	0.710
	匹配后	0.010	0.001	0.009	0.007	1.360
INR_{t+2}	匹配前	0.001	0.008	-0.006	0.005	-1.330
	匹配后	0.001	0.014	-0.013	0.005	-2.550**
INR_{t+3}	匹配前	0.014	0.011	0.004	0.009	0.380
	匹配后	0.014	0.015	-0.001	0.015	-0.060

表 7-20　　　　　税收优惠的动态 ATT 分析

被解释变量	类别	处理组	控制组	ATT 值	标准误差	t 值
SC_{t+1}	匹配前	1.097	0.792	0.305	0.280	1.090
	匹配后	1.097	0.602	0.495	0.376	1.320
SC_{t+2}	匹配前	1.072	0.890	0.182	0.290	0.630
	匹配后	1.072	0.688	0.385	0.404	0.950

被解释变量	类别	处理组	控制组	ATT 值	标准误差	t 值
SC_{t+3}	匹配前	0.581	0.621	-0.040	0.239	-0.170
	匹配后	0.581	0.289	0.292	0.323	0.910
SCR_{t+1}	匹配前	0.009	0.006	0.003	0.003	1.110
	匹配后	0.009	0.005	0.004	0.004	1.000
SCR_{t+2}	匹配前	0.011	0.009	0.002	0.004	0.400
	匹配后	0.011	0.008	0.003	0.006	0.570
SCR_{t+3}	匹配前	0.005	0.007	-0.002	0.003	-0.610
	匹配后	0.005	0.002	0.003	0.004	0.850
MA_{t+1}	匹配前	1.530	1.244	0.286	0.329	0.870
	匹配后	1.530	1.312	0.218	0.481	0.450
MA_{t+2}	匹配前	1.576	1.391	0.185	0.341	0.540
	匹配后	1.576	1.041	0.535	0.482	1.110
MA_{t+3}	匹配前	0.972	1.341	-0.369	0.310	-1.190
	匹配后	0.972	1.301	-0.329	0.443	-0.740
MAR_{t+1}	匹配前	0.021	0.015	0.006	0.007	0.920
	匹配后	0.021	0.016	0.005	0.010	0.490
MAR_{t+2}	匹配前	0.025	0.020	0.006	0.008	0.730
	匹配后	0.025	0.014	0.012	0.010	1.210
MAR_{t+3}	匹配前	0.012	0.018	-0.007	0.006	-1.180
	匹配后	0.012	0.025	-0.013	0.009	-1.570
IN_{t+1}	匹配前	0.272	0.355	-0.083	0.187	-0.440
	匹配后	0.272	0.240	0.032	0.271	0.120
IN_{t+2}	匹配前	0.357	0.396	-0.038	0.195	-0.200
	匹配后	0.357	0.373	-0.016	0.238	-0.070
IN_{t+3}	匹配前	0.159	0.369	-0.210	0.182	-1.150
	匹配后	0.159	0.294	-0.135	0.353	-0.380
INR_{t+1}	匹配前	0.003	0.005	-0.002	0.003	-0.640
	匹配后	0.003	0.005	-0.002	0.007	-0.330

续表

被解释变量	类别	处理组	控制组	ATT 值	标准误差	t 值
INR_{t+2}	匹配前	0.004	0.008	-0.004	0.004	-0.950
	匹配后	0.004	0.009	-0.005	0.008	-0.620
INR_{t+3}	匹配前	0.002	0.011	-0.009	0.006	-1.520
	匹配后	0.002	0.008	-0.006	0.013	-0.420

表 7 - 21   政策组合的动态 ATT 分析

被解释变量	类别	处理组	控制组	ATT 值	标准误差	t 值
SC_{t+1}	匹配前	2.459	0.792	1.666	0.324	5.140 ***
	匹配后	2.459	1.420	1.039	0.428	2.430 **
SC_{t+2}	匹配前	2.263	0.890	1.372	0.329	4.170 ***
	匹配后	2.263	1.371	0.892	0.483	1.850 *
SC_{t+3}	匹配前	1.499	0.621	0.878	0.289	3.040 ***
	匹配后	1.499	1.175	0.324	0.460	0.700
SCR_{t+1}	匹配前	0.015	0.006	0.009	0.003	2.810 ***
	匹配后	0.015	0.005	0.009	0.004	2.210 **
SCR_{t+2}	匹配前	0.012	0.009	0.003	0.004	0.740
	匹配后	0.012	0.008	0.004	0.010	0.380
SCR_{t+3}	匹配前	0.007	0.007	0.000	0.003	0.100
	匹配后	0.007	0.009	-0.002	0.009	-0.230
MA_{t+1}	匹配前	3.060	1.244	1.816	0.357	5.090 ***
	匹配后	3.060	1.638	1.422	0.507	2.810 ***
MA_{t+2}	匹配前	2.882	1.391	1.491	0.370	4.030 ***
	匹配后	2.882	1.719	1.163	0.542	2.150 **
MA_{t+3}	匹配前	2.288	1.341	0.947	0.362	2.620 **
	匹配后	2.288	1.723	0.565	0.580	0.970
MAR_{t+1}	匹配前	0.024	0.015	0.009	0.005	1.590
	匹配后	0.024	0.008	0.016	0.007	2.260 **
MAR_{t+2}	匹配前	0.022	0.020	0.003	0.006	0.440
	匹配后	0.022	0.009	0.013	0.010	1.280

被解释变量	类别	处理组	控制组	ATT 值	标准误差	t 值
MAR_{t+3}	匹配前	0.017	0.018	-0.001	0.005	-0.220
	匹配后	0.017	0.021	-0.004	0.012	-0.320
IN_{t+1}	匹配前	0.892	0.355	0.537	0.263	2.040**
	匹配后	0.892	0.607	0.285	0.358	0.800
IN_{t+2}	匹配前	0.688	0.396	0.293	0.241	1.210
	匹配后	0.688	1.014	-0.326	0.359	-0.910
IN_{t+3}	匹配前	0.621	0.369	0.252	0.237	1.060
	匹配后	0.621	1.055	-0.435	0.429	-1.010
INR_{t+1}	匹配前	0.011	0.005	0.006	0.005	1.100
	匹配后	0.011	0.004	0.007	0.010	0.670
INR_{t+2}	匹配前	0.007	0.008	0.000	0.004	-0.110
	匹配后	0.007	0.004	0.003	0.004	0.740
INR_{t+3}	匹配前	0.007	0.011	-0.004	0.005	-0.760
	匹配后	0.007	0.028	-0.021	0.016	-1.370

　　根据结果可知，政府 R&D 资助不同方式对企业外部技术获取行为均不存在持续性的影响。企业自身的技术获取模式存在一定的平衡，从而对企业创新绩效存在最优值，但要持续性地打破当前的平衡，形成新的平衡，一方面是外界冲击，另一方面在于企业自身需求，当前的实证结果表明外界冲击不足以造成企业持续性地打破当前的平衡状态。

　　由于探究动态效应，倾向得分匹配采用当期值进行匹配，在滞后几年后，样本的基本特征可能与当初发生了较大的变化，因而有必要控制这些特征因素，在此基础之上进行多元回归分析，在回归中通过加入可能影响企业外部技术获取行为的变量来控制上述问题。表 7 - 22 为综合不同资助方式对企业外部技术获取行为规模的动态影响。根据结果可知，政府 R&D 资助不同方式均对企业外部技术获取费用支出不存在持续性的影响。其中直接资助能够在滞后一期影响企业基于科学的合作费用支出，在滞后两期无显著影响，在滞后三期影响又为显著。税收优惠则对不同形式的外部技术获取费用支出均不存在显著影响。政策组合对企业基于科学的合作经费支出和基于市场的合作经费支出在滞后一期和滞后两期存在显著影响，但是在滞后三期不存在显著影响。表7－23为政府R&D资助不同方式对企业外部技术获取方式倾向性的动态影响分析。结果显示，政府R&D资助不同方式对企业不同外部技术获取率均不存在持续性的影响。其中政策组合对企业基于科学的外部技术获取率和基于市场的外部技术获取率在滞后一期存在显著影响，但是在滞后两期和滞后三期均不存在显著影响。与基于倾向得分匹配的结果相符，说明结果具有稳健性。

表7－22　　　　　政府R&D资助不同方式对企业外部技术获取
行为规模改变的动态影响分析

变量	SC	MA	IN	SC	MA	IN	SC	MA	IN
Sub_{t-1}	0.837** (0.416)	1.073** (0.482)	0.206 (0.295)						
Sub_{t-2}	0.0647 (0.396)	0.231 (0.482)	-0.0667 (0.215)						
Sub_{t-3}	0.643* (0.377)	0.475 (0.498)	0.231 (0.350)						
Tax_{t-1}				0.413 (0.324)	0.0999 (0.396)	-0.0560 (0.225)			
Tax_{t-2}				0.384 (0.344)	0.549 (0.396)	0.118 (0.224)			
Tax_{t-3}				0.163 (0.281)	0.0342 (0.356)	-0.323 (0.230)			
Mix_{t-1}							1.427*** (0.421)	1.639*** (0.459)	0.343 (0.350)
Mix_{t-2}							0.925** (0.413)	1.123** (0.445)	0.158 (0.324)
Mix_{t-3}							0.431 (0.381)	0.650 (0.456)	0.00258 (0.316)
Constant	-1.734 (1.268)	-0.648 (1.675)	0.256 (0.994)	-0.0691 (0.833)	0.880 (1.057)	-0.444 (0.666)	-0.702 (1.140)	-1.593 (1.365)	-2.416** (1.047)
Observations	123	123	123	193	193	193	241	241	241
Adj Rsquared	0.176	0.060	0.049	0.050	0.050	0.038	0.102	0.139	0.083

表 7 - 23　　政府 **R&D** 资助不同方式对企业外部技术获取行为倾向改变的动态影响分析

变量	SCR	MAR	INR	SCR	MAR	INR	SCR	MAR	INR
Sub_{t-1}	0.00538 (0.00475)	0.00807 (0.00924)	0.00683 (0.00852)						
Sub_{t-2}	-0.00332 (0.00349)	-0.00139 (0.00956)	-0.00283 (0.00356)						
Sub_{t-3}	0.00400 (0.00351)	0.00202 (0.00930)	-0.00178 (0.0123)						
Tax_{t-1}				0.00414 (0.00383)	0.00115 (0.00847)	-0.00343 (0.00436)			
Tax_{t-2}				0.00368 (0.00508)	0.0137 (0.00914)	-0.00200 (0.00475)			
Tax_{t-3}				0.00224 (0.00308)	-0.00123 (0.00642)	-0.0115 (0.00727)			
Mix_{t-1}							0.00973** (0.00438)	0.0140** (0.00676)	0.000816 (0.00716)
Mix_{t-2}							-0.00160 (0.00485)	0.00491 (0.00709)	0.00373 (0.00475)
Mix_{t-3}							-0.00291 (0.00405)	-0.00370 (0.00649)	-0.00755 (0.00675)
Constant	-0.00625 (0.0118)	0.0216 (0.0313)	-0.0764* (0.0415)	0.00971 (0.00914)	0.0264 (0.0190)	-0.0190 (0.0216)	0.0230* (0.0121)	0.00502 (0.0194)	-0.0165 (0.0202)
Observations	123	123	123	193	193	193	241	241	241
Adj Rsquared	0.079	0.027	0.097	0.064	0.077	0.088	0.056	0.056	0.075

7.3.5　动态视角下不同规模实证分析

探究不同规模下政府资助对企业外部技术获取持续性的影响，由于在本书的样本中，主要为中小企业，大企业的样本数量较少，不适合滞后模型，因此本章主要针对中小企业来分析政府 R&D 资助不同方式对企业研发投入行为的持续性诱导效应。表 7 - 24 和表 7 - 25 以直接资助为例，探究直接资助对不同规模企业的外部技术获取行为，鉴于文章篇幅原因，税收优惠以及政策组合对不同规模企业的外部技术获取影响进行了省略。

企业规模在政府 R&D 资助的持续性影响效果中并无显著的调节作用。根据表 7 - 24 可知，无论是在中型企业还是在小型企业中，直接资助对企业外部技术获取行为均不存在持续性的诱导效应。具体分析而言，直接资助对中型企业的引进购买支出存在负向效应，但不显著，而对小型企业的引进购买存在正向影响，并且在滞后三期存在显著的正向影响。本书探究了税收优惠和政策组合对不同规模的企业外部技术获取行为的影响，其结论与直接资助一致，碍于文章篇幅，该部分并未列出。

表 7 - 24　　　　不同规模下直接资助对企业外部技术获取
行为规模改变的动态影响分析

变量	中型企业			小型企业		
	SC	MA	IN	SC	MA	IN
Sub_{t-1}	1. 678 * (0. 960)	0. 986 (1. 114)	- 0. 481 (0. 801)	0. 676 (0. 478)	1. 179 ** (0. 570)	0. 494 (0. 345)
Sub_{t-2}	0. 618 (0. 927)	1. 105 (1. 071)	- 0. 110 (0. 710)	0. 383 (0. 421)	0. 652 (0. 507)	- 0. 0899 (0. 234)
Sub_{t-3}	0. 713 (1. 304)	1. 016 (1. 418)	- 0. 220 (0. 971)	0. 652 * (0. 332)	0. 790 (0. 508)	0. 788 ** (0. 365)
Constant	- 7. 897 (12. 47)	- 4. 837 (13. 56)	0. 500 (9. 285)	0. 184 (1. 433)	1. 420 (2. 190)	- 1. 873 (1. 576)
Observations	29	29	29	82	82	82
Adj Rsquared	0. 129	0. 099	0. 134	0. 230	0. 074	0. 137

表 7 - 25　　　　不同规模下直接资助对企业外部技术获取
行为倾向改变的动态影响分析

变量	中型企业			小型企业		
	SCR	MAR	INR	SCR	MAR	INR
Sub_{t-1}	0. 00514 (0. 00471)	- 0. 000444 (0. 00642)	- 0. 0259 (0. 0242)	0. 00644 (0. 00588)	0. 0198 ** (0. 00981)	0. 0105 (0. 0130)
Sub_{t-2}	0. 000793 (0. 00413)	0. 00403 (0. 00566)	0. 000119 (0. 00422)	- 0. 00317 (0. 00436)	0. 00699 (0. 0106)	- 0. 00649 (0. 00534)

变量	中型企业			小型企业		
	SCR	MAR	INR	SCR	MAR	INR
Sub_{t-3}	0.00529 (0.0145)	0.0124 (0.0155)	−0.00718 (0.0222)	0.00298 (0.00189)	0.0151 (0.0107)	0.0204 (0.0128)
Constant	−0.0129 (0.138)	0.0387 (0.148)	0.127 (0.213)	0.00427 (0.00816)	0.0463 (0.0462)	−0.0715 (0.0551)
Observations	29	29	29	82	82	82
Adj Rsquared	0.187	0.210	0.171	0.203	0.072	0.101

7.3.6　动态视角下不同行业实证分析

探究不同行业属性下政府资助对企业外部技术获取行为持续性的影响，由于在本书的样本中，两类行业具有不同的属性，其中新材料行业中技术密集度高。所需的知识和技术复杂，研发风险高，光机电一体化行业技术密集度较低，技术和知识相对单一，因而具有较好的对比。本书主要针对这两类行业分析政府 R&D 资助不同方式对企业外部技术获取行为的持续性诱导效应。表7－26 和表7－27 为以直接资助为例，探究直接资助对不同行业属性企业的外部技术获取行为的持续性影响，鉴于文章篇幅原因，税收优惠以及政策组合对不同行业属性企业的外部技术获取行为影响进行了省略。

总体而言，行业属性在政府 R&D 资助不同方式的持续性诱导效应中并不存在显著性的调节作用。根据表7－26 和表7－27 可知，无论是光机电一体化行业还是新材料行业中，政府 R&D 资助对企业外部技术获取行为均不存在持续性的诱导效应。在不同行业中依然存在差异。例如直接资助在光机电行业中对企业基于市场的外部技术获取率在滞后两期存在显著的负向影响，而对新材料行业中的影响较小。本书也探究了税收优惠和政策组合在不同行业中对企业外部技术获取行为的持续性影响，均未发现任何显著性的差异。

表 7 - 26　　　　不同行业属性下直接资助对企业外部技术
获取行为规模改变的动态影响分析

变量	新材料			光机电一体化		
	SC	MA	IN	SC	MA	IN
Sub_{t-1}	- 0. 862 (1. 176)	0. 117 (1. 391)	0. 695 (0. 953)	0. 820 (0. 663)	1. 202 (0. 756)	- 0. 396 (0. 439)
Sub_{t-2}	0. 0701 (1. 085)	0. 494 (1. 175)	0. 0366 (0. 446)	- 0. 210 (0. 628)	- 0. 404 (0. 790)	0. 135 (0. 350)
Sub_{t-3}	- 0. 791 (0. 877)	0. 498 (1. 384)	0. 813 (0. 936)	0. 562 (0. 559)	- 0. 694 (0. 721)	0. 131 (0. 459)
Constant	- 2. 521 (2. 959)	- 1. 928 (4. 669)	- 6. 928 ** (3. 158)	- 1. 316 (1. 761)	- 2. 778 (2. 271)	0. 734 (1. 445)
Observations	25	25	25	56	56	56
Adj Rsquared	0. 403	0. 186	0. 348	0. 347	0. 228	0. 055

表 7 - 27　　　　不同行业属性下直接资助对企业外部技术
获取行为倾向改变的动态影响分析

变量	新材料			光机电一体化		
	SCR	MAR	INR	SCR	MAR	INR
Sub_{t-1}	- 0. 0159 (0. 0112)	- 0. 00455 (0. 0312)	0. 0152 (0. 0235)	0. 00107 (0. 00739)	- 0. 00123 (0. 0143)	- 0. 0182 (0. 0122)
Sub_{t-2}	- 0. 00488 (0. 00891)	0. 00783 (0. 0202)	0. 000150 (0. 00182)	- 0. 00448 (0. 00638)	- 0. 00932 (0. 0170)	0. 00118 (0. 00209)
Sub_{t-3}	- 0. 00929 (0. 00751)	0. 00940 (0. 0259)	0. 0164 (0. 0250)	0. 00162 (0. 00591)	- 0. 0190 * (0. 0101)	0. 0123 (0. 0181)
Constant	- 0. 00835 (0. 0253)	- 0. 0304 (0. 0875)	- 0. 0519 (0. 0844)	- 0. 00318 (0. 0186)	- 0. 00129 (0. 0318)	0. 00158 (0. 0570)
Observations	25	25	25	56	56	56
Adj Rsquared	0. 337	0. 086	0. 084	0. 304	0. 229	0. 039

综上所述可知，行业规模在政府 R&D 资助对企业外部技术获取行为
的动态影响中不存在显著性的差异。由于目前的行业样本数量较少，未能
对所有行业进行分析，因而并未发现明显的规律，这也是在未来的研究中

应当重点关注的问题。

7.3.7　稳健性检验

为检验政府资助对研发投入行为影响的准确性，本书选择用半径匹配法、核匹配以及 Heckman 两阶段模型进行稳健性检验，为了节省篇幅选择只报告 ATT 值以及相应的 t 值，表 7 - 28 为采用半径匹配和核匹配的方式进行的稳健性检验，表 7 - 29 为 Heckman 两阶段模型的检验结果，其中只列出了直接资助对基于科学的合作费用支出和基于科学的外部技术获取率的影响，其他部分经过检验其结果一致，考虑文章篇幅原因，进行省略。为可以看出结果与最近邻匹配一致，结果稳健。

表 7 - 28　　　　　　基于半径匹配以及核匹配的稳健性检验

被解释变量	类别	处理组	控制组	ATT 值	标准误差	t 值
Sub						
半径匹配						
SC	匹配前	1. 922	0. 603	1. 319	0. 186	7. 090 ***
	匹配后	1. 893	0. 948	0. 945	0. 219	4. 320 ***
SCR	匹配前	0. 015	0. 007	0. 008	0. 003	3. 140 ***
	匹配后	0. 016	0. 010	0. 006	0. 003	1. 870 *
MA	匹配前	2. 854	0. 980	1. 874	0. 216	8. 680 ***
	匹配后	2. 845	1. 255	1. 590	0. 253	6. 270 ***
MAR	匹配前	0. 629	0. 264	0. 366	0. 133	2. 760 ***
	匹配后	0. 036	0. 015	0. 020	0. 005	4. 310 ***
IN	匹配前	0. 036	0. 017	0. 019	0. 006	3. 500 ***
	匹配后	0. 648	0. 386	0. 261	0. 157	1. 660 *
INR	匹配前	0. 012	0. 005	0. 007	0. 004	1. 780 *
	匹配后	0. 013	0. 009	0. 004	0. 005	0. 800
核匹配						
SC	匹配前	1. 922	0. 603	1. 319	0. 186	7. 090 ***
	匹配后	1. 922	0. 954	0. 967	0. 211	4. 590 ***

续表

被解释变量	类别	处理组	控制组	ATT 值	标准误差	t 值
			Sub			
			核匹配			
SCR	匹配前	0.015	0.007	0.008	0.003	3.140***
	匹配后	0.015	0.010	0.006	0.003	1.950*
MA	匹配前	2.854	0.980	1.874	0.216	8.680***
	匹配后	2.854	1.279	1.575	0.243	6.490***
MAR	匹配前	0.036	0.015	0.020	0.005	4.310***
	匹配后	0.036	0.017	0.019	0.005	3.590***
IN	匹配前	0.629	0.264	0.366	0.133	2.760***
	匹配后	0.629	0.357	0.273	0.150	1.820*
INR	匹配前	0.012	0.005	0.007	0.004	1.780*
	匹配后	0.012	0.008	0.004	0.004	0.940
			Tax			
			半径匹配			
SC	匹配前	0.646	0.603	0.043	0.119	0.360
	匹配后	0.642	0.606	0.036	0.144	0.250
SCR	匹配前	0.005	0.007	-0.002	0.002	-1.420
	匹配后	0.005	0.006	-0.001	0.002	-0.290
MA	匹配前	0.998	0.980	0.018	0.146	0.120
	匹配后	0.975	0.984	-0.008	0.175	-0.050
MAR	匹配前	0.014	0.015	-0.002	0.003	-0.470
	匹配后	0.014	0.013	0.001	0.004	0.260
IN	匹配前	0.294	0.264	0.030	0.090	0.340
	匹配后	0.264	0.340	-0.077	0.104	-0.740
INR	匹配前	0.005	0.005	-0.001	0.002	-0.230
	匹配后	0.004	0.009	-0.004	0.003	-1.530
			核匹配			
SC	匹配前	0.646	0.603	0.043	0.119	0.360
	匹配后	0.646	0.616	0.030	0.135	0.220
SCR	匹配前	0.005	0.007	-0.002	0.002	-1.420
	匹配后	0.005	0.006	-0.001	0.002	-0.460

续表

被解释变量	类别	处理组	控制组	ATT 值	标准误差	t 值
			Tax			
			核匹配			
MA	匹配前	0.998	0.980	0.018	0.146	0.120
	匹配后	0.998	1.001	−0.003	0.166	−0.020
MAR	匹配前	0.014	0.015	−0.002	0.003	−0.470
	匹配后	0.014	0.013	0.001	0.004	0.140
IN	匹配前	0.294	0.264	0.030	0.090	0.340
	匹配后	0.294	0.367	−0.072	0.100	−0.720
INR	匹配前	0.005	0.005	−0.001	0.002	−0.230
	匹配后	0.005	0.009	−0.004	0.003	−1.550
			Mix			
			半径匹配			
SC	匹配前	2.352	0.603	1.749	0.169	10.360 ***
	匹配后	2.364	1.074	1.290	0.213	6.060 ***
SCR	匹配前	0.013	0.007	0.006	0.002	3.530 ***
	匹配后	0.014	0.009	0.004	0.003	1.450
MA	匹配前	3.070	0.980	2.090	0.186	11.250 ***
	匹配后	3.062	1.462	1.600	0.253	6.320 ***
MAR	匹配前	0.025	0.015	0.010	0.003	3.140 ***
	匹配后	0.025	0.015	0.010	0.005	1.790 *
IN	匹配前	0.792	0.264	0.528	0.130	4.080 ***
	匹配后	0.784	0.419	0.364	0.157	2.320 **
INR	匹配前	0.010	0.005	0.005	0.003	1.78 *
	匹配后	0.010	0.009	0.001	0.004	0.240
			核匹配			
SC	匹配前	2.352	0.603	1.749	0.169	10.360 ***
	匹配后	2.352	1.180	1.172	0.196	5.990 ***
SCR	匹配前	0.013	0.007	0.006	0.002	3.530 ***
	匹配后	0.013	0.010	0.003	0.003	1.260

续表

被解释变量	类别	处理组	控制组	ATT 值	标准误差	t 值
				Mix		
				核匹配		
MA	匹配前	3.070	0.980	2.090	0.186	11.250 ***
	匹配后	3.070	1.510	1.561	0.232	6.740 ***
MAR	匹配前	0.025	0.015	0.010	0.003	3.140 ***
	匹配后	0.025	0.016	0.010	0.005	1.970 *
IN	匹配前	0.792	0.264	0.528	0.130	4.080 ***
	匹配后	0.792	0.468	0.325	0.145	2.240 **
INR	匹配前	0.010	0.005	0.005	0.003	1.780 *
	匹配后	0.010	0.011	-0.001	0.004	-0.190

表 7 - 29　　　　　　Heckman 两阶段模型稳健性检验结果

变量	(1)	(2)	(4)	(5)
	第二阶段	第一阶段	第二阶段	第一阶段
	SC	Sub	SCR	Sub
Sub	1.619 (1.651)		0.0300 (0.0231)	
L_SC		0.100 ** (0.0430)		
L_Sub		1.372 *** (0.182)		1.415 *** (0.181)
ES	-0.0473 (0.352)	0.0886 (0.124)	-0.00447 (0.00495)	0.111 (0.123)
EXP	0.232 (0.271)	-0.0966 (0.0929)	0.00905 ** (0.00381)	-0.102 (0.0928)
ED	-0.672 (1.221)	-0.526 (0.365)	-0.0123 (0.0171)	-0.543 (0.363)
RDP	0.0936 (0.227)	0.000601 (0.0767)	0.00104 (0.00318)	0.00963 (0.0769)
EC	1.634 ** (0.798)	0.357 (0.279)	0.00940 (0.0112)	0.382 (0.275)

变量	（1）	（2）	（4）	（5）
	第二阶段	第一阶段	第二阶段	第一阶段
	SC	Sub	SCR	Sub
TC	0.249 （0.903）	0.313 （0.316）	0.00256 （0.0127）	0.309 （0.313）
EP	0.346 （0.758）	-0.238 （0.248）	0.00414 （0.0106）	-0.246 （0.247）
Sub	1.619 （1.651）		0.0300 （0.0231）	
Lambda		-0.446 *** （0.589）		-0.00360 *** （0.00842）
L_SCR				4.554 （2.937）
Constant		-0.998 * （0.549）		-1.095 ** （0.551）
Observations	266	266	266	266

7.4　结果讨论

7.4.1　研究假设检验部分

前面围绕第 3 章的研究假设，实证检验了政府 R&D 资助不同方式对企业外部技术获取行为的影响，首先，基于倾向得分匹配的方式构建了政府 R&D 资助对企业外部技术获取行为的影响模型，并分析不同资助模式下对不同规模、不同行业的企业外部技术获取行为的影响，得出了相应的研究结果。其次，基于动态效应，构建政府 R&D 资助对外部技术获取行为的持续性诱导效应模型，并实证分析政府 R&D 资助不同方式对不同规模、不同行业属性等方面进行了实证分析，并得出实证结果。具体结果如表 7-30 所示，其中 H7、H8、H10、H11 和 H12 获得了实证结果的部分支持，H9 实证结果不支持。

表 7 - 30　假设检验结果汇总

序号	假设	验证结果	备注
H7	政府 R&D 资助对外部技术获取行为（规模、行为倾向）具有显著的正向影响	部分支持	直接资助和政策组合对企业外部技术获取行为
			税收优惠对企业外部技术获取行为不具有显著的影响
H8	直接资助更加有利于提升企业基于科学的外部技术获取行为（规模、行为倾向），税收优惠更加有利于提升企业基于市场的外部技术获取以及引进购买的外部技术获取行为	部分支持	直接资助能够增加企业基于科学的合作费用支出规模，对基于科学的外部技术获取率无显著影响，税收优惠对外部技术获取行为无显著影响
H9	政府 R&D 资助对外部技术获取行为（规模、行为倾向）存在积极显著的持续性影响	不支持	政府 R&D 资助不同方式对企业外部技术获取行为均不存在持续性影响
H10	政策组合相比于单一政策更能够积极显著地影响企业的创新行为（规模、行为倾向）	部分支持	政策组合相比税收优惠更能促进企业的外部技术获取模式
			政策组合相比直接资助不存在显著的差异性影响
H11	企业规模对政府 R&D 资助与企业创新行为（规模、行为倾向）之间的调节作用呈现显著的负相关影响	部分支持	静态效应下，企业规模对政府 R&D 资助效果呈现负向调节作用
			动态效应下，企业规模的调节作用无显著影响
H12	行业差异能显著调节政府 R&D 资助对企业创新行为（规模、行为倾向）的影响	部分支持	平均效应下，行业属性对政府 R&D 资助效果呈现负向调节作用
			动态效应下，行业属性的调节作用无显著影响

7.4.2　主要结论与讨论

通过实证探究政府 R&D 资助不同方式对企业外部技术获取行为的影响，其中既包括采用倾向得分匹配的方式探究政府 R&D 资助对企业外部技术获取行为的影响，也包括基于动态效应下探究政府 R&D 资助对企业外部技术获取行为持续性的诱导效应。并对样本进一步地进行分类，分为不同规模以及不同行业进行分析，其结果如下。

直接资助和政策组合能够显著改变企业外部技术获取规模，其中直接资助对企业合作研发倾向具有显著的影响。实证结果表明，直接资助和政策组合的方式能够显著地增加企业外部技术获取费用支出，而税收优惠则对企业外部技术获取费用支出不存在显著影响。究其原因可能在于，直接资助是根据企业提交项目提案的创新内容、企业技术能力以及潜在前景市场进行决定的（Busom et al.，2012；Takalo et al.，2011）。因而企业本身的知识积累程度较高以及所面临的新的市场机会较多，企业既存在较多的机会去接触外部技术，同时也有较强的能力去识别外部技术，并对外部技术进行消化吸收，同化为自身能力，因而不仅能够增加企业外部技术获取规模改变，同时使得企业外部技术获取行为偏向合作研发，而非引进购买。企业享受税收优惠与企业从事何种项目研发无关。企业可以从事私人研发收益最高的项目，而为了保证企业效益，需要避免技术外溢，因此企业外部技术获取的规模和倾向不存在显著性变化。

政府 R&D 资助不同方式对企业外部技术获取行为不存在持续性的诱导效应。实证结果表明，政府 R&D 资助不同方式对企业外部技术获取行为规模以及行为倾向改变的持续性不存在显著影响。本书不仅是探究政府 R&D 资助不同方式是否改变了企业的外部技术获取行为，而且是探究对企业的外部技术获取行为是否存在更深远的改变。但企业自身的技术获取模式存在一定的平衡，从而对企业创新绩效存在最优值，但要持续性地打破当前的平衡，形成新的平衡，一方面是外界冲击，另一方面在于企业自身需求，当前的实证结果表明外界冲击不足以造成企业持续性地打破当前的平衡状态。

直接资助相比税收优惠更能刺激企业的外部技术获取行为。实证结果显示，税收优惠对企业外部技术获取行为无显著影响。直接资助是要求社会效益的，并且当前的直接资助是针对企业合作行为的，尤其是企业进行产学研合作，因而企业具有较多的机会去接触不同的合作伙伴，刺激企业外部技术获取行为。而税收优惠主要是企业自身决策，不存在制度压力，企业可以通过内部研发的方式选择对企业而言收益最高的项目。因此认为直接资助相比税收优惠更能促进企业外部技术获取行为。

政策组合相比单一政策具有复杂的影响。实证结果表明，政策组合相比直接资助而言，对企业外部技术获取行为不存在显著的差异性，政策组合相比税收优惠而言，对企业外部技术获取行为具有显著的差异性。基于前面的分析可知，直接资助对企业外部技术获取行为存在显著影响，而企业在享受直接资助的基础上增加税收优惠政策，两者相互作用的影响依然与直接资助无异。说明直接资助方式在对企业外部技术获取行为的影响中占据主导地位,不会因为企业增加或减少某种资助政策而改变。

企业规模在政府 R&D 资助效果的调节中存在复杂的影响。在静态效应中,政府 R&D 资助不同方式的影响随企业规模递减,这符合假设部分。动态效应下,企业规模的调节作用不显著。前面的分析表明政府 R&D 资助对企业外部技术获取行为的持续性改变不存在显著的影响。这种持续性的改变可能是源于企业自身需求,而非企业规模的影响。

行业属性在政府 R&D 资助效果的调节中存在差异化影响。在静态效应中,政府 R&D 资助对光机电一体化行业的外部技术获取行为影响较强、新材料行业和电子信息行业次之、生物医药行业最弱。动态效应下,政府 R&D 资助不同方式的效果在不同行业间无显著差异性。

综上所述,直接资助能显著地改变企业的外部技术获取行为,而税收优惠则无显著影响。其原因在于直接资助带有政府的政策意图,并且很多项目是针对合作研发进行的。税收优惠则是企业自主决策,企业可以自由选择项目,相关研究认为企业的自由选择会偏向私人收益最高的项目而不考虑社会收益,但在第 6 章本书证明了税收优惠能够有效刺激企业承担共性技术项目,说明可以减弱这一顾虑。企业承担共性技术项目考虑到"搭便车"的风险,企业可能更加倾向于内部研发的方式。但究竟企业项目研发类型与企业技术获取模式之间是否存在着某种匹配关系,本书未做进一步的探讨,也是未来进一步研究的方向。

7.5　本 章 小 结

本章主要针对政府 R&D 资助不同方式对企业外部技术获取行为的影响进行实证研究。首先,一方面基于静态背景下利用倾向得分匹配的方式构建政府 R&D 资助不同方式对企业外部技术获取行为的模型;另一方面基于动态背景下,加入时间因素构建政府 R&D 资助不同方式对企业外部技术获取行为的持续性诱导效应模型,并对相关变量进行定义。其次,对变量进行描述性统计分析,按照企业享受不同资助方式进行分组,通过双尾 t 检验探究不同组别变量间的差异,并对变量进行相关性以及稳定性检验。再次,分别针对政府 R&D 资助不同方式对全样本、不同企业规模、不同行业属性等进行回归分析,初步得出分析结果。最后,对回归结果进行归纳和讨论得出本章的主要研究结论。

第 8 章 结论与政策建议

本书围绕"政府 R&D 资助对企业创新行为的影响"这一核心议题，并基于过程观的视角将企业创新行为分为"研发投入行为、企业 R&D 活动风险承担行为、企业外部技术获取行为"，分别基于静态视角和动态视角下探究政府 R&D 资助对不同创新行为的影响。通过实证研究得到了具有一定理论价值和实践价值的研究新发现。本章主要从研究结论、政策建议、研究不足与展望三个方面进行总结归纳。

8.1 主要研究结论

本书通过理论分析和实证分析，得出的研究结论主要如下：

政府 R&D 资助不同方式均能有效地增加企业的私人研发支出规模，并且在动态视角下分析，政府 R&D 资助不同方式对企业研发支出规模存在持续性的诱导效应，但对企业投入强度影响较弱。实证结果显示，静态效应下，政府 R&D 资助不同方式对企业私人研发投入规模具有显著的影响，对投入强度的影响基本不显著。符合当前研究认为政府 R&D 资助呈现的是挤入效应而非挤出效应。但是对企业研发投入强度的影响较弱，究其原因，可能在于企业获得资助本质上在于增加了企业可支配资金的总量，因而可以增加研发支出的规模，但是研发倾向上，企业存在其自身的平衡性，因而可以保持企业稳定发展，而外界刺激较难打破这种平衡。动态效应下，政府 R&D 资助不同方式对企业研发支出规模具有持续性的诱导效应，对投入强度无持续性显著影响。政府 R&D 资助带来的资源和良好的制度环境有利于企业持续性增加研发投入。但对投入强度无显著影响在于企业稳定的运行模式，很难被短暂的外界刺激打破。

税收优惠能够显著改变企业共性技术项目承担数量以及企业共性技术

偏好度。动态视角下，政府 R&D 资助不同方式对共性技术承担数量以及企业共性技术偏好度均不存在持续性影响。实证结果显示，静态效应下，税收优惠能够增加企业共性技术项目承担数量以及企业的共性技术偏好度，而直接资助和政策组合的影响不显著。其可能的原因在于，承担共性技术项目的企业通常研发实力雄厚，因而对直接资助的感知力较弱，而税收优惠则是根据企业纳税多少决定资助强度，进行共性技术项目研发，研发投入较高，所享受的资助力度更大，因而对企业 R&D 活动风险承担行为的刺激效应更强烈。动态效应下，政府 R&D 资助不同方式对风险承担行为影响不存在持续性。其可能的原因在于，共性技术项目本身风险高、研发投入高、周期长，通常企业承担共性技术项目之后需要在今后的几年内进行技术攻关，在较短时间内企业不会持续地增加共性技术项目承担量，一方面企业自身研发资金、研发人员存在限制，另一方面，企业需要保持市场份额，需要不断地进行渐进式创新，而不会在较短时间内持续性增加共性技术项目研发。在今后的研究中需要政府 R&D 资助对企业风险承担中长期影响，例如 5 ~ 10 年以及 10 年以上。

　　直接资助和政策组合的方式能够显著增加企业外部技术获取支出的规模。但动态效应下，政府 R&D 资助不同方式对企业外部技术获取行为均不存在持续性的诱导效应。实证结果表明，直接资助和政策组合的方式能够显著地增加企业外部技术获取费用支出，而税收优惠则对企业外部技术获取费用支出不存在显著影响。究其原因可能在于，直接资助是根据企业提交项目提案的创新内容、企业技术能力以及潜在前景市场进行决定的（Busom et al.，2012；Takalo et al.，2011）。因而企业本身的知识积累程度以及所面临的新的市场机会较高，企业既存在较多的机会去接触外部技术，同时较强的能力去识别外部技术，并对外部技术进行消化吸收，同化为自身能力，因而不仅能够增加企业外部技术获取规模改变，同时使得企业外部技术获取行为偏向合作研发，而非引进购买。企业享受税收优惠与企业从事何种项目研发无关。企业可以从事私人研发收益最高的项目，而为了保证企业效益，需要避免技术外溢，因此企业外部技术获取的规模和倾向不存在显著性变化。而在动态视角下的分析，政府 R&D 资助不同方式对企业外部技术获取行为规模以及行为倾向改变的持续性不存在显著影响，说明自身的技术获取模式存在一定的平衡，从而对企业创新绩效存在最优值。但要持续性地打破当前的平衡，形成新的平衡，一方面是外界冲击，另一方面在于企业自身需求，当前的实证结果表明外界冲击不足以造成企业持续性地打破当前的平衡状态。

政策组合相比单一政策存在复杂的影响。当前的研究中，对于政策组合的效力未得到一致性的结论。本书的实证结果表明，政策组合与单一政策的对比在对不同企业创新行为的影响中存在差异性。在研发投入行为中，政策组合相比单一政策而言，能够显著地增加企业的私人研发支出，但是对研发投入强度的影响不存在显著的差异性，并且在政策组合与直接资助的对比中，对企业研发投入强度甚至呈现显著的负相关关系，在企业R&D 活动风险承担行为中，政策组合与直接资助之间存在显著的差异性，但是与税收优惠政策之间会呈现负向影响。在企业外部技术获取行为中，政策组合相比直接资助而言，对企业外部技术获取行为不存在显著的差异性，政策组合相比税收优惠而言，对企业外部技术获取行为具有显著的差异性。说明政策组合的效力不是单一政策效力间的叠加，两者会产生一定的反应。总体而言，在政策组合与单一政策的对比中，发现政策组合的效力不是单一政策效力的叠加，在某些情况下政策组合效力反而弱于单一政策，因此并非呈现"越多越好"的局面。在实际应用中应当根据具体情况具体分析。

不同企业规模的影响。当前研究中企业规模对政府 R&D 资助效果存在的调节作用尚未达成一致性结论。其主流观点主要分为三类，大企业资助效果更优、小企业资助效果更优、企业规模与资助效果的倒"U"形关系。而当前的研究中主要是针对企业研发投入行为进行分析，而对企业其他创新行为产生何种影响则较少涉及。在本书的实证研究结果中发现，企业规模在政府 R&D 资助效果中所起到的调节作用是复杂的。首先，在研发投入行为中，在静态效应影响上，政府 R&D 资助效果随企业规模减小而提升。符合假设部分，即政府 R&D 资助对企业雪中送炭作用要高于锦上添花作用。但是在动态效应分析中，税收优惠效果随企业规模增加而增加，直接资助效果随企业规模增加而减小，可能的原因在于，直接资助为资金资助，小企业由于存在融资约束的情况，即使存在研发意愿，但受制于研发资金的不足，而无法展开创新活动，直接资助缓解了小企业的融资约束状况，从而促进了企业研发投入，而大企业本身具有充足的资金，因而对直接资助不敏感。税收优惠是预期收益，需要根据企业纳税情况进行资助，纳税越多则资助力度越大，因而对大企业的刺激更强烈。其次在风险承担行为中，静态效应下，政府 R&D 资助不同方式的影响随企业规模递增。动态效应下，企业规模的调节作用不显著。最后在企业外部技术获取行为中，静态效应下，政府 R&D 资助不同方式的影响随企业规模递减，这符合假设部分。动态效应下，企业规模的调节作用不显著。综上所述，企业规模的调节作用在对不同企业创新行为的影响中呈现差异性，应具体问题具体分析。

不同行业属性的影响。政府 R&D 资助对企业创新行为的影响效果与行业领域密切相关。目前学者普遍认为政府 R&D 资助效果在不同行业间存在显著差异。本书的实证结果显示，在研发投入行为中，对静态效应而言，政府 R&D 资助效果在不同行业中呈现差异性，其中在电子信息行业、光机电一体化的影响效果优于在生物医药行业以及新材料行业的影响效果。在动态效应分析中，政府 R&D 资助对光机电一体化行业的影响高于新材料行业。其可能的原因在于生物医药行业和新材料行业属于技术密集度较高的行业，其中研发投入高、风险性高，因而其研发行为存在一定的惯性，外界的刺激较难影响其研发行为。在风险承担行为中，静态效应下，政府 R&D 资助对新材料行业的资助效果最优，在生物医药行业和光机电一体化行业中影响微弱，在动态效应下，行业属性不存在显著的调节作用。在外部技术获取行为中，静态效应下，政府 R&D 资助对光机电一体化行业的外部技术获取行为影响较强、新材料行业和电子信息行业次之、生物医药行业最弱。动态效应下，政府 R&D 资助不同方式的效果在不同行业间无显著差异性。

8.2 政策建议

本书为解答"政府 R&D 资助如何影响企业创新行为"提供了新的思路，对政府完善资助体系以及企业的管理实践具有重要启示，主要包括以下四点：

（1）政府应加大税收优惠力度，改善企业 R&D 活动风险承担行为。根据实证结果可知，税收优惠能够显著影响企业 R&D 活动风险承担行为，而直接资助和政策组合则无显著影响。实证结果可以减轻人们对已有文献提出的关于税收优惠体系的担忧，例如税收优惠由于是企业自主决策研发项目，因此会选择私人收益最高而不关注社会收益的项目，以及通过研发操纵获得减税激励等机会主义行为，最终导致企业创新绩效下滑等。税收优惠随着企业收益增加资助力度越大的特征，相比直接资助更能刺激企业承担高风险性的项目。因此我国政府应重视税收优惠的应用，调整资助体系结构，提升税收优惠的比重。

税收优惠已经成为国外政府鼓励企业增加创新活动的常用政策工具，不少发达国家都在积极探索调整资助体系，更多采用税收优惠等的普适性政策，我国也应该加快建立针对企业创新的税收优惠体系，增加多种税收优惠模式，从而能有效激励企业改善创新行为。

（2）合理采用政策组合方式，实施有差异化的资助政策，避免政府资源配置的低效率。实证结果表明，政策组合与单一政策相比存在复杂的影响，政策组合并不总是优于单一政策，而是根据企业不同创新行为存在差异化影响，甚至会弱于单一资助政策。因此政府在进行资源配置时并不能本着"越多越好"的原则，采取"一刀切"的配置方式。政府应该更加精准有效地实施定向调控。例如，若为提升企业共性技术项目承担则应采用税收优惠的方式进行激励，若为企业采取外部技术获取模式，则应采用直接资助和政策组合的方式，而非政策组合可以有效提升不同企业创新行为。

另外，实施差异化的资助政策不仅针对企业不同创新行为，还与企业的异质性特征相关。为了使政府资源配置的效用最大化，应该充分考虑企业的相关属性。例如对中小企业，主要针对其研发投入以及外部技术获取采用直接资助和政策组合的方式，对大企业，针对共性技术项目研发则采用税收优惠的方式等。

（3）基于动态视角完善政府 R&D 资助的评价机制。实证结果显示，政府 R&D 资助对企业研发投入规模存在持续性的影响，但是对企业 R&D 活动风险承担行为以及外部技术获取行为均不存在持续性的影响。说明政府 R&D 资助虽然能够增加持续性的诱导企业增加研发投入规模，但企业持续增加的投入并未导致企业战略倾向的持续性改变。限于本书的局限性，研究结论并不能强有力地证明政府 R&D 资助政策对企业战略行为的持续性改变不产生影响。原因在于企业不同创新行为的周期存在差异性，以风险承担行为为例，企业承担共性技术项目周期少则 3~5 年，多则 8~10 年，短时间的评估机制虽能够影响企业研发投入行为，但是对企业 R&D 活动风险承担行为不具有显著的影响。因此政策应该设立不同的考核指标对待企业的不同的创新行为，对于周期较长的技术创新活动不能急功近利，而是通过论证和审核后继续给予支持，并不断完善中期考核制度，对企业创新进行动态化管理。

（4）企业根据自身特征寻求针对性强的政府 R&D 资助方式。实证结果表明，不同规模、不同行业属性的企业，政府 R&D 资助对企业创新行为的影响存在差异性。那么企业应当如何选择正确的资助政策，对企业而言是一个关键问题。本书的实证结果表明，政府 R&D 资助对企业研发投入规模的影响随着企业规模的增加呈现递减趋势，因而中小企业为提升企业研发投入规模，选择政策组合的方式更加有效。另外，税收优惠对大企业提升风险承担行为的影响也更加显著，因而企业为提升其风险承担行为应寻求税收优惠的支持。直接资助对提升小企业的外部技术获取行为具有显著性的影响。因而小企业为了提高基于科学的合作和基于市场的合作应当寻求直接资助的支持。以及在行业属性中，不同行业属性中的企业选择的政府 R&D 资助方式也存在差异性。例如电子信息行业和光机电一体化行业中，研发投入行为应寻求直接资助和政策组合等。企业要根据激励效果选择合适的资助政策。

8.3　研究不足与展望

虽然本书基于理论和实证分析得出了一些具有意义的结论，但是仍然存在不足之处，有待于未来研究得到完善。

首先，时间的限制性。虽然本书基于动态的时间探究了政府 R&D 资助对企业创新行为的持续性影响，但是仅四期的面板数据时间间距太短，因而无法获知在一个中长的时间段内，政府 R&D 资助对企业创新行为呈现什么样的影响。尤其是对企业 R&D 活动风险承担行为的影响，共性技术项目本身研发周期长、风险高，因而在短期内持续性增加项目承担数量对企业而言是巨大的压力，仅考虑较短时间影响不大，应该考虑在中长期的时间内，例如 5～10 年以及 10 年以上，其中可以囊括共性技术项目的研发周期，因而未来的研究可以考虑收集更长时间段的面板数据，分析政府 R&D 资助与企业创新行为之间的持续性关系，进一步分析企业创新行为中存在的偶然性、间隔性以及持续性。

其次，样本的地域限制。本书的样本来自广东省的高新技术企业，而广东省本身创新能力较强，创新创业活动活跃，更是聚集了一大批的创新型企业，研发经费的投入也相较其他区域更高，利用广东省企业进行实证分析，其结果是否在其他区域同样适用，就需要进行进一步的分析。在未来的研究中需要收集不同区域的样本进行检验。

　　最后，本书的重点在于考察政府 R&D 资助与企业创新行为之间的关系。但是忽略了行为间的相互影响。例如是否存在合作行为的企业，政府R&D 资助对企业 R&D 活动风险承担行为的影响更为显著。企业存在合作行为，一方面代表企业具有较强的异质性知识，另一方面，企业的合作行为能够一定程度代表企业的实力。或者是否是因为政府 R&D 资助促进了企业的风险承担行为，进而促使企业偏向外部技术获取行为等。在当前的研究中均未涉及。在未来的研究中，应当考虑到不同行为间的影响，进而明晰政府 R&D 资助对企业创新行为的影响路径。

参 考 文 献

[1] Acedo F J, Casillas J C. Current paradigms in the international management field: An author co-citation analysis [J]. International Business Review, 2011, 14 (5): 619 –639.

[2] Aerts K, Czarnitzki D. Using Innovation Survey Data to Evaluate R&D Policy: The Case of Belgium [J]. Social Science Electronic Publishing, 2004 (4 –55): 1 –21.

[3] Aertsa K, Schmidtb T. Two for the Price of One? On Additionality Effects of R&D Subsidies: A Comparison between Flanders and Germany [J]. Research Policy, 2006, 37 (5): 806 –822.

[4] Ali – Yrkkö J. Impact of Public R& D Financing on Private R& D – Does Financial Constraint Matter? [Z]. The Research Institute of the Finnish Economy, 2004.

[5] Allen F, Faulhaber G R. Signalling by underpricing in the IPO market [J]. Journal of Financial Economics, 1989, 23 (2): 303 –323.

[6] Almeida H, Campello M. Financial Constraints, Asset Tangibility, and Corporate Investment [J]. Social Science Electronic Publishing, 2007, 20 (5): 1429 –1460.

[7] Almus M, Czarnitzki D. The Effects of Public R&D Subsidies on Firms' Innovation Activities: The Case of Eastern Germany [J]. Journal of Business & Economic Statistics, 2003, 21 (2): 226 –236.

[8] Alonso – Borrego C, Galán – Zazo J I, Forcadell F J, Zúñiga – Vicente J á. Assessing the effect of public subsidies on firm R&D investment: A survey [J]. Journal of Economic Surveys, 2013, 28 (1): 36 –67.

[9] Amburgey T L, Kelly D, Barnett W P. Resetting the Clock: The Dynamics of Organizational Change and Failure [J]. Administrative Science Quarterly, 1993, 38 (1): 51 –73.

［10］ Amezcua A, Grimes M, Bradley S W, Wiklund J. Organizational Sponsorship and Founding Environments: A Contingency View on the Survival of Business Incubated Firms, 1994 – 2007 ［J］. Social Science Electronic Publishing, 2013, 56 (56): 1628 – 1654.

［11］ Amit R, Schoemaker P J H. Strategic assets and organizational rent ［J］. Strategic Management Journal, 1993, 14 (1): 33 – 46.

［12］ Anand B N, Khanna T. Do Firms Learn to Create Value? The Case of Alliances ［J］. Strategic Management Journal, 2000, 21 (3): 295 – 315.

［13］ Angrist J D. Estimating the Labor Market Impact of Voluntary Military Service Using Social Security Data on Military Applicants ［J］. Econometrica, 1998, 66 (2): 249 – 288.

［14］ Arqué – Castells P, Mohnen P. Sunk Costs, Extensive R&D Subsidies and Permanent Inducement Effects? ［J］. Journal of Industrial Economics, 2015, 63 (3): 458 – 494.

［15］ Arrow K J. Economic Welfare and the Allocation of Resources for Invention ［J］. Nber Chapters, 1972 (12): 609 – 626.

［16］ Aschhoff B, Fier A, Löhlein H. Detecting Behavioural Additionalityan Empirical Study on the Impact of Public R&D Funding on Firms' Cooperative Behaviour in Germany ［J］. Zew Discussion Papers, 2006, 32 (3): 407 – 416.

［17］ Badillo E R, Moreno R. What drives the choice of the type of partner in R&D cooperation? Evidence for Spanish manufactures and services ［J］. Applied Economics, 2016, 48 (52): 1 – 22.

［18］ Bargeron L L, Lehn K M, Zutter C J. Sarbanes – Oxley and corporate risk-taking ［J］. Journal of Accounting & Economics, 2010, 49 (1): 34 – 52.

［19］ Barney J. Firm Resources and Sustained Competitive Advantage ［J］. Journal of Management, 1991, 17 (1): 3 – 10.

［20］ Beck M, Lopes Bento C, Schenkerwicki A. Radical or Incremental: Where Does R&D Policy Hit? ［J］. Social Science Electronic Publishing, 2014: 347.

［21］ Belderbos R, Gilsing V, Jacoba J. Technology alliances in emerging economies: Persistence and interrelation in European firms' alliance formation

[J]. R&D Management, 2013, 43 (5): 447 –460.

[22] Belderbos R, Gilsing V, Lokshin B. Persistence of, and Interrelation between, Horizontal and Vertical Technology Alliances [J]. Journal of Management, 2012, 38 (6): 1812 –1834.

[23] Bellucci A, Pennacchio L, Zazzaro A. Public R&D subsidies: Collaborative versus individual place-based programs for SMEs [J]. Small Business Economics, 2017 (6): 1 –28.

[24] Berchicci L. Towards an open R&D system: Internal R&D investment, external knowledge acquisition and innovative performance [J]. Research Policy, 2013, 42 (1): 117 –127.

[25] Bérubé C, Mohnen P. Are Firms That Receive R&D Subsidies more Innovative? [J]. Canadian Journal of Economics/revue Canadienne Déconomique, 2009, 42 (1): 206 –225.

[26] Bhattacharya S. Imperfect Information, Dividend Policy, and "The Bird in the Hand" Fallacy [J]. Bell Journal of Economics, 1979, 10 (1): 259 –270.

[27] Blanes J V, Busom I. Who participates in R&D subsidy programs?: The case of Spanish manufacturing firms [J]. Research Policy, 2004, 33 (10): 1459 –1476.

[28] Bongaerts D, Cremers K J M, Goetzmann W N. Tiebreaker: Certification and Multiple Credit Ratings [J]. Journal of Finance, 2012, 67 (1): 113 –152.

[29] Boubakri N, Cosset J C, Saffar W. The role of state and foreign owners in corporate risk-taking: Evidence from privatization [J]. Journal of Financial Economics, 2011, 108 (3): 641 –658.

[30] Bronzini R, Piselli P. The impact of R&D subsidies on firm innovation [J]. Research Policy, 2016, 45 (2): 442 –457.

[31] Buchmann T, Kaiser M. The effects of R&D subsidies and network embeddedness on R&D output: evidence from the German biotech industry [J]. Industry & Innovation, 2018 (1): 1 –26.

[32] Buisseret T J, Cameron H M, Georghiou L. What difference does it make? Additionality in the public support of R&D in large firms [J]. International Journal of Technology Management, 1995, 10 (4 –5): 587 –600.

[33] Busom I, Corchuelo B, Martinezros E. Dynamics of Firm Participation in R&D Tax Credit and Subsidy Programs [J]. Social Science Electronic Publishing, 2015.

[34] Busom I, Corchuelo B, Martínezros E. Tax incentives… or subsidies for business R&D? [J]. Small Business Economics, 2014, 43 (3): 571 –596.

[35] Busom I, Fernández – Ribas A. The impact of firm participation in R&D programmes on R&D partnerships [J]. Research Policy, 2008, 37 (2): 240 –257.

[36] Caloffi A, Mariani M, Rossi F, Russo M. A comparative evaluation of regional subsidies for collaborative and individual R&D in small and medium-sized enterprises [J]. Research Policy, 2018: S1675606612.

[37] Caloghirou Y, Kastelli I, Tsakanikas A. Internal capabilities and external knowledge sources: Complements or substitutes for innovative performance? [J]. Technovation, 2004, 24 (1): 29 –39.

[38] Cappelen Å, Raknerud A, Rybalka M. The effects of R&D tax credits on patenting and innovations [J]. Research Policy, 2012, 41 (2): 334 – 345.

[39] Cassiman B, Ueda M. Optimal Project Rejection and New Firm Start – Ups [J]. Management Science, 2006, 52 (2): 262 –275.

[40] Castellacci F, Lie C M. Do the effects of R&D tax credits vary across industries? A meta-regression analysis [J]. Research Policy, 2015, 44 (4): 819 –832.

[41] Carpenter R E, Petersen B C. Is the Growth of Small Firms Constrained by Internal Finance? [J]. Social Science Electronic Publishing, 2002, 84 (2): 298 –309.

[42] Carter R, Manaster S. Initial Public Offerings and Underwriter Reputation [J]. Journal of Finance, 1990, 45 (4): 1045 –1067.

[43] Catozzella A, Vivarelli M. The possible adverse impact of innovation subsidies: Some evidence from Italy [J]. International Entrepreneurship & Management Journal, 2014, 12 (2): 1 –18.

[44] Cerulli G. Modelling and Measuring the Effect of Public Subsidies on Business R&D: A Critical Review of the Econometric Literature [J]. Economic Record, 2010, 86 (274): 421 –449.

[45] Chapman G, Lucena A, Afcha S. R&D subsidies & external collaborative breadth: Differential gains and the role of collaboration experience [J]. Research Policy, 2018, 47 (3): 623 – 636.

[46] Chesbrough H W. A better way to innovate [J]. Harvard Business Review, 2003, 81 (7): 12.

[47] Cho J, Lee J. The venture capital certification role in R&D: Evidence from IPO underpricing in Korea [J]. Pacific Basin Finance Journal, 2013, 23 (Complete): 83 – 108.

[48] Choi J, Lee J. Repairing the R&D market failure: Public R&D subsidy and the composition of private R&D [J]. Research Policy, 2017, 46 (8): 1465 – 1478.

[49] Clarysse B, Wright M, Mustar P. Behavioural additionality of R&D subsidies: A learning perspective [J]. Research Policy, 2009, 38 (10): 1517 – 1533.

[50] Clausen T, Pohjola M, Sapprasert K, Verspagen B. Innovation strategies as a source of persistent innovation [J]. Working Papers on Innovation Studies, 2012, 21 (3): 553 – 585.

[51] Coles J L, Daniel N D, Naveen L. Managerial incentives and risk-taking [J]. Journal of Financial Economics, 2005, 79 (2): 431 – 468.

[52] Colombo M G, Croce A, Guerini M. The effect of public subsidies on firms' investment-cash flow sensitivity: Transient or persistent? [J]. Research Policy, 2013, 42 (9): 1605 – 1623.

[53] Czarnitzki D, Fier A. Do Innovation Subsidies Crowd Out Private Investment? Evidence from the German Service Sector [J]. Zew Discussion Papers, 2002, 48 (2 – 4).

[54] Czarnitzki D, Hanel P, Rosa J M. Evaluating the impact of R&D tax credits on innovation: A microeconometric study on Canadian firms [J]. Research Policy, 2011, 40 (2): 217 – 229.

[55] Czarnitzki D, Hottenrott H, Thorwarth S. Industrial research versus development investment: The implications of financial constraints [J]. Social Science Electronic Publishing, 2010, 35 (3): 1 – 24.

[56] Czarnitzki D, Hussinger K. Input and output additionality of R&D subsidies [J]. Applied Economics, 2018, 50 (12): 1324 – 1341.

[57] Czarnitzki D, Hussinger K. The Link between R&D Subsidies, R&D Spending and Technological Performance [J]. Social Science Electronic Publishing, 2004 (4 – 56).

[58] Czarnitzki D, Licht G. Additionality of Public R&D Grants in a Transition Economy [J]. Economics of Transition, 2010, 14 (1): 101 – 131.

[59] Czarnitzki D, Lopes – Bento C. Value for money? New microeconometric evidence on public R&D grants in Flanders [J]. Research Policy, 2013, 42 (1): 76 – 89.

[60] David P A, Hall B H, Toole A A. Is public R&D a complement or substitute for private R&D? A review of the econometric evidence [J]. Research Policy, 2000, 29 (4): 497 – 529.

[61] Dehejia R H, Wahba S. Causal Effects in Non – Experimental Studies: Re – Evaluating the Evaluation of Training Programs [J]. Social Science Electronic Publishing, 1998, 94 (448).

[62] Di G, Yan G, Jiang K. Government-subsidized R&D and firm innovation: Evidence from China [J]. Research Policy, 2016, 45 (6): 1129 – 1144.

[63] Di G, Yan G, Jiang K. Governance and effects of public R&D subsidies: Evidence from China [J]. Social Science Electronic Publishing, 2018.

[64] Dimaggio P J, Powell W W. The Iron Cage Revisited: Institutional Isomorphism and Collective Rationality in Organizational Fields [J]. American Sociological Review, 1983, 48 (2): 147 – 160.

[65] Dimos C, Pugh G. The effectiveness of R&D subsidies: A meta-regression analysis of the evaluation literature [J]. Research Policy, 2016, 45 (4): 797 – 815.

[66] Dumont M. Assessing the policy mix of public support to business R&D [J]. Research Policy, 2017, 46 (10): 1851 – 1862.

[67] Emmanuel D. Are R&D Subsidies a Substitute or a Complement to Privately Funded R&D? Evidence from France using Propensity Score Methods for Non – Experimental Data [J]. Social Science Electronic Publishing, 2003, 114 (411007): 245.

[68] Engel D, Rothgang M, Eckl V. Systemic aspects of R&D policy

subsidies for R&D collaborations and their effects on private R&D [J]. Social Science Electronic Publishing, 2016 (2).

[69] Faccio M. Politically Connected Firms [J]. American Economic Review, 2006, 96 (1): 369 – 386.

[70] Faccio M, Marchica M T, Mura R. CEO Gender and Corporate Risk – Taking [J]. Social Science Electronic Publishing, 2014 (39): 193 – 209.

[71] Faems D, De Visser M, Andries P, Van Looy B. Technology Alliance Portfolios and Financial Performance: Value – Enhancing and Cost – Increasing Effects of Open Innovation [J]. Journal of Product Innovation Management, 2010, 27 (6): 785 – 796.

[72] Falk M. What drives business Research and Development (R&D) intensity across Organisation for Economic Co-operation and Development (OECD) countries? [J]. Applied Economics, 2006, 38 (5): 533 – 547.

[73] Falk R. Measuring the effects of public support schemes on firms' innovation activities: Survey evidence from Austria [J]. Research Policy, 2007, 36 (5): 665 – 679.

[74] Fazzari S M, Herzon B. Capital gains taxes and economic growth: Effects of a capital gains tax cut on the investment behavior of firms [M]. Public Policy Brief, 1996.

[75] Feldman M P, Kelley M R. The ex ante assessment of knowledge spillovers: Government R&D policy, economic incentives and private firm behavior [J]. Research Policy, 2006, 35 (10): 1509 – 1521.

[76] Focarelli D, Pozzolo A F, Casolaro L. The pricing effect of certification on syndicated loans [J]. Journal of Monetary Economics, 2008, 55 (2): 335 – 349.

[77] Freeman C. The Economics of Industrial Innovation [J]. Social Science Electronic Publishing, 1997, 7 (2): 215 – 219.

[78] Freitas I B, Castellacci F, Fontana R, Malerba F, Vezzulli A. Sectors and the additionality effects of R&D tax credits: A cross-country micro-econometric analysis [J]. Research Policy, 2017, 46 (1): 57 – 72.

[79] García – Quevedo J. Do Public Subsidies Complement Business R&D? A Meta – Analysis of the Econometric Evidence [J]. Kyklos, 2004, 57

(1): 87 – 102.

[80] Gargiulo M. Where do interorganizational networks come from? [J]. American Journal of Sociology, 1999, 104 (5): 1438 – 1439.

[81] Georghiou L. Impact and Additionality of Innovation Policy [C]. 2002.

[82] Glaeser E L, Saks R E. Corruption in America [J]. Harvard Institute of Economic Research Working Papers, 2004, 90 (6 – 7): 1053 – 1072.

[83] Gonzalez X, Pazo C. Do public subsidies stimulate private R&D spending? [J]. Research Policy, 2008, 37 (3): 371 – 389.

[84] Görg H, Strobl E. The Effect of R&D Subsidies on Private R&D [J]. Economica, 2007, 74 (294): 215 – 234.

[85] Greco M, Grimaldi M, Cricelli L. Hitting the nail on the head: Exploring the relationship between public subsidies and open innovation efficiency [J]. Technological Forecasting and Social Change, 2017 (118): 213 – 225.

[86] Greco M, Locatelli G, Lisi S. Open innovation in the power & energy sector: Bringing together government policies, companies'interests, and academic essence [J]. Energy Policy, 2017 (104): 316 – 324.

[87] Grimes C. Research collaboration and behavioural additionality: A New Zealand case study [J]. Technology Analysis & Strategic Management, 1998, 10 (1): 55 – 68.

[88] Guellec D. The impact of public R&D expenditure on business R&D [J]. Ulb Institutional Repository, 2003, 12 (3): 225 – 243.

[89] Guerzoni M, Raiteri E. Demand-side vs. supply-side technology policies: Hidden treatment and new empirical evidence on the policy mix [J]. Research Policy, 2015, 44 (3): 726 – 747.

[90] Guisado – González M, González – Blanco J, Coca – Pérez J L, Guisado – Tato M. Assessing the relationship between R&D subsidy, R&D cooperation and absorptive capacity: An investigation on the manufacturing Spanish case [J]. Journal of Technology Transfer, 2017 (10): 1 – 20.

[91] Hagedoorn J, Wang N. Is there complementarity or substitutability between internal and external R&D strategies? [J]. Research Policy, 2012, 41 (6): 1072 – 1083.

[92] Halkos G E, Tzeremes N G. Productivity efficiency and firm size:

An empirical analysis of foreign owned companies [J]. International Business Review, 2007, 16 (6): 713 – 731.

[93] Hall B, Reenen J V. How effective are fiscal incentives for R&D? A review of the evidence [J]. Research Policy, 2000, 29 (4): 449 – 469.

[94] Heckman J J. Sample Selection Bias as a Specification Error [J]. Econometrica, 1979, 47 (1): 153 – 161.

[95] Heckman J. Varieties of Selection Bias [J]. American Economic Review, 1990, 80 (2): 313 – 318.

[96] Hilary G, Hui K W. Does Religion Matter in Corporate Decision Making in America? [J]. Social Science Electronic Publishing, 2010, 93 (3): 455 – 473.

[97] Hippel E V. Economics of Product Development by Users: The Impact of "Sticky" Local Information [J]. Management Science, 1998, 44 (5): 629 – 644.

[98] Hirshleifer D, Hou K, Teoh S H. The Accrual Anomaly: Risk or Mispricing? [J]. Management Science, 2012, 58 (2): 320 – 335.

[99] Hottenrott H, Lopes – Bento C. (International) R&D collaboration and SMEs: The effectiveness of targeted public R&D support schemes [J]. Research Policy, 2014, 43 (6): 1055 – 1066.

[100] Hottenrott H, Lopes – Bento C, Veugelers R. Direct and cross scheme effects in a research and development [J]. Research Policy, 2017, 152.

[101] Howell S T. Financing Constraints as Barriers to Innovation: Evidence from R&D Grants to Energy Startups [J]. SSRN Electronic Journal.

[102] Hu A G. Ownership, Government R&D, Private R&D, and Productivity in Chinese Industry [J]. Journal of Comparative Economics, 2001, 29 (1): 136 – 157.

[103] Huergo E, Moreno L. Subsidies or loans? Evaluating the impact of R&D support programmes [J]. Research Policy, 2017 (46): S1676606901.

[104] Huergo E, Trenado M, Ubierna A. The impact of public support on firm propensity to engage in R&D: Spanish experience [J]. Technological Forecasting & Social Change, 2016: S275816408.

[105] Hussinger K. R&D and subsidies at the firm level: An application

of parametric and semiparametric two-step selection models [J]. Journal of Applied Econometrics, 2008, 23 (6): 729 –747.

[106] Hyytinen A, Toivanen O. Do financial constraints hold back innovation and growth?: Evidence on the role of public policy [J]. Research Policy, 2003, 34 (9): 1385 –1403.

[107] Imbens G W, Wooldridge J M. Recent Developments in the Econometrics of Program Evaluation [J]. Journal of Economic Literature, 2009, 47 (1): 5 –86.

[108] Isabel B. An Empirical Evaluation of the Effects of R&D Subsidies [J]. Economics of Innovation & New Technology, 2000, 9 (2): 111 –148.

[109] Jaffe A B, Le T. The Impact of R&D Subsidy on Innovation: A Study of New Zealand Firms [J]. Working Papers, 2015, 26 (5): 1 –24.

[110] Jinglian, Wu, Shaoqing, Huang. Innovation or Rent-seeking: The Entrepreneurial Behavior during China's Economic Transformation [J]. China & World Economy, 2010, 16 (4): 64 –81.

[111] John K, Litov L, Yeung B. Corporate Governance and Risk – Taking [J]. Journal of Finance, 2008, 63 (4): 1679 –1728.

[112] Kapoor R, Lee J M. Coordinating and competing in ecosystems: How organizational forms shape new technology investments [J]. Strategic Management Journal, 2013, 34 (3): 274 –296.

[113] Kash D E, Rycroft R W. Technology policy: Fitting concept with reality [J]. Technological Forecasting & Social Change, 1994, 47 (1): 35 –48.

[114] Keupp M M, Palmié M, Gassmann O. The Strategic Management of Innovation: A Systematic Review and Paths for Future Research [J]. International Journal of Management Reviews, 2012, 14 (4): 367 –390.

[115] Kleer R. Government R&D subsidies as a signal for private investors [J]. Research Policy, 2010, 39 (10): 1361 –1374.

[116] Kleinknecht A. Firm Size and Innovation: Observations in Dutch Manufacturing Industries [J]. Small Business Economics, 1989, 1 (3): 215 –222.

[117] Klette T J, Møen J, Griliches Z. Do subsidies to commercial R&D reduce market failures? Microeconometric evaluation studies 1 [J]. Research

Policy, 1999, 29 (4): 471 –495.

［118］Kline S J, Rosenberg N. An Overview of Innovation ［J］. The Positive Sum Strategy: Harnessing Technology for Economic Growth, 1986: 275.

［119］Kobayashi Y. Effect of R&D tax credits for SMEs in Japan: A microeconometric analysis focused on liquidity constraints ［J］. Small Business Economics, 2014, 42 (2): 311 –327.

［120］Krueger A O. The Political Economy of the Rent – Seeking Society ［J］. American Economic Review, 1974, 64 (3): 291 –303.

［121］Kumar N, Saqib M. Firm size, opportunities for adaptation and in-house R&D activity in developing countries: The case of Indian manufacturing ［J］. Research Policy, 1996, 25 (5): 713 –722.

［122］Lach S. Do R&D Subsidies Stimulate or Displace Private R&D? Evidence from Israel ［J］. The Journal of Industrial Economics, 2002, 50 (4): 369 –390.

［123］Lakhani K R, Lifshitz – Assaf H, Tushman M L. Open innovation and organizational boundaries: Task decomposition, knowledge distribution and the locus of innovation ［M］//Handbook of economic organization. Edward Elgar Publishing, 2013: 355 –382.

［124］Larcker D F, Rusticus T O. On the use of instrumental variables in accounting research ［J］. Journal of Accounting & Economics, 2008, 49 (3): 186 –205.

［125］Lazzarini S G. Strategizing by the government: Can industrial policy create firm – level competitive advantage? ［J］. Strategic Management Journal, 2015, 36 (1): 97 –112.

［126］Lechevalier S, Ikeda Y, Nishimura J. The effect of participation in government consortia on the R&D productivity of firms: A case study of robot technology in Japan ［J］. Economics of Innovation & New Technology, 2010, 19 (8): 669 –692.

［127］Lechner M. An Evaluation of Public – Sector – Sponsored Continuous Vocational Training Programs in East Germany ［J］. Journal of Human Resources, 2000, 35 (2): 347 –375.

［128］Lee C. The differential effects of public R&D support on firm R&D: Theory and evidence from multi-country data ［J］. Technovation, 2011, 31

(5): 256 – 269.

[129] Leiponen A. Skills and innovation [J]. International Journal of Industrial Organization, 2005, 23 (5): 303 – 323.

[130] Lerner J. The Government as Venture Capitalist: The Long – Run Impact of the SIBR Program [J]. NBER Working Papers, 1996, 72 (3): 285 – 318.

[131] Liu X, Li X, Li H. R&D subsidies and business R&D: Evidence from high-tech manufacturing firms in Jiangsu [J]. China Economic Review, 2016 (41): 1 – 22.

[132] Liu X, White S. Comparing innovation systems: A framework and application to China's transitional context [J]. Research Policy, 2001, 30 (7): 1091 – 1114.

[133] Lopesbento C. Innovation Subsidies: Does the Funding Source Matter for Innovation Intensity and Performance? Empirical Evidence from Germany [J]. Industry & Innovation, 2014, 21 (5): 380 – 409.

[134] Love J H, Roper S, Vahter P. Learning from openness: The dynamics of breadth in external innovation linkages [J]. Strategic Management Journal, 2015, 35 (11): 1703 – 1716.

[135] Lynn L H, Reddy N M, Aram J D. Linking technology and institutions: The innovation community framework [J]. Research Policy, 1996, 25 (1): 91 – 106.

[136] Maine E, Garnsey E. Commercializing generic technology: The case of advanced materials ventures [J]. Research Policy, 2006, 35 (3): 375 – 393.

[137] Malerba F, Nelson R, Orsenigo L, Winter S. "History – Friendly" Models of Industry Evolution: The Computer Industry [J]. Industrial & Corporate Change, 1999, 8 (8): 3 – 40.

[138] Mamuneas T P, Nadiri M I. Public R&D policies and cost behavior of the US manufacturing industries [J]. Journal of Public Economics, 1996, 63 (1): 57 – 81.

[139] Mansfield E. Industrial research and technological innovation: An econometric analysis [J]. Economica, 1968, 38 (149): 676.

[140] Mansfield, Edwin. Research and innovation in the modern corpora-

tion [J]. Technology & Culture, 1971, 14 (4): 663.

[141] Marino M, Lhuillery S, Parrotta P, Sala D. Additionality or crowding-out? An overall evaluation of public R&D subsidy on private R&D expenditure [J]. Research Policy, 2016, 45 (9): 1715 – 1730.

[142] Mens G L, Hannan M T, Pólos L. Founding Conditions, Learning, and Organizational Life Chances: Age Dependence Revisited [J]. Administrative Science Quarterly, 2011, 56 (1): 95 – 126.

[143] Meuleman M, Maeseneire W D. Do R&D subsidies affect SMEs' access to external financing? [J]. Research Policy, 2008, 41 (3): 580 – 591.

[144] Meyer J W, Rowan B. Institutionalized Organizations: Formal Structure as Myth and Ceremony [J]. American Journal of Sociology, 1977, 83 (2): 340 – 363.

[145] Meuleman M, De Maeseneire W. Do R&D subsidies affect SMEs' access to external financing? [J]. Research policy, 2012, 41 (3): 580 – 591.

[146] Mohnen C B. Are Firms That Receive R&D Subsidies more Innovative? [J]. The Canadian Journal of Economics/Revue canadienned Economique.

[147] Baghana R, Mohnen P. Effectiveness of R&D tax incentives in small and large enterprises in Québec [J]. Small Business Economics, 2009, 33: 91 – 107.

[148] Montmartin B, Herrera M. Internal and external effects of R&D subsidies and fiscal incentives: Empirical evidence using spatial dynamic panel models [J]. Research Policy, 2015, 44 (5): 1065 – 1079.

[149] Montmartin B, Massard N. Is Financial Support for Private R&D Always Justified? A Discussion Based on the Literature on Growth [J]. Journal of Economic Surveys, 2015, 29 (3): 479 – 505.

[150] Mueser R. Identifying technical innovations [J]. Engineering Management IEEE Transactions on, 1985, EM – 32 (4): 158 – 176.

[151] Murphy K M, Shleifer A, Vishny R W. Why is Rent – Seeking So Costly to Growth? [J]. American Economic Review, 1993, 83 (2): 409 – 414.

[152] Murtha T P, Lenway S A. Country Capabilities and the Strategic State: How National Political Institutions Affect Multinational Corporations'

Strategies [J]. Strategic Management Journal, 1994, 15 (S2): 113 – 129.

[153] Narayanan V K, Pinches G E, Kelm K M, Lander D M. The Influence of Voluntarily Disclosed Qualitative Information [J]. Strategic Management Journal, 2000, 21 (7): 707 – 722.

[154] Neicu D, Teirlinck P, Kelchtermans S. Dipping in the policy mix: Do R&D subsidies foster behavioral additionality effects of R&D tax credits? [J]. Social Science Electronic Publishing, 2016, 25 (3): 218 – 239.

[155] Nelson R R. The Simple Economics of Basic Scientific Research [J]. Journal of Political Economy, 1959, 67 (3): 297 – 306.

[156] Nelson R R, Winter S G. The Schumpeterian Tradeoff Revisited [J]. American Economic Review, 1982, 72 (1): 114 – 132.

[157] Nicholls Nixon C L, Woo C Y. Technology sourcing and output of established firms in a regime of encompassing technological change [J]. Strategic Management Journal, 2003, 24 (7): 651 – 666.

[158] North Douglas C. Institutions, institutional change and economic performance [J]. Cambridge University Print, 1990.

[159] özçelik E, Taymaz E. R&D support programs in developing countries: The Turkish experience [J]. Research Policy, 2008, 37 (2): 258 – 275.

[160] Ozmel U, Reuer J J, Gulati R. Signals across Multiple Networks: How Venture Capital and Alliance Networks Affect Interorganizational Collaboration [J]. Academy of Management Journal, 2013, 56 (3): 852 – 866.

[161] Park S H, Chen R, Gallagher S. Firm Resources as Moderators of the Relationship between Market Growth and Strategic Alliances in Semiconductor Start – Ups [J]. Academy of Management Journal, 2002, 45 (3): 527 – 550.

[162] Peng M W, Buck T, Filatotchev I. Do outside directors and new managers help improve firm performance? An exploratory study in Russian privatization [J]. Journal of World Business, 2003, 38 (4): 348 – 360.

[163] Penrose E. The Theory of the Growth of the Firm [M]. Oxford: Oxford University Press, 1995: 296.

[164] Peteraf M A. The cornerstones of competitive advantage: a resource-based view [J]. Strategic management journal, 1993, 14 (3): 179 – 191.

[165] Peters B. Persistence of innovation: Stylised facts and panel data evidence [J]. Journal of Technology Transfer, 2009, 34 (2): 226 – 243.

[166] Petkova A P, Rindova V P, Gupta A K. No news is bad news: Sensegiving activities, media attention, and venture capital funding of new technology organizations [J]. Organization Science, 2013, 24 (3): 865 – 888.

[167] Piekkola H. Public Funding of R&D and Growth: Firm – Level Evidence from Finland [J]. Economics of Innovation & New Technology, 2007, 16 (3): 195 – 210.

[168] Pigou A C. The Classical Stationary State [J]. Economic Journal, 1943, 53 (212): 343 – 351.

[169] Pollock T G, Rindova V P. Media Legitimation Effects in the Market for Initial Public Offerings [J]. Academy of Management Journal, 2003, 46 (5): 631 – 642.

[170] Potì G C B. The differential impact of privately and publicly funded R&D on R&D investment and innovation: The Italian case [J]. Prometheus, 2012, 30 (1): 113 – 149.

[171] Powell W W, Koput K W, Smith – Doerr L. Interorganizational Collaboration and the Locus of Innovation: Networks of Learning in Biotechnology [J]. Administrative Science Quarterly, 1996, 41 (1): 116 – 145.

[172] Radicic D, Pugh G. R&D Programmes, Policy Mix, and the "European Paradox": Evidence from European SMEs [J]. Science & Public Policy, 2016, 44 (4).

[173] Rajagopalan N, Spreitzer G M. Toward a Theory of Strategic Change: A Multilens Perspective and Integrative Framework [J]. Academy of Management Review, 1997, 22 (1): 48 – 79.

[174] Repullo R, Suarez J. Entrepreneurial moral hazard and bank monitoring: A model of the credit channel [J]. European Economic Review, 2000, 44 (10): 1931 – 1950.

[175] Rin M D, Nicodano G, Sembenelli A. Public policy and the creation of active venture capital markets [J]. Journal of Public Economics, 2006, 90 (8): 1699 – 1723.

[176] Ross D G. The "Dominant Bank Effect": How High Lender Reputation Affects the Information Content and Terms of Bank Loans [J]. Review of

Financial Studies, 2010, 23 (7): 2730 – 2756.

[177] Rossi F, Caloffi A, Russo M. Networked by design: Can policy requirements influence organisations' networking behaviour? [J]. Technological Forecasting & Social Change, 2016 (105): 203 – 214.

[178] Rosenbaum P R, Rubin D B. The central role of the propensity score in observational studies for causal effects [J]. Biometrika, 1983, 70 (1): 41 – 55.

[179] Rothaermel F T, Deeds D L. Exploration and exploitation alliances in biotechnology: A system of new product development [J]. Strategic Management Journal, 2004, 25 (3): 201 – 221.

[180] Sampson R C. Experience effects and collaborative returns in R&D alliances [J]. Strategic Management Journal, 2010, 26 (11): 1009 – 1031.

[181] Saunders A. So what do I get? The bank's view of lending relationships [J]. Social Science Electronic Publishing, 2007, 85 (2): 368 – 419.

[182] Simonin B L. The Importance of Collaborative Know – How: An Empirical Test of the Learning Organization [J]. Academy of Management Journal, 1997, 40 (5): 1150 – 1174.

[183] Sine W D, David R J, Mitsuhashi H. From Plan to Plant: Effects of Certification on Operational Start – Up in the Emergent Independent Power Sector [J]. Organization Science, 2007, 18 (4): 578 – 594.

[184] Spence M. Job Market Signaling [J]. Quarterly Journal of Economics, 1973, 87 (3): 355 – 374.

[185] Stuart T E, Hoang H, Hybels R C. Interorganizational Endorsements and the Performance of Entrepreneurial Ventures [J]. Administrative Science Quarterly, 1999, 44 (2): 315 – 349.

[186] Sun Z. In Search of Complementarity in China's Innovation Strategy through Outward Strategic Mergers and Acquisitions Policy: A Behavioural Additionality Approach [J]. Science, Technology and Society, 2018, 23 (1): 107 – 136.

[187] Szczygielski K, Grabowski W, Pamukcu M T, Tandogan V S. Does government support for private innovation matter? Firm – level evidence from two catching-up countries [J]. Research Policy, 2017, 46 (1): 219 – 237.

[188] Takalo T, Tanayama T. Adverse selection and financing of innovation: Is there a need for R&D subsidies? [J]. Journal of Technology Transfer, 2010, 35 (1): 16 –41.

[189] Talmor E. Asymmetric Information, Signaling, and Optimal Corporate Financial Decisions [J]. Journal of Financial & Quantitative Analysis, 1981, 16 (4): 413 –435.

[190] Tassey G. Underinvestment in Public Good Technologies [J]. Journal of Technology Transfer, 2004, 30 (1 –2): 89 –113.

[191] Teirlinck P. Fostering industry-science cooperation through public funding: Differences between universities and public research centres [J]. Journal of Technology Transfer, 2012, 37 (5): 676 –695.

[192] Terlaak A, King A A. The effect of certification with the ISO 9000 Quality Management Standard: A signaling approach [J]. Journal of Economic Behavior & Organization, 2006, 60 (4): 579 –602.

[193] Toivanen O, Stoneman P. Dynamics of R&D and investment: UK evidence [J]. Economics Letters, 1998, 58 (1): 119 –126.

[194] Triguero á, Córcoles D. Understanding innovation: An analysis of persistence for Spanish manufacturing firms [J]. Research Policy, 2013, 42 (2): 340 –352.

[195] Tsai K H, Wang J C. A longitudinal examination of performance of two ways on innovation in Taiwan: Internal R&D investment and external technology aquisition [J]. International Journal of Technology Management, 2007, 39 (3 –4): 235 –247.

[196] Tsai K H, Wang J C. External technology acquisition and firm performance: A longitudinal study [J]. Journal of Business Venturing, 2008, 23 (1): 91 –112.

[197] Tsai K H, Wang J C. External technology sourcing and innovation performance in LMT sectors: An analysis based on the Taiwanese Technological Innovation Survey [J]. Research Policy, 2009, 38 (3): 518 –526.

[198] Uhlenbruck K, Rodriguez P, Doh J, Eden L. The Impact of Corruption on Entry Strategy: Evidence from Telecommunication Projects in Emerging Economies [J]. Organization Science, 2006, 17 (3): 402 –414.

[199] Vona F, Consoli D. Innovation and skill dynamics: A life-cycle

approach ［J］. Documents De Travail De Lofce, 2012, 234 (6): 120 – 141.

［200］ Wallsten S J. The Effects of Government – Industry R&D Programs on Private R&D: The Case of the Small Business Innovation Research Program ［J］. Rand Journal of Economics, 2000, 31 (1): 82 – 100.

［201］ Wanzenböck I, Scherngell T, Fischer M M. How do firm characteristics affect behavioural additionalities of public R&D subsidies? Evidence for the Austrian transport sector ［J］. Technovation, 2013, 33 (2 – 3): 66 – 77.

［202］ Wei J, Liu Y. Government support and firm innovation performance: Empirical analysis of 343 innovative enterprises in China ［J］. Chinese Management Studies, 2015, 9 (1): 38 – 55.

［203］ Wernerfelt B. A Resource – Based View of the Firm ［J］. Strategic Management Journal, 1984, 5 (2): 171 – 180.

［204］ Wolff G B, Reinthaler V. The effectiveness of subsidies revisited: Accounting for wage and employment effects in business R&D ［J］. Research Policy, 2008, 37 (8): 1403 – 1412.

［205］ Wooldridge J M. Introductory Econometrics: a modern approach. 4th ［J］. Cengage Learning, 2009.

［206］ Wright P, Ferris S P, Sarin A, Awasthi V. Impact of Corporate Insider, Blockholder, and Institutional Equity Ownership on Firm Risk Taking ［J］. Academy of Management Journal, 1996, 39 (2): 441 – 463.

［207］ Wu A. The signal effect of Government R&D Subsidies in China: Do ownership matter? ［J］. Technological Forecasting & Social Change, 2016 (117): 339 – 345.

［208］ Wu, Xun. Determinants of Bribery in Asian Firms: Evidence from the World Business Environment Survey ［J］. Journal of Business Ethics, 2009, 87 (1): 75 – 88.

［209］ Yang C H, Huang C H, Hou C T. Tax incentives and R&D activity: Firm – level evidence from Taiwan ［J］. Social Science Electronic Publishing, 2012, 41 (9): 1578 – 1588.

［210］ Youtie J, Iacopetta M, Graham S. Assessing the nature of nanotechnology: Can we uncover an emerging general purpose technology? ［J］. Journal of Technology Transfer, 2008, 33 (3): 315 – 329.

［211］ Zahra S A. Technology strategy and financial performance: Examining the moderating role of the firm's competitive environment [J]. Journal of Business Venturing, 1996, 11 (3): 189 –219.

[212] 安同良, 周绍东, 皮建才. R&D 资助对中国企业自主创新的激励效应 [J]. 经济研究, 2009, 44 (10): 87 –98.

[213] 白俊红. 中国的政府 R&D 资助有效吗? 来自大中型工业企业的经验证据 [J]. 经济学 (季刊), 2011, 10 (4): 1375 –1400.

[214] 白俊红, 李瑞茜. 政府 R&D 资助企业技术创新研究述评 [J]. 中国科技论坛, 2013 (9): 32 –37.

[215] 蔡栋梁, 李欣玲, 李天舒. 政府资助与寻租对企业研发投入的影响 [J]. 财经科学, 2018 (5): 105 –118.

[216] 蔡卫星, 高明华. 政府支持、制度环境与企业家信心 [J]. 北京工商大学学报 (社会科学版), 2013, 28 (5): 118 –126.

[217] 曾萍, 刘洋, 吴小节. 政府支持对企业技术创新的影响——基于资源基础观与制度基础观的整合视角 [J]. 经济管理, 2016, 38 (2): 14 –25.

[218] 陈朝月, 许治. 政府研发资助不同方式对企业开放式创新的影响探究 [J]. 管理学报, 2018, 15 (11): 1655 –1662.

[219] 陈朝月, 许治. 企业外部技术获取模式与企业创新绩效之间的关系探究 [J]. 科学学与科学技术管理, 2018, 39 (1): 143 –153.

[220] 陈功玉, 钟祖昌, 邓晓岚. 企业技术创新行为非线性系统演化的博弈分析 [J]. 南方经济, 2006 (4): 110 –118.

[221] 陈劲. 集成创新的理论模式 [J]. 中国软科学, 2002 (12): 24 –30.

[222] 陈明明, 张国胜, 孙秀. 国有企业、政府 R&D 资助与企业创新供给——基于上市工业企业的实证研究 [J]. 当代财经, 2016 (10): 34 –44.

[223] 樊路青, 刘雯雯. "二元论" 视角下的技术获取战略与吸收能力——基于中国经验的实证研究 [J]. 科学学研究, 2014, 32 (2): 257 –266.

[224] 傅家骥. 对技术经济学研究对象的看法 [J]. 工业技术经济, 1992 (1): 1 –4.

[225] 傅家骥. 企业重建与技术创新 [J]. 科技潮, 1998 (8): 142 –144.

［226］傅利平，李永辉．政府 R&D 资助、创新能力与企业存续时间［J］．科学学研究，2015，33（10）：1496-1503.

［227］高宏伟．政府 R&D 资助对大型国有企业研发的挤出效应研究［J］．中国科技论坛，2011（8）：15-20.

［228］高洪利，李莉，陈靖涵，解立．政府研发支持行为影响高科技企业外部融资吗？——基于组织合法性理论的解释［J］．南开管理评论，2017，20（6）.

［229］高松，庄晖，陈子健．上海科技型中小企业融资困境及对策研究［J］．上海经济研究，2011（3）：83-91.

［230］高艳慧，万迪昉，蔡地．政府研发资助具有信号传递作用吗？——基于我国高技术产业面板数据的分析［J］．科学学与科学技术管理，2012，33（1）：5-11.

［231］顾元媛．寻租行为与 R&D 资助效率损失［J］．经济科学，2011（5）：91-103.

［232］顾元媛，沈坤荣．地方政府行为与企业研发投入——基于中国省际面板数据的实证分析［J］．中国工业经济，2012（10）：77-88.

［233］郭尉．创新开放度对企业创新绩效影响的实证研究［J］．科研管理，2016，37（10）：43-50.

［234］郭玥．政府创新补助的信号传递机制与企业创新［J］．中国工业经济，2018（9）：98-116.

［235］黄菁菁，原毅军．基于倾向得分匹配模型的产学研合作与企业创新绩效研究［J］．研究与发展管理，2018，30（2）：1-9.

［236］黄贤凤，武博，王建华．政府研发资助、合作研发与企业创新绩效关系研究［J］．软科学，2014，28（1）：15-19.

［237］黄宇虹．资助、税收优惠与小微企业创新投入——基于寻租理论的比较分析［J］．研究与发展管理，2018，30（4）：74-84.

［238］江静．公共政策对企业创新支持的绩效——基于直接资助与税收优惠的比较分析［J］．科研管理，2011，32（4）：1-8.

［239］姜宁，黄万．政府 R&D 资助对企业 R&D 投入的影响——基于我国高技术产业的实证研究［J］．科学学与科学技术管理，2010，31（7）：28-33.

［240］解维敏，唐清泉，陆姗姗．政府 R&D 资助，企业 R&D 支出与自主创新——来自中国上市公司的经验证据［J］．金融研究，2009（6）：

86 - 99.

[241] 鞠晓生，卢荻，虞义华．融资约束、营运资本管理与企业创新可持续性 [J]．经济研究，2013，48 (1)：4 - 16.

[242] 康志勇．政府 R&D 资助促进了企业专利质量提升吗？[J]．科学学研究，2018，36 (1)：69 - 80.

[243] 孔东民，刘莎莎，王亚男．市场竞争、产权与政府 R&D 资助 [J]．经济研究，2013，48 (2)：55 - 67.

[244] 匡小平，肖建华．我国自主创新能力培育的税收优惠政策整合——高新技术企业税收优惠分析 [J]．当代财经，2008 (1)：23 - 27.

[245] 李纪珍．产业共性技术：概念、分类与制度供给 [J]．中国科技论坛，2006 (3)：45 - 47.

[246] 李玲，陶厚永．纵容之手、引导之手与企业自主创新——基于股权性质分组的经验证据 [J]．南开管理评论，2013，16 (3)：69 - 79.

[247] 李蕊，周平．政府行为与自主创新：基于供求视角的分析框架 [J]．中国科技论坛，2012 (3)：11 - 17.

[248] 李万福，杜静，张怀．创新补助究竟有没有激励企业创新自主投资——来自中国上市公司的新证据 [J]．金融研究，2017 (10)：130 - 145.

[249] 李维安，李浩波，李慧聪．创新激励还是税盾？——高新技术企业税收优惠研究 [J]．科研管理，2016，37 (11)：61 - 70.

[250] 李显君，钟领，王京伦等．开放式创新与吸收能力对创新绩效影响——基于我国汽车企业的实证 [J]．科研管理，2018，39 (1)：45 - 52.

[251] 李香菊，贺娜．税收激励有利于企业技术创新吗？[J]．经济科学，2019 (1)：18 - 30.

[252] 李艳华．外部技术获取与本土企业全球创新：内部研发的中介效应 [J]．中国科技论坛，2014 (3)：17 - 23.

[253] 李永，王砚萍，马宇．制度约束下政府 R&D 资助挤出效应与创新效率 [J]．科研管理，2015，36 (10)：58 - 65.

[254] 李召敏．企业家驱动型管理创新过程研究 [D]．大连理工大学，2011.

[255] 廖信林，顾炜宇，王立勇．政府 R&D 资助效果、影响因素与资助对象选择——基于促进企业 R&D 投入的视角 [J]．中国工业经济，

2013（11）：148－160.

［256］林毅夫，孙希芳．信息、非正规金融与中小企业融资［J］．经济研究，2005（7）：35－44.

［257］林洲钰，林汉川，邓兴华．政府R&D资助对企业专利产出的影响研究［J］．科学学研究，2015，33（6）：842－849.

［258］刘伟，邓鳞波．共性技术VS专用性技术：基于三阶段非合作博弈的供应商研发决策［J］．管理工程学报，2011，25（4）：158－162.

［259］柳光强．税收优惠、财政资助政策的激励效应分析——基于信息不对称理论视角的实证研究［J］．管理世界，2016（10）：62－71.

［260］卢馨，郑阳飞，李建明．融资约束对企业R&D投资的影响研究——来自中国高新技术上市公司的经验证据［J］．会计研究，2013（5）：51－58.

［261］陆国庆，王舟，张春宇．中国战略性新兴产业政府创新资助的绩效研究［J］．经济研究，2014（7）：44－55.

［262］吕久琴，郁丹丹．政府科研创新补助与企业研发投入：挤出、替代还是激励？［J］．中国科技论坛，2011（8）：21－28.

［263］马文聪，李小转，廖建聪等．不同政府科技资助方式对企业研发投入的影响［J］．科学学研究，2017，35（5）：689－699.

［264］毛其淋，许家云．政府R&D资助、异质性与企业风险承担［J］．经济学（季刊），2016，15（4）：1533－1562.

［265］毛其淋，许家云．政府R&D资助对企业新产品创新的影响——基于资助强度"适度区间"的视角［J］．中国工业经济，2015（6）：94－107.

［266］毛其淋，许家云．政府R&D资助、异质性与企业风险承担［J］．经济学（季刊），2016，15（4）：1533－1562.

［267］彭红星，王国顺．中国政府创新资助的效应测度与分析［J］．数量经济技术经济研究，2018，35（1）：77－93.

［268］秦雪征，尹志锋，周建波等．国家科技计划与中小型企业创新：基于匹配模型的分析［J］．管理世界，2012（4）：70－81.

［269］任曙明，张静．资助、寻租成本与加成率——基于中国装备制造企业的实证研究［J］．管理世界，2013（10）：118－129.

［270］尚洪涛，黄晓硕．政府R&D资助、研发投入与创新绩效的动态交互效应［J］．科学学研究，2018，36（3）：446－455.

［271］石丽静，洪俊杰．开放式创新如何影响企业自主研发绩效？
［J］．经济评论，2017（6）：53－65．

［272］佟爱琴，陈蔚．政府R&D资助对企业研发投入影响的实证研究——基于中小板民营上市公司政治联系的新视角［J］．科学学研究，
2016，34（7）：1044－1053．

［273］童光荣，高杰．中国政府R&D支出对企业R&D支出诱导效应及其时滞分析［J］．中国科技论坛，2004（4）：97－99．

［274］王刚刚，谢富纪，贾友．R&D资助政策激励机制的重新审视——基于外部融资激励机制的考察［J］．中国工业经济，2017（2）：
60－78．

［275］王伟光，唐晓华．技术创新能力测度方法综述［J］．中国科技论坛，2003（4）：39－42．

［276］王晓珍，叶靖雅，王玉珠等．政府资助对企业R&D投入影响的研究评述与展望［J］．研究与发展管理，2017，29（1）：139－148．

［277］魏志华，赵悦如，吴育辉．财政资助："馅饼"还是"陷阱"？——基于融资约束vs.过度投资视角的实证研究［J］．财政研究，
2015（12）：18－29．

［278］伍健，田志龙，龙晓枫等．战略性新兴产业中政府资助对企业创新的影响［J］．科学学研究，2018，36（1）：158－166．

［279］武咸云，陈艳，杨卫华．战略性新兴产业的政府R&D资助与企业R&D投入［J］．科研管理，2016，37（5）：19－23．

［280］向刚，汪应洛．企业持续创新动力机制研究［J］．科研管理，
2004，25（6）：108－114．

［281］肖文，林高榜．政府支持、研发管理与技术创新效率——基于中国工业行业的实证分析［J］．管理世界，2014（4）：71－80．

［282］肖兴志，王伊攀．政府补贴与企业社会资本投资决策——来自战略性新兴产业的经验证据［J］．中国工业经济，2014（9）：148－160．

［283］谢阳春．企业合作研发和政府资助定位关系研究——基于产业共性技术研发情景下［J］．工业技术经济，2008（8）：125－128．

［284］熊维勤．税收和资助政策对R&D效率和规模的影响——理论与实证研究［J］．科学学研究，2011，29（5）：698－706．

［285］许春，刘奕．技术溢出与企业研发政府R&D资助政策的相机选择［J］．科学学与科学技术管理，2005（1）：25－30．

[286] 许家云, 毛其淋. 政府补贴、治理环境与中国企业生存 [J]. 世界经济, 2016, 39 (2): 75 – 99.

[287] 许治, 师萍. 政府科技投入对企业 R&D 支出影响的实证分析 [J]. 研究与发展管理, 2005 (3): 22 – 26.

[288] 杨德明, 赵璨, 曹伟. 寻租与企业绩效: "绊脚石" 还是 "润滑剂" [J]. 财贸经济, 2017, 38 (1): 130 – 145.

[289] 杨亭亭, 罗连化, 许伯桐. 政府 R&D 资助的技术创新效应: "量变" 还是 "质变"? [J]. 中国软科学, 2018 (10): 52 – 61.

[290] 杨向阳, 刘备, 陈凯华等. 政府支持对 KIBS 企业创新活跃度的影响 [J]. 科学学与科学技术管理, 2015, 36 (12): 13 – 23.

[291] 杨洋, 魏江, 罗来军. 谁在利用政府 R&D 资助进行创新? ——所有制和要素市场扭曲的联合调节效应 [J]. 管理世界, 2015 (1): 75 – 86.

[292] 于斌斌, 陆立军. 产业集群共性技术供给机理研究——以绍兴纺织产业集群为例 [J]. 科研管理, 2012, 33 (5): 132 – 138.

[293] 余菲菲, 钱超. 政府科技补助对企业创新投入的门槛效应——基于科技型中小企业的经验研究 [J]. 科研管理, 2017, 38 (10): 40 – 47.

[294] 余明桂, 回雅甫, 潘红波. 政治联系、寻租与地方政府财政资助有效性 [J]. 经济研究, 2010, 45 (3): 65 – 77.

[295] 余明桂, 李文贵, 潘红波. 管理者过度自信与企业风险承担 [J]. 金融研究, 2013 (1): 149 – 163.

[296] 翟海燕, 董静, 汪江平. 政府科技资助对企业研发投入的影响——基于 Heckman 样本选择模型的研究 [J]. 研究与发展管理, 2015, 27 (5): 34 – 43.

[297] 张春辉, 陈继祥. 两种创新资助对创新模式选择影响的比较分析 [J]. 科研管理, 2011, 32 (8): 9 – 16.

[298] 张辉, 刘佳颖, 何宗辉. 政府 R&D 资助对企业研发投入的影响——基于中国工业企业数据库的门槛分析 [J]. 经济学动态, 2016 (12): 28 – 38.

[299] 张继良, 李琳琳. R&D 资助差异与企业技术创新阶段的关系研究 [J]. 科学学研究, 2014, 32 (11): 1740 – 1746.

[300] 张杰, 陈志远, 杨连星等. 中国创新资助政策的绩效评估: 理

论与证据［J］. 经济研究，2015，50（10）：4-17.

［301］张信东，贺亚楠，马小美. R&D 税收优惠政策对企业创新产出的激励效果分析——基于国家级企业技术中心的研究［J］. 当代财经，2014（11）：35-45.

［302］张兴龙，沈坤荣，李萌. 政府 R&D 补助方式如何影响企业 R&D 投入？——来自 A 股医药制造业上市公司的证据［J］. 产业经济研究，2014（5）：53-62.

［303］张宗庆. 技术创新研究的综合化趋势［J］. 国外社会科学，2000（6）：15-20.

［304］赵璨，王竹泉，杨德明等. 企业迎合行为与政府补贴绩效研究——基于企业不同盈利状况的分析［J］. 中国工业经济，2015（7）：130-145.

［305］赵文红，梁巧转. 技术获取方式与企业绩效的关系研究［J］. 科学学研究，2010，28（5）：741-746.

［306］郑世林，刘和旺. 中国政府推动高技术产业化投资效果的实证研究［J］. 数量经济技术经济研究，2013（7）：66-80.

［307］郑绪涛，柳剑平. 促进 R&D 活动的税收和资助政策工具的有效搭配［J］. 产业经济研究，2008（1）：26-36.

［308］周海涛. 政府 R&D 资助对企业技术创新决策、行为及绩效的影响研究［D］. 华南理工大学，2016.

［309］朱平芳，徐伟民. 政府的科技激励政策对大中型工业企业 R&D 投入及其专利产出的影响——上海市的实证研究［J］. 经济研究，2003（6）：45-53.

［310］朱治理，温军，赵建兵. 政府研发资助、社会投资跟进与企业创新融资［J］. 经济经纬，2016，33（1）：114-119.